Dones Espirituales

Una visión refrescante

David Lim

Dones Espirituales

Una visión refrescante

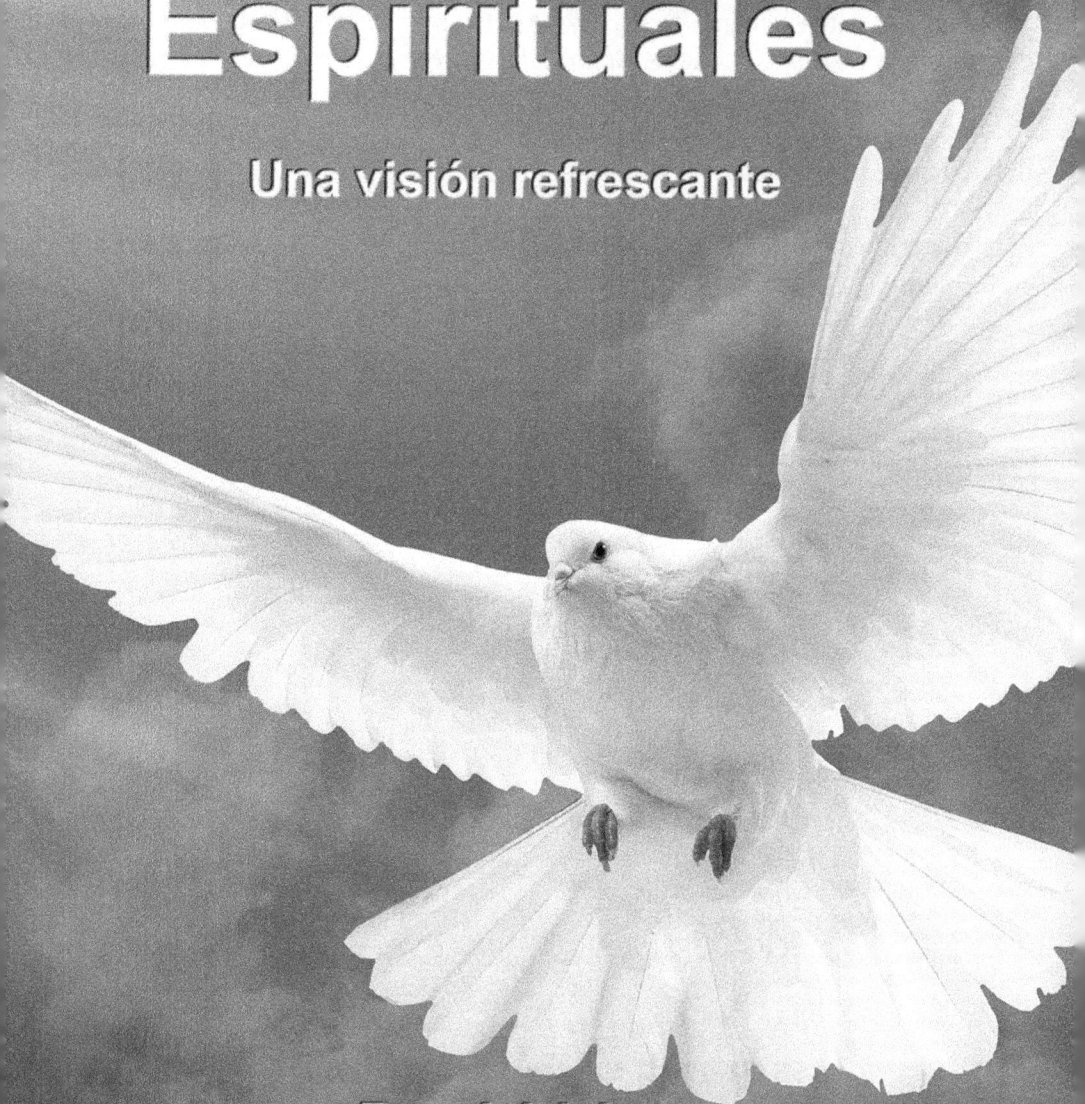

David Lim

Publicado originalmente en inglés con el título *Spiritual Gifts: A Fresh Look*
Gospel Publishing House — Springfield, MO 65802, EE.UU.A
Publicado en español con permiso de Gospel Publishing House

Traducción y formato: Kerstin Anderas-Lundquist

Texto bíblico tomado de: Versión Reina-Valera 1960 © Sociedades Bíblicas en América Latina, 1960. Renovado © Sociedades Bíblicas Unidas, 1988.

Diseño de cubierta y asistencia en la publicación de esta obra por
Servicio de Literatura Cristiana

SLC
SERVICIO DE
LITERATURA CRISTIANA

Apartado 0818-00792
Ciudad de Panamá, PANAMÁ

ISBN: 978-1-63368-220-7 **Impreso**
ISBN: 978-1-63368-221-4 **Digital**
Cubierta: rústica

Índice

Prólogo

Después de varias décadas de uso de este libro en el mundo de habla inglesa, me complace que esta obra clásica del Dr. David Lim –*Dones espirituales: una visión refrescante*– ahora esté disponible en el idioma español. Este libro es completamente bíblico y pentecostal. Ofrece guía clara y fundamental para los líderes que desean ver la operación de los dones del Espíritu Santo en la poderosa obra de redención de Cristo por medio de su iglesia.

El Dr. Lim está sumamente calificado para escribir tal libro. Sus años de servicio en educación teológica en América del Norte, las Filipinas y Asia son dignos de mención. Su obra pastoral, en una próspera iglesia pentecostal multilingüe en Singapur, ha aumentado su sensibilidad hacia la dinámica de los dones espirituales en un mundo cada vez más globalizado.

Con el rápido crecimiento del pentecostalismo en todo el mundo, surge la inevitable posibilidad de enseñanza que obstaculiza la comprensión clara y bíblica de los dones espirituales y su uso en la iglesia local. Esta obra es el resultado de años de estudio bíblico y experiencia pastoral, que ha resultado en una guía fundamental para la corrección de falsa doctrina. Además, proporciona un esquema sistémico para que los pastores pentecostales desarrollen iglesias con sólidas prácticas fundamentales, para evitar los "vientos de doctrina" que preocupaban al apóstol Pablo cuando escribió el libro de Efesios (véase Efesios 4:11-16).

En esta obra clásica, el Dr. Lim ofrece:

* enseñanza básica sobre los dones espirituales.

* la razón de que muchas iglesias se han alejado de los patrones bíblicos del primer siglo.

* vías hacia la renovación de una comprensión bíblica de los dones espirituales y el sacerdocio de todos los creyentes.

Una sección importante de esta obra es el comentario del Dr. Lim sobre pasajes clave en Primera a los Corintios, que han sido una fuente de interpretación errónea y han resultado en un ministerio que no edifica al cuerpo de

Cristo. Hacia el final del libro hay una sección de guía para el uso de los dones espirituales en los servicios públicos de adoración y en el ministerio diario. Este conjunto de principios se extrae de una investigación exhaustiva del libro de Efesios.

El Dr. Lim ha servido a la educación pentecostal y al liderazgo pastoral durante décadas en América del Norte y Asia. El lanzamiento de este libro al mundo de habla hispana, donde Dios se está moviendo de manera poderosa, será de gran utilidad al proveer fundamentos bíblicos y sabiduría espiritual para que los pastores continúen su eficaz ministerio facultado por el Espíritu.

Byron D. Klaus, presidente (1999-2015)

Seminario Teológico de las Asambleas de Dios

Springfield, Missouri, EE.UU.A

Prefacio

Desde su publicación original, en muchos seminarios e institutos bíblicos se ha usado este libro como texto sobre los dones espirituales. Intenté "empezar desde cero", para comprender lo que dijo Pablo en el Nuevo Testamento griego, y así obtener una visión refrescante del tema. Siento humilde admiración por los eruditos y maestros bíblicos que han afirmado las enseñanzas de este libro.

En un total de 53 años de ministerio pentecostal –15 en escuelas bíblicas y seminarios y 38 como pastor– he visto la necesidad de un sólido fundamento bíblico, acompañado de experiencia práctica en el ministerio de los dones.

Este libro busca ser académico y pastoral. Refleja la investigación del Nuevo Testamento griego y las perspectivas pastorales (porque Pablo escribía a congregaciones locales para atender necesidades específicas). Soy pastor por don y por pasión.

Con la escritura de este libro busco ayudar a quienes aún no han aprendido a ministrar los dones espirituales, y también deseo fortalecer las áreas donde ha tenido lugar un poderoso avivamiento. El avivamiento perdura cuando está fundamentado sólidamente en la Palabra. Los extremos y los excesos finalmente apagarán el avivamiento y dañarán la causa de Cristo.

Estaba enseñando a pastores en Asia, cuando un jefe de la tribu lisu se acercó y me dijo: "Tuvimos un gran avivamiento a principios de la década de 1990; pero luego vinieron los excesos y por temor nos alejamos del ministerio de dones. Ahora, con esta enseñanza, podemos avanzar con valentía."

Debido a que este libro es un comentario, y no una "lectura de una noche", le sugiero que primero lea la Introducción y luego la Exhortación de la Parte 2. Estos son sermones sobre cómo ejercer los dones. Luego concéntrese en los comentarios de pasajes específicos sobre los dones.

Es mi oración que este libro sea de gran bendición para el poderoso avivamiento pentecostal en el mundo hispano. ¡Que el fuego del avivamiento no se apague! ¡Que las almas se salven y la iglesia sea fortalecida con poder!

Introducción

El tema de los dones del Espíritu admite varios puntos de vista. En muchas iglesias los dones son opcionales, sea intencionalmente o no. Algunos piensan que los dones eran solo para el primer siglo. Otros consideran que las lenguas son el menor de los dones, así que enfatizan solo los que consideran ser los dones mejores. Los pentecostales, por otro lado, a veces han hecho hincapié en los dones más espectaculares, y no fomentan los dones más silenciosos. Debido a la enseñanza de que uno puede poseer dones, las personas de baja autoestima pueden inferir que no poseen o que no pueden poseer los dones. Al hacer que la madurez y la santidad sean pre-requisitos para ministrar los dones, se ha dejado de lado a los inmaduros y a quienes se considera "no tan santos".

Los extremos en la doctrina y la práctica han sido motivo de que algunas personas se retraigan de un ministerio dirigido completamente por el Espíritu. Un énfasis excesivo en las emociones, sin fundamento bíblico, ha sido motivo de que algunos tengan experiencias que han lastimado su fe. La falta de amor y aceptación ha obstaculizado la práctica efectiva de los dones. Algunas iglesias han olvidado sus metas inspiradas por el Espíritu y se centran en objetivos de menos valor. El apóstol Pablo dijo: "No apaguéis al Espíritu" (1 Ts 5:19). Los dones espirituales son instrumentos de Dios para guiarnos a la madurez y al ministerio. Bien entendidos y ejercitados, los dones pueden hacer que la iglesia crezca.

Examinaremos el fundamento bíblico del bautismo en el Espíritu Santo, el sacerdocio del creyente, la desviación del modelo del primer siglo, el movimiento hacia la renovación, y la naturaleza de encarnación de los dones.

El fundamento bíblico de los dones espirituales

Algunos eruditos argumentan que no se puede usar porciones históricas de la Biblia para enseñar doctrina.[1] Si es así, los pentecostales se equivocan al apelar a los registros del Antiguo Testamento y al material narrativo de Lucas y Hechos para establecer su posición doctrinal sobre la obra del Espíritu Santo.

Pero los historiadores del Antiguo Testamento escribieron con un propósito. La Biblia no es solo historia, sino la historia de la salvación. En los primeros doce capítulos del Génesis se encuentran los temas clave de la Biblia: la creación, la humanidad creada a imagen de Dios, la redención, la elección del pueblo de Dios, el juicio por el pecado, la debida adoración, la gloria de Dios contra las artimañas del diablo, y el plan y propósito de Dios en las misiones.

A partir del Génesis, estos temas se desarrollan luego en el resto de la Biblia. Los libros de Éxodo, Levítico y Números proporcionan mucho del material sobre el cual la iglesia basa su enseñanza de tipología. El libro de Jueces revela el ciclo repetido de prosperidad, reincidencia, juicio, arrepentimiento y bendición en la experiencia de Israel. Todo esto está destinado a enseñar la fidelidad de Dios, la depravación humana aparte de Dios, y la necesidad del hombre de arrepentimiento. "Toda la Escritura es inspirada por Dios, y útil para enseñar" (2 Timoteo 3:16). Los historiadores judíos helenísticos hicieron lo mismo en sus escritos históricos con propósito.[2]

El derramamiento del Espíritu Santo no es exclusivo de la era del Nuevo Testamento. El Antiguo Testamento registra cinco principales visitas de Dios a los israelitas: durante los tiempos del (1) éxodo, de (2) los jueces, de (3) los reyes, de (4) los profetas antes del exilio, y de (5) los profetas posteriores al exilio.

La entrega del Espíritu no fue para salvación, sino para servicio. En cada período, Dios ungió solo a líderes clave para ministerios especiales. Acompañaron a esa unción las señales externas de profecía, milagros, destreza militar, y sabiduría divina.

Después del período posterior al exilio, no hubo inspiración profética de las Escrituras durante cuatrocientos años. Judíos piadosos del período intertestamentario, particularmente en Qumrán, sintieron que vivían en medio de tinieblas, corrupción y perversidad. Al igual que los profetas, anhelaban la era mesiánica, cuando el Espíritu sería derramado abundantemente sobre todos. Con la venida del Cristo, comenzarían los últimos días, porque Isaías había profetizado que el Mesías sería ungido por el Espíritu para el ministerio (véanse Isaías 11:2; 42:1).

El enfoque de Lucas y Hechos

Lucas testificó del cumplimiento de la llenura del Espíritu de Dios. Se centró en la llenura del Espíritu de Elisabet, María, Zacarías, Juan el Bautista, Ana y Simeón. Describió al Espíritu que descendió físicamente sobre Jesús después de su bautismo, que lo llevó al desierto para que fuera tentado por el diablo, y que le dio poder para su ministerio. El sermón inaugural de Jesús presentó el tema de la unción del Espíritu. Al enfatizar la obra del Espíritu, Lucas señaló la llegada de la era mesiánica, los últimos días.

Los eruditos, tanto liberales como conservadores, han reconocido que Lucas no estaba simplemente registrando historia.[3] Al relatar la habilitación del Espíritu para el servicio, Lucas deliberadamente usó la misma terminología (por ejemplo, "invistió", "llenó" y "derramó") que los traductores del Antiguo Testamento cuando produjeron la Septuaginta. Hizo esto para mostrar la continuidad de la obra del Espíritu desde el Antiguo Testamento a la era mesiánica; señalando las experiencias del Espíritu que tuvo Israel, Lucas usó esas experiencias para mostrar lo que estaba por venir en el ministerio de Cristo y la obra de la iglesia.

Cuando el Mesías vino, el Espíritu Santo una vez más apartó a personas con señales externas que las acompañaban, tal como había sido en días anteriores.[4] Ciertas narrativas de Lucas y Hechos han sido escritas para describir las características normativas de la misión y la naturaleza del pueblo de Dios. Siendo así, sus narrativas tienen una intención histórico-teológica. Según Howard Marshall, la "forma en que [Lucas] vio la teología lo llevó a escribir historia".[5]

Al describir el día cuando Jesús fue ungido por el Espíritu, Lucas deliberadamente indica una señal física, atestiguable: el Espíritu Santo que desciende en forma de paloma (Lucas 3:22). La llenura de Jesús con el Espíritu es similar a la llenura de los 120 en el día de del Pentecostés. Note los paralelismos entre Lucas 3:21 al 4:2 y Hechos 1:12 al 2:14.

1. Ambos oraron antes de que descendiera el Espíritu.

2. El Espíritu vino visiblemente (Lucas: paloma; Hechos: lenguas de fuego).

3. Ambos fueron apartados para sus correspondientes ministerios.

4. Ambos comenzaron inmediatamente a cumplir su ministerio. (Jesús se enfrentó con Satanás en el desierto y luego comenzó a predicar en Capernaúm; los 120 en el aposento alto testificaron del poder de resurrección de Jesucristo).[6]

En los Hechos el Espíritu continúa haciendo por la iglesia lo que comenzó a hacer en el libro de Lucas en el ministerio de Cristo. La intención principal de la investidura del Espíritu en Lucas y Hechos no fue traer salvación, sino equipar para el servicio.[7]

En contraste con la era del Espíritu del Antiguo Testamento, en que éste se derramaba sobre personas escogidas, la era del Nuevo Testamento presenta al Espíritu Santo como prometido a todos los creyentes. Cristo ordenó a sus discípulos a que esperaran para ser "investidos de poder desde lo alto" (Lucas 24:49). Después, ungido, Pedro predicó: "para vosotros es la promesa [del Espíritu]... para cuantos el Señor nuestro Dios llamare" (Hechos 2:39).

El bautismo en el Espíritu Santo es una promesa, un don, y un mandamiento. La iglesia primitiva suponía que todos los creyentes recibirían esta promesa (véanse Hechos 2:4,17,18, 38,39; 10:44-16; 11:8; 19:1,2).

En el día de Pentecostés, después de la ascensión de Jesús, Pedro citó a Joel para explicar la poderosa experiencia de los discípulos, como el derramamiento del Espíritu Santo sobre toda carne (Joel 2:28,29; Hechos 2:17,18). Hoy algunos insisten en que nadie era totalmente salvo antes del Pentecostés, porque el Espíritu es necesario en la regeneración, y que hasta entonces, el inicio de la era de la iglesia, el Espíritu no había sido derramado.

Sin embargo, los discípulos presentes ya habían sido salvos, porque habían tenido un encuentro con el Cristo resucitado y habían creído en Él (por ejemplo, Juan 20:22). Además, los discípulos habían sido instruidos a que esperaran en Jerusalén para ser investidos con poder, no con salvación. En el día de Pentecostés, Pedro ofreció la misma promesa del don del Espíritu Santo a todos aquellos que se arrepintieran y creyeran en Cristo (Hechos 2:38,39).

En Hechos 2, los 120 hablaron en idiomas identificables. En Hechos 2:6,8 se usa la palabra *dialektos*, de la que obtenemos la palabra "dialecto". Hechos 2:11, en referencia al mismo acontecimiento, usa la palabra *glossais*, de la que obtenemos la palabra "glossal". Tal descripción indica una conversación con Dios en un idioma no aprendido por el hablante.

En Hechos 8 se informa el caso de los creyentes samaritanos que fueron bautizados en el Espíritu Santo. Habían sido bautizados en agua; habían visto muchos milagros. James Dunn sostiene que ésta fue una "salvación defectuosa", porque Hechos 8:12 dice que "creyeron a Felipe...".[8] Pero solo hay que leer el resto del versículo: "...que anunciaba el evangelio del reino de Dios y el nombre de Jesucristo, se bautizaban hombres y mujeres".

Los samaritanos habían "recibido la palabra de Dios" (Hechos 8:14); la terminología indica salvación. Dunn mismo indica que el bautismo de Felipe no se repitió: "su bautismo fue totalmente cristiano".[9] Parece extraño que Felipe bautizara a aquellos cuya respuesta y compromiso eran "defectuosos" y que no tuviera que responder por una acción tan imprudente entre los despreciados samaritanos, como Pedro lo tuvo que hacer después de bautizar a Cornelio y su casa (Hechos 11:1,18).

Simón percibió que el Espíritu Santo había sido dado (Hechos 8:18). La palabra griega *idon* indica una percepción total, que pudiera incluir ver y escuchar. Aunque su corazón estaba equivocado, podía ver y oír claramente que algo único estaba ocurriendo. Aunque las lenguas no se mencionan en Hechos 8, la mayoría de los comentaristas admiten que lo que Simón percibió era el hablar en lenguas. En realidad, algunos lo llaman el pentecostés samaritano.[10]

En Hechos 9 se registra la experiencia de salvación de Pablo en el camino a Damasco. Cuando Ananías llegó adonde Saulo, lo llamó "hermano" (v. 17), porque Saulo ya era parte de la familia de Dios. Ananías expresó dos razones por las que había venido: "para que recibas la vista y seas lleno del Espíritu Santo" (Hechos 9:17). Claramente, la declaración de Ananías no tiene nada que ver con ganar a Saulo para el Señor. Saulo necesitaba una llenura de poder de parte del Señor. No fue salvo solo para que llegara al cielo; él fue salvo para servir. Por eso el énfasis de Lucas y Hechos está en la llenura del Espíritu Santo. Por tanto, Pablo declaró más tarde que hablaba en lenguas más que los corintios (1 Corintios 14:18). Necesitaba el equipamiento de Dios para hacer la obra de Dios.

De Hechos 10:44 al 11:18 se relata el derramamiento del Espíritu sobre los gentiles en la casa de Cornelio. Los gentiles tuvieron la misma experiencia de hablar en lenguas que los discípulos en el día de Pentecostés (Hechos 10:47; 11:15,17; 15:8). Debido a esto, Pedro pudo determinar que ellos también habían recibido el bautismo en el Espíritu Santo.

Pedro no se sorprendió de que los gentiles pudieran llegar a ser creyentes; el Antiguo Testamento lo había predicho. Pero, así como los judíos esperaban que los gentiles se convirtieran en prosélitos, la mayoría de los creyentes en Cristo judíos, antes del Concilio en Jerusalén de Hechos 15, naturalmente habrían sentido que los creyentes en Cristo gentiles necesitaban abrazar las prácticas judías. Pedro y la iglesia de Jerusalén compartían ese prejuicio (véanse Hechos 10:28; 11:2,3; 15:1).

En consecuencia, Pedro se asombró de que los gentiles (probablemente se convirtieron durante la predicación de Pedro) pudieran recibir el Espíritu Santo "también como nosotros [los judíos]" (Hechos 10:47). Habían experimentado el Espíritu Santo, aparte de cualquier otra calificación, al mismo tiempo que fueron salvos. Antes del Pentecostés, los discípulos habían creído; en el día de Pentecostés, fueron llenos; el bautismo en el Espíritu Santo fue una experiencia adicional. En la casa de Cornelio fueron salvos y llenos del Espíritu al mismo tiempo. Pedro implica que la experiencia de este don, como en el Pentecostés, fue aparte de la salvación (Hechos 11:17). Él comenzó a entender que por la fe tanto los creyentes judíos como los gentiles podían experimentar todas las bendiciones espirituales.

Más de veinte años después del Pentecostés, en su tercer viaje misionero, Pablo hizo a "ciertos discípulos" en Éfeso la pregunta crucial acerca de recibir el Espíritu Santo (Hechos 19:1,2).[11] Apolos les había enseñado con precisión acerca de Jesús, pero él solo conocía el bautismo de Juan (Hechos 18:24-28). Pablo vino para dar mayor enseñanza a los creyentes efesios y a bautizarlos con el bautismo cristiano.

Algunos argumentan que los efesios no eran creyentes en Cristo cuando llegó Pablo. Pero la palabra "discípulo" no se usa para los seguidores de Juan el Bautista después de su muerte, porque llegaron a ser discípulos de Jesús (véase también el uso de la palabra "discípulo" en Hechos 6:1; 9:10; 16:1). Los discípulos en Acaya (Hechos 18:27) claramente eran creyentes, porque "por la gracia habían creído". ¿Por qué los discípulos en Éfeso (Hechos 19:1) no estarían en la misma categoría de creyentes? La evangelización de los perdidos no incluye el asunto de recibir el Espíritu Santo.

Incluso, si uno insiste en que los efesios no eran creyentes cuando llegó Pablo, es obvio que lo eran después de que él los bautizó en agua. Ese acto precedió a la imposición de manos y a que hablaran en lenguas y profetizaran. La iglesia primitiva esperaba ver una experiencia separada, distinta y vital de investidura de poder por el Espíritu Santo. Cuando los efesios recibieron el Espíritu fue de forma similar a los samaritanos: una experiencia diferente a la de salvación.

Los dispensacionalistas suelen decir que el libro de los Hechos representa solo un período de transición entre las épocas judías y gentiles. Creen que las lenguas sirvieron como una señal para los judíos incrédulos de la aceptación de los gentiles en la iglesia.

Pero las lenguas no sirvieron para esto en la casa de Cornelio, y no sirvieron para ese propósito en Éfeso. El asunto al tiempo del tercer viaje misionero de Pablo no pudo haber sido el de la aceptación de los gentiles dentro de la iglesia. Ese problema se habría resuelto esencialmente por medio del Concilio en Jerusalén el año 49 d.C. y por la gran cantidad de gentiles que ya había en las iglesias.

Por tanto, la evidencia bíblica para mostrar la universalidad del derramamiento del Espíritu Santo en la era del Nuevo Testamento es más que suficiente. A lo largo del libro de Hechos todos los nuevos grupos fueron llenos del Espíritu. Más que una organización en crecimiento, la iglesia primitiva era un vibrante organismo lleno de poder dado por el Espíritu mismo.[12]

El enfoque de Marcos

El libro de Marcos revela a Jesús como el poderoso siervo-Mesías, ungido por el Espíritu, que se enfrenta a las fuerzas de Satanás.[13] En el prólogo de este Evangelio, el Espíritu Santo se menciona tres veces: Juan el Bautista profetiza que Jesús bautizará con el Espíritu Santo (1:8), el mismo Jesús es bautizado con el Espíritu (1:10), y el Espíritu lleva a Jesús al desierto para que haga frente a Satanás (1:12). Los cuatro casos detallados en los Evangelios en que Jesús echa fuera demonios los registra Marcos, mostrando cómo

Jesús, lleno del Espíritu, se enfrentó a los espíritus malignos (véase Marcos 3:20-30). Marcos escribe estas cosas para animar a los creyentes en Cristo gentiles frente a una intensa persecución en Roma.

El Evangelio según Marcos sigue el orden y los detalles del sermón de Pedro en Hechos 10. También el abrupto final de este Evangelio corresponde al repentino final del sermón de Pedro en casa de Cornelio por la intervención soberana del Espíritu Santo.[14]

Muchos han estado dispuestos a aceptar el enfoque simplista de que Marcos fue secretario de Pedro, quien le dictaba.[15] Aunque tuvo gran influencia de Pedro, es obvio que Marcos escribió de forma independiente y original, revelando gran intelecto y habilidades persuasivas, entregadas a la inspiración del Espíritu Santo.

Entonces, ¿por qué Marcos usa el sermón de Hechos 10? Si es así, ¿por qué usa el bosquejo del sermón en Hechos 10 y no los de Hechos 2, 3, ó 4? La razón obvia de Hechos 10 es la centralidad del caso de Cornelio para la iglesia primitiva. Pedro, después de luchar con Dios sobre la orden de comer animales impuros, fue a la casa de Cornelio. Predicó un evangelio sencillo. Pero como judío creyente en Cristo en esa etapa de la historia de la iglesia, su inclinación natural puede haber sido añadir algo en la forma de legalismos judíos u observancias para la casa de Cornelio.

Antes de que Pedro tuviera la oportunidad de hacer esto, el Espíritu Santo intervino. Y los gentiles vieron que también para ellos había sido derramado el Espíritu Santo. No podían ser tratados como ciudadanos de segunda categoría en el reino de Dios; ellos también habían recibido poder para cumplir su misión en el mundo. La iglesia gentil debe de haber repasado con entusiasmo y gran frecuencia, detalle por detalle, los acontecimientos en casa de Cornelio.[16]

Pedro mismo repitió la historia. Él contó a los hermanos de Jerusalén "por orden lo sucedido" (Hechos 11:4). Culminó su explicación con un recuento de su predicación y del derramamiento del Espíritu Santo sobre la casa de Cornelio (vv. 5-16). Años después, Pedro narró el mismo acontecimiento en el Concilio de Jerusalén (Hechos 15:7-11).

Jacobo se refirió al relato de Simón Pedro como fundamental para toda la discusión (Hechos 15:13,14). Para muchos gentiles, el acontecimiento de Hechos 10 en la casa de Cornelio era más importante que lo que pasó en el día de Pentecostés (Hechos 2).

Al desplegar Marcos su Evangelio, los antecedentes para los creyentes en Cristo del primer siglo fueron los acontecimientos en casa de Cornelio. La emoción iba creciendo conforme avanzaba la historia. Se anticipaba la gran interrupción del mensaje de Pedro y el derramamiento del Espíritu. La vida y ministerio de Jesús no era sólo un hecho histórico, sino la realidad actual de la iglesia primitiva. La irrupción del Espíritu de Dios a través del ministerio de Jesús fue llevada hasta el mundo gentil.

El tema de varios posibles finales para el Evangelio según Marcos no invalida esta tesis, sino que la confirma.[17] Las principales propuestas presentadas sobre la conclusión de Marcos es el final más corto que concluye con Marcos 16:8[18] y la terminación más larga que incluye Marcos 16:9-20.[19]

Los eruditos más recientes insisten en que el final más corto fue la intención original de Marcos (como en la NVI).[20] Marcos cerró su Evangelio repitiendo el tema que caracteriza toda la actividad de Jesús a lo largo de este evangelio (4:41; 5:15,33,36; 6:50; 9:6,32):

> Asombro y temor califican los acontecimientos de la vida de Jesús... "El evangelio de Jesús el Mesías" (cap. 1:1) es un acontecimiento más allá de la comprensión humana y, por tanto, impresionante y aterrador... Contrario a la opinión general, "porque tenían miedo" es la frase más adecuada para la conclusión del evangelio.[21]

Hugh Anderson da un resumen y está de acuerdo con los argumentos para el final más corto:

> Ahora bien, el temor silencioso con el que se cierra el registro se puede tomar como una señal del asombro y la reverencia de aquellos para quienes el viejo mundo había llegado a su fin y para quienes se abría el nuevo día de Dios.
>
> ... Si el final de Marcos es 16:8, aunque abrupto, casi no habría podido declarar de manera más eficaz que la Palabra de Dios es más fuerte que las palabras del hombre.[22]

Es la opinión de Anderson que la tumba vacía y el ángel son suficientes para señalar un nuevo encuentro con el Cristo resucitado en Galilea. El libro de Marcos exhibe una restricción en la manifestación del poder para ser visto por todos. La palabra de Jesús en sí misma es pura y digna de confianza y puede ser entendida por sus seguidores.

Robert Lightfoot dice que el final abrupto hace hincapié en "la insuficiencia humana, la falta de entendimiento, y debilidad en la presencia de la suprema acción divina y su significado".[23]

Larry Hurtado sugiere que Marcos puede haber querido presentar a los lectores una historia de la resurrección de Jesús que era algo "de composición abierta e inconclusa".[24]

Norman Petersen dice que el final abrupto de 16:8 obliga al lector a entender lo que Marcos dice sobre el tiempo en que vive el lector; es cuestión de urgencia escatológica. El versículo 8 "interrumpe la continuidad de las expectativas sobre el Reino".[25] Ha llegado, pero aún no es realmente el fin. Este período entre el inicio del fin y la conclusión del fin es la edad de la actividad del Espíritu por medio del nuevo pueblo de Dios.

Fíjese en las palabras que estos eruditos han usado: "asombro y reverencia", "temor silencioso", "la Palabra de Dios... más fuerte que las palabras del hombre", una historia "abierta e inconclusa" que "interrumpe la continuidad de las expectativas". La resurrección, acontecimiento típico de todo el ministerio de enseñanza de Jesús, de su vida y sus milagros, dejaron a todos con sentimientos de asombro e insuficiencia.

Ahora, fíjese en las frases que Hechos usa para describir a aquellos que evaluaron el caso de Cornelio. El mismo asombro producido por el ministerio de Jesús fue producido por el derramamiento del Espíritu Santo sobre los gentiles:

> **Y los fieles de la circuncisión que habían venido con Pedro se quedaron atónitos de que también sobre los gentiles se derramase el don del Espíritu Santo (Hechos 10:45).**

> **Si Dios, pues, les concedió también el mismo don que a nosotros que hemos creído en el Señor Jesucristo, ¿quién era yo que pudiese estorbar a Dios? Entonces, oídas estas cosas, callaron, y glorificaron a Dios (Hechos 11:17,18).**

> **Entonces toda la multitud calló, y oyeron a Bernabé y a Pablo, que contaban cuán grandes señales y maravillas había hecho Dios por medio de ellos entre los gentiles (Hechos 15:12).**

Marcos puede haber concluido intencionalmente su Evangelio de una forma abierta para que sus lectores contemplaran el asombroso poder de Dios. Jesús fue sobrenaturalmente lleno del Espíritu. La resurrección, realizada por el Espíritu Santo, abrumó a sus seguidores. Ese mismo Espíritu vino sobre los 120 en el día de Pentecostés y sobre los gentiles en la casa de Cornelio. Todos estaban llenos de asombro.

Dennis Nineham, sin embargo, contradice los argumentos a favor de un deliberado final abrupto:

> Si San Marcos intencionalmente concluyó su Evangelio con este párrafo, sin duda se comportó con considerable sofisticación literaria, exigiendo mucho referente a la comprensión de sus lectores.[26]

Pero lo que parece tan difícil de comprender para algunos eruditos en nuestro día era más que obvio para los lectores gentiles de Marcos de la primera generación: la repentina llegada del Espíritu Santo en la casa de Cornelio, mostrando que Dios aceptaba a los gentiles y los bendecía con toda clase de bendición. La importancia de ese acontecimiento no puede ser sobreestimado, sobre todo porque segmentos del judaísmo y del cristianismo judío seguían resistiéndose a la enseñanza de Pablo de la gracia para los gentiles (por ejemplo, Hechos 21:17ss. y Gálatas).

El tema de Marcos fue que Dios puede entrar en cualquier situación, en cualquier momento, por más difícil que sea, así como el Espíritu Santo irrumpió en la casa de Cornelio. Los evangelios sinópticos probablemente fueron escritos en los años 60 d.C. Los escritores de los Evangelios y la iglesia de los años 60 estaban respondiendo con un gran "amén", para confirmar que Dios realmente estaba haciendo estas mismas cosas.

Por supuesto, muchos estudiantes de la Biblia aceptan el final más largo de Marcos (vv. 9-20) como el final inspirado.[27] No hay razón por la cual rechazar esta porción de la Escritura. Este final incluye tres énfasis: la resurrección física, la Gran Comisión, y los milagros que siguen a la predicación del evangelio. Casualmente, o intencionalmente, esas tres enseñanzas también reflejan lo que sucedió en la casa de Cornelio.[28]

Pedro predicó sobre la vida, muerte y resurrección de Cristo. Él obedeció la Gran Comisión de llegar también a los gentiles. Luego, la casa de Cornelio recibió la llenura milagrosa del Espíritu Santo. Todas estas enseñanzas se confirman por el resto del Nuevo Testamento.

El enfoque de Pablo

Pablo mismo enseñó a los corintios acerca del hablar en lenguas, aunque algunos de ellos usaban mal este don.

Algunos críticos dicen que las lenguas en Corinto era simplemente galimatías, que venían del trasfondo pagano de idolatría de los corintios. Si así era, ¿por qué Pablo no simplemente les dijo que dejaran de hablar en lenguas? En lugar de ello, deseaba que todos hablaran en lenguas. Él hablaba en lenguas más que todos ellos. Pablo no percibió ninguna diferencia entre las lenguas que él hablaba y las que ellos hablaban. Él consideraba las lenguas en Corinto como un significativa don de Dios de oración y adoración, que el creyente era capaz de interpretar y así ser edificado.

La experiencia de los Corintios y la de los discípulos en el día de Pentecostés tienen muchas similitudes.[29] Es como si Pablo deliberadamente comparara a ambos, dando a entender que la naturaleza de estas experiencias en realidad era la misma.

Tome nota de lo siguiente:

1. Todos estaban reunidos en un solo lugar (Hechos 2:1; compárese 1 Corintios 14:16,23).

2. Los dones son de encarnación en su naturaleza (Hechos 2:4; compárese 1 Corintios 14:32).

3. En ambas ocasiones hubo respuestas negativas (Hechos 2:7,13: ebriedad; compárese 1 Corintios 14:23: locura).

4. Se espera una respuesta positiva de corazones abiertos (Hechos 2:11; compárese 1 Corintios 14:16,24,25).

5. Las lenguas sirven como una señal para los incrédulos (Hechos 2:12,15,38,39; compárese 1 Corintios 14:22-25).

6. La salvación viene a través del ministerio en un lenguaje entendido (Hechos 2:37,41; compárese 1 Corintios 14:25).

7. Se manifiestan una variedad de dones (Hechos 2:43; compárese 1 Corintios 14:26).

8. El resultado es un enfoque en la enseñanza, el compañerismo, la adoración, los dones como señales, el ministerio el uno al otro, y la evangelización de los perdidos (Hechos 2:41-47; compárese 1 Corintios 14:3,6,15,22,24,26).

Lucas y Pablo fueron compañeros en la obra. Aunque escribieron con diferentes propósitos, no se contradicen entre sí. Lucas y Hechos fueron escritos con patrones y propósitos deliberados en mente; el ministerio de Pablo se compara con el de Pedro para certificar el apostolado de Pablo a los gentiles. Mientras que Lucas enfatiza el poder para el servicio y las experiencias dinámicas en el Espíritu, Pablo se centra en la obra del Espíritu en el crecimiento de la iglesia, la vida cristiana, el desarrollo de ministerios, y el ejercicio de los dones.

De la terminología en Hechos 19:1,2; Romanos 12:1-21; 1 Corintios 12 al 14; Efesios 4:7-13 y 5:19-20; Colosenses 3:16; 1 Tesalonicenses 5:19-21 y otros pasajes, es evidente que Pablo enseñaba a las iglesias acerca de los dones espirituales dondequiera que iba.

Judas usa el lenguaje paulino sobre las lenguas para exhortar a los creyentes: "...edificándoos sobre vuestra santísima fe, orando en el Espíritu Santo" (Judas 20; compárese 1 Corintios 14:4,15).

En Hebreos 6:4,5 se menciona a los que "gustaron del don celestial, y fueron hechos partícipes del Espíritu Santo, y asimismo gustaron de la buena palabra de Dios y los poderes del siglo venidero". Este pasaje, juntamente con Hebreos 2:4, es una clara referencia al derramamiento de los dones del Espíritu en los últimos días. Es obvio que esta iglesia era una iglesia carismática.

El sacerdocio del creyente

La doctrina del sacerdocio de todos los creyentes es esencial para nuestra comprensión de los dones espirituales. Cada creyente tiene la responsabilidad y el privilegio de venir a Dios directamente. Esta vocación espiritual de ser sacerdote a Dios, cada creyente debe cumplirla en algún tipo de ministerio.

Pero tanto protestantes como católicos a menudo no han entendido este punto. La interpretación protestante suele dejar al individuo para que resuelva sus propios problemas, ya que, después de todo, es un sacerdote a Dios y puede conseguir sus propias respuestas. Los protestantes dicen: "Dios te bendiga, hermano; voy a orar por ti" y lo dejan sin discernir realmente sus necesidades ni atender a ellas. La razón de que algunas iglesias tienen muchos enfermos y debilitados entre ellos es que los creyentes en Cristo no saben "discernir el cuerpo del Señor" (1 Corintios 11:27-31).[30]

Los creyentes en Cristo toman la Santa Cena, adoran al Señor, y escuchan sermones sin percibir las necesidades que hay en la familia de Dios y sin tratar de ayudar. La calamidad no es que uno tome la Santa Cena de forma indigna y sea castigado por Dios. La calamidad es que los creyentes en Cristo pueden asistir a la iglesia y cumplir todos los ritos, sin darse cuenta de las verdaderas necesidades de los demás. Esto pasó en Corinto. Esta clase de hipocresía sólo puede ser condenada por Dios y el mundo. Los católicos romanos pierden la belleza del sacerdocio de cada creyente. Pasan por medio de un sacerdote para el ministerio, el perdón y las necesidades, en lugar de entender su propia responsabilidad de ministrar unos a otros.

La intención original de Dios era que cada uno en Israel (el pueblo de Dios) fuera sacerdote. "Y vosotros me seréis un reino de sacerdotes, y gente santa" (Éxodo 19:6). Pero mientras Moisés estaba recibiendo instrucciones de Dios en el monte de Sinaí, los israelitas desobedientes hicieron un becerro de oro para adorar. Sólo los levitas se unieron con Moisés en fidelidad a Dios.

De entre los levitas (es decir, los descendientes de Aarón) saldrían los sacerdotes, representando a la nación en la realización de tareas específicas del culto a Dios. No debían hacer la obra de arrepentimiento y sacrificio, sino ser los representantes del pueblo en los aspectos rituales del culto. Las otras tribus, sin embargo, pronto les dieron a ellos toda la responsabilidad para que cumplieran las funciones sacerdotales. Además, en tiempos del Antiguo Testamento, solamente individuos específicos fueron ungidos por el Espíritu: jueces, profetas, sacerdotes y reyes.

En Isaías 61:1,2 leemos la profecía de la unción y el ministerio del Mesías: Él predicaría buenas nuevas a los abatidos, vendaría a los quebrantados de corazón, publicaría libertad a los cautivos, y proclamaría el año de la buena voluntad de Jehová.

Luego, concluyendo este pasaje, 61:6 dice: "Y vosotros seréis llamados sacerdotes de Jehová, ministros de nuestro Dios." Todo Israel tenía una función sacerdotal, de mediación a las naciones. Jesús escogió este pasaje de Isaías para su sermón inaugural, revelando los propósitos y el poder de su ministerio.

El profeta Joel dijo que el Espíritu sería derramado sobre toda carne (Joel 2:28,29). Pedro dijo que el cumplimiento de esto comenzó en el día de Pentecostés (Hechos 2:16ss). Más tarde dijo: "Vosotros sois linaje escogido, real sacerdocio, nación santa" (1 Pedro 2:9; véase también el v. 5). El derramamiento del Espíritu tuvo que ver con todo el pueblo de Dios para que cumpliera su función de sacerdote.[31]

El último libro de la Biblia describe la consumación del plan de Dios con varias referencias al real sacerdocio de todos los creyentes; Jesús "nos hizo reyes y sacerdotes para Dios" (Apocalipsis 1:6; véase también 5:10). Desde el principio hasta el final de la Biblia, el plan de Dios es que todos los de su pueblo sean sacerdotes a Él y a sus semejantes. Y Jesús, nuestro hermano mayor, es nuestro gran Sumo Sacerdote.

En vez de apoyar la dicotomía de los ministerios profesionales y del laico, la Biblia presenta dos dones básicos: dones de capacitación y dones de ministerio. Efesios 4:11 enumera cuatro dones de capacitación (o cinco, si se identifica a pastores y maestros como dos dones por separado). Estos dones son para equipar a los santos para la obra del ministerio.

En la versión King James del inglés se inserta una coma después de la palabra "santos" en Efesios 4:12, dando tres trabajos a los equipadores: perfeccionar a los santos, hacer la obra del ministerio, y edificar el cuerpo de Cristo. Según esta interpretación, se supone que el clero profesional debe hacer todo el trabajo. Claramente, esto es incorrecto.

Al definir como receptores pasivos a los laicos y desarrollar una brecha entre el clero y los laicos, se han desarrollado muchas herejías de doctrina y autoridad a través de la historia de la iglesia. Los manuscritos griegos originales no contenían ninguna puntuación. La puntuación se agregó más tarde para claridad de los futuros lectores. Sin la coma, el pasaje muestra claramente que la obra del ministerio pertenece a todos los santos. El verbo *katartidzo* significa un debido orden y disposición; un alcance a la madurez y la integridad. La NVI traduce "perfeccionar" como "capacitar", y la RVR1977, como "equipar". Cuando un cuerpo está sano puede cumplir su misión. Cuando los capacitadores ayudan al cuerpo de Cristo a fungir en unidad, la iglesia hará la obra del ministerio.

El ministerio sacerdotal del creyente es doble. En primera instancia es el ministerio a Dios. Nuestra vida debe ser un culto racional (Romanos 12:1). El culto o la adoración refleja lo que somos, nuestros motivos y nuestro estilo de vida. La iglesia, cuando se reúne, adora con mayor eficacia cuando sus miembros llevan una vida santa. A su vez, al adorar juntos, aprendemos mejor cómo ordenar nuestra vida. La verdadera adoración proviene de la comprensión de quién es Dios y el reconocimiento de su control soberano. Adoramos con corazón, mente, alma y fuerza. Vemos el mundo desde la perspectiva de Dios, más allá de los problemas personales, las barreras culturales o raciales, y los problemas relacionales. Rendimos culto porque sólo Dios es digno de nuestra adoración.

Parte de la verdadera adoración es el sacrificio. Jesús se hizo nuestro sacrificio, indicando que nosotros también debemos entregar nuestra vida por los demás. Es posible que tengamos que morir a los deseos carnales y las ambiciones personales. El bienestar del cuerpo de Cristo debe tener prioridad sobre el egoísmo. La causa de Cristo es nuestra razón de ser. Pablo consideraba la vida cristiana como un sacrificio a Dios (Romanos 12:1; 15:16; Filipenses 1:6).[32]

El ministerio a Dios incluye la oración de intercesión. La obra espiritual depende de la oración; tenemos que ganar la batalla en el ámbito espiritual antes de ganarla en el ámbito material. Debemos interceder por todos (1 Timoteo 2:1). Debemos acercarnos a Dios sin temor alguno. Jesús otorga a sus seguidores las llaves del Reino y les dice que cumplan los planes de Dios atando y desatando cosas en la tierra (Mateo 16:19). El poder del evangelio aplicado correctamente puede abrir puertas, atar temores, y liberar a los creyentes para que cumplan lo que realmente son en el plan de Dios.

Un sacerdote debe apartarse para la obra sagrada. La oración, el estudio diligente de la Biblia, el descanso, y entrar en la presencia de Dios exigen un estilo de vida que dedica tiempo a escuchar a Dios. Demasiados ruidos en el mundo nos impiden oír la voz de Dios cuando nos habla.

En segundo lugar, la práctica de un verdadero ministerio sacerdotal a Dios nos llevará a nuestros semejantes. Después que empezamos a ver el mundo desde la perspectiva de Dios sacamos fuerza para afrontar el reto de ganar al mundo. Hallamos renovada alegría y poder en nuestra relación dinámica con Dios. Nos edificamos unos a otros. Buscamos con ansias cumplir la voluntad de Dios.

Nuestro culto y adoración a Dios tiene implicaciones misioneras: Jesús murió para reconciliar al mundo a sí mismo; Dios nos da un ministerio de reconciliación. Debemos tratar de construir puentes a otros para que puedan ser llevados a Cristo, y pueda realizarse su sanidad. "Confesaos vuestras ofensas unos a otros, y orad unos por otros, para que seáis sanados" (Santiago 5:16) Debemos restaurar al hermano sorprendido en alguna falta (Gálatas 6:1). Toda nuestra vida debe reflejar conciencia de nuestra tarea como sacerdotes a nuestra familia, a nuestra iglesia, y al mundo no cristiano. El ministerio de la iglesia consiste en adoración, amor abnegado, y testimonio del poder reconciliador de Jesucristo.

Esto, entonces, es el patrón del Nuevo Testamento: todos tienen la oportunidad de ser ungido por el Espíritu Santo y ser usado por Dios. El Espíritu Santo es dado libremente a todos, no sólo para que unos pocos elegidos puedan ejercitar sus diferentes ministerios.

Cada cristiano del primer siglo era consciente de que tenía un ministerio que el Espíritu Santo bendeciría. Los apóstoles, los profetas, los evangelistas y los pastores-maestros debían equipar al creyente para sus tareas. La verdadera comunión y la profunda interacción con los hermanos en la fe fueron motivo de que el cristianismo desarrollara la fuerza para alcanzar a un mundo pagano y ganarlo para Cristo. Todos eran colaboradores en la empresa más grande que el mundo jamás ha conocido. Debido a la doctrina del sacerdocio de todos los creyentes, los dones del Espíritu fueron ampliamente ejercitados.

Alejamiento del patrón del primer siglo

La iglesia, sin embargo, pronto se apartó del patrón de ministerio en que cada creyente era un sacerdote. Con este alejamiento, la manifestación de los dones del Espíritu también se redujo. Con las herejías que amenazaban a la iglesia desde adentro y las persecución desde afuera, forzando o apartando a los creyentes de sus congregaciones, la responsabilidad y autoridad ministerial pronto fue centralizada en el clero. Por tanto, Ignacio, poderoso obispo de la iglesia de Antioquía a comienzos del siglo II, podía decir que el obispo es "como el Señor".

Aparte de la autoridad del obispo, no se podrían realizar eucaristías o matrimonios. Así, a mediados del siglo III, Cipriano afirmaba: "No tiene a Dios por Padre quien no tiene a la iglesia por su Madre."[33] En otras palabras, la membresía en la iglesia llegó a ser equivalente a la vida eterna. El obispo como cabeza podía declarar a quién se le perdonaba sus pecados; a los "herejes" no se les permitía ser miembros de la iglesia. Esta posición, sin duda, combatió algunas herejías, pero también dio lugar a un gran problema que ha invadido a la iglesia hasta nuestros días.

Como se supone que otros creyentes no sabían tanto como el obispo o tenían la misma autoridad, se les dio menos responsabilidad. De esta manera se desarrolló una distinción entre clérigos y laicos (tal como había sido en el Antiguo Testamento) y el obispo se convirtió gradualmente en la autoridad de la iglesia. Él podía determinar su sucesor y otorgar dones espirituales mediante la imposición de manos, doctrinas no confirmadas por la exégesis bíblica ni practicadas en la iglesia del primer siglo. El error estaba en la suposición de que una persona, en lugar de Dios, tenía la autoridad de otorgar dones y perdón. Este error, que llegó a ser conocido como sacerdotalismo, implicaba que pocos poseían virtud espiritual y que sólo estos pocos podían impartirla. De esta manera, la mayoría de los creyentes perdieron la conciencia de que podían recibir y ejercer los dones espirituales.

Naturalmente, esto llevó al desarrollo de la iglesia Católica Romana y la fuerza del papado. Durante la Edad Media, la educación y el estudio de la Biblia estaban disponibles sólo para unos pocos privilegiados. La gran mayoría de las personas no tenían educación académica. Incluso entre el clero pocos tenían acceso a la Biblia, y no tenían conocimiento de los idiomas bíblicos. Supuestamente, solamente algunos eran capaces de interpretar la Biblia. El hombre común no podía hacerlo. La iglesia organizada se convirtió en el custodio de la Escritura. Con ello, la autoridad de la Escritura se convirtió en la autoridad de unas pocas personas en altas posiciones religiosas. Su instrucción no debía ser cuestionada.

La situación no habría sido tan mala si los que tenían autoridad hubieran continuado enseñando fielmente la Biblia y desarrollando el sacerdocio individual del creyente. Lamentablemente, el humanismo, la codicia y la política fueron las fuerzas que dominaron el pensamiento de la iglesia Romana. Disgustado con la evidente corrupción en Roma y la promesa del Fray Juan Tetzel de la liberación del purgatorio por ofrendas para embellecer el Vaticano, Martín Lutero fijó una protesta detallada.

El movimiento hacia la renovación

La Reforma Protestante renovó el énfasis en la lectura de la Biblia e impulsó a muchos eruditos a traducir la Palabra de Dios en el lenguaje de la gente. Tres grandes gritos de la Reforma eran *sola fide, sola scriptura, sola gratia:* "sólo por la fe, sólo por medio de las Escrituras, sólo por la gracia". Los reformadores se negaron a aceptar cualquier otra autoridad que la Escritura.

Los reformadores avivaron la doctrina de que cada creyente es un sacerdote para Dios. La Reforma no sólo buscó corregir algunos abusos, sino que en realidad cambió el curso de la civilización occidental, tanto sagrada como secular. Sin embargo, al igual que otros movimientos espirituales, la Reforma sucumbió a la tendencia de rígida ortodoxia, sustituyendo la ferviente espiritualidad con otro conjunto de rituales. Algunos creyentes se descuidaron, y enfatizaron la ortodoxia en la doctrina en vez del poder en la vida.

Luego vino la era del pietismo, que hizo hincapié en la experiencia personal y la dedicación. Los pietistas no creían que era suficiente corregir la doctrina.

Ellos reconocieron la necesidad de la iluminación de la Biblia por el Espíritu Santo. Se hizo hincapié en el estudio científico de los idiomas y la interpretación histórico-gramatical de la Escritura para descubrir la aplicación de la misma en la vida diaria. Muchos vieron la necesidad de visión misionera.

El movimiento pietista tuvo gran influencia en Juan Wesley. El evangelicalismo inglés, a su vez, produjo a Guillermo Carey, que contribuyó al inicio del movimiento de las misiones modernas. En Inglaterra y en los Estados Unidos hubo grandes avivamientos dirigidos por hombres como los hermanos Wesley, Jorge Whitefield, Jonatán Edwards, Carlos Finney y D.L. Moody. Tanto el movimiento misionero como los grandes avivamientos enfatizaban la necesidad de la salvación personal, el compromiso y la santidad. El Espíritu Santo estaba obrando, preparando al pueblo de Dios para su obra.

Al inicio del siglo veinte, comenzó un poderoso derramamiento pentecostal. Una vez más los creyentes en Cristo comprendieron que podían tener capacitación divina a través de los dones del Espíritu para llevar a cabo la obra de Dios. A lo largo de la historia de la iglesia, grupos específicos habían conocido y practicado manifestaciones del Espíritu. El avivamiento del siglo veinte, sin embargo, trascendió a grupos específicos y afectó a todas las denominaciones, tocando a la iglesia cristiana en todos los países.

Pero la iglesia se enfrentó al reto de una explosión de la población mundial. Llegada la década de 1950, la población mundial era mayor que el total de todos los que habían vivido entre Adán y el comienzo del siglo veinte. En 1987 más de cinco mil millones de personas habitaban la tierra. ¿Cómo iba la iglesia a cumplir la comisión de Cristo de anunciar el evangelio a todos los pueblos? iglesias bien organizadas, algunos líderes carismáticos, y un mayor uso de los medios de comunicación no son toda la solución. Sólo al liberar a cada creyente para el ministerio la iglesia puede cumplir con este desafío.

Hoy, la doctrina del sacerdocio de cada creyente es más ampliamente entendida y practicada. Entre los que proclaman esta doctrina, predominan cuatro posiciones básicas sobre los dones del Espíritu.

La primera, practicada por creyentes ultraconservadores, es: tenemos una Biblia completa; no necesitamos los dones, como los necesitaba la iglesia del primer siglo.

Un segundo punto de vista es que los dones son opcionales, siendo algunos dones más importantes que otros. Una brisa fresca comenzó a soplar sobre creyentes de todas las denominaciones, en que muchos católicos, presbiterianos, bautistas, metodistas y episcopales fueron llenos con el Espíritu Santo. En consecuencia, casi todas las denominaciones han tenido que evaluar esta experiencia pentecostal y lo que podría significar para ellos. Algunos consideran las lenguas como "del diablo". Otros consideran que las lenguas son "el menor de los dones" y que por tanto pueden ser pasadas por alto o abandonadas; uno necesita "los mejores dones". Algunos creen que el bautismo del Espíritu Santo es opcional.

Una tercera posición básica considera el bautismo en el Espíritu Santo como insignia de santidad. Se desarrolla un elitismo espiritual. Algunos se consideran más espirituales que otros. En su forma extrema, esta posición enseña que algunos poseen dones y tienen la capacidad de impartirlos según deseen.

En esencia, esta posición plantea el mismo problema que tuvo la iglesia del siglo segundo, el problema que dio lugar a una jerarquía en la iglesia. Mientras que fue un sacerdotalismo organizativo, esta posición representa un sacerdotalismo espiritualizado; presenta un método alegórico de interpretación de la Escritura, en que los defensores hacen de la experiencia una autoridad tan válida como la propia Escritura. A quienes se percibe como más espirituales, supuestamente poseen mayores habilidades para discernir demonios en hermanos en la fe, pueden tener visiones y sueños en nombre de otros, y pueden pronunciar profecías que dirigen la vida de otros. Los menos espirituales observan asombrados las grandes manifestaciones de los dones por medio de ellos.

Una cuarta posición parece ser la bíblica. Permite que cada creyente sea guiado por el Espíritu de Dios. La toma de decisiones se basa en un examen humilde de las verdades bíblicas y de escuchar a todos los miembros del cuerpo de Cristo en lugar de oír a una sola persona. El señorío de Cristo hace que los creyentes busquen crecer a su imagen. El crecimiento hacia la madurez es el resultado de tomar esa decisión.

Básicamente, esta posición dice que todos los creyentes son sacerdotes, el Espíritu se derrama sobre todas las personas, todos los miembros del cuerpo de Cristo son importantes y mutuamente dependientes, cada miembro debe aprender a someterse a los otros miembros, y cada creyente debe ejercer dones espirituales para la obra del ministerio en la actualidad. La iglesia de Dios siempre ha sido más saludable cuando todos los miembros han compartido libremente y abiertamente. Cuando a gente común se le confía la verdad liberadora de Jesucristo, tienen las mismas experiencias transformadoras de vida como cualquier otro de los "santos" de Dios.

La naturaleza de encarnación de los dones

Dos puntos de vista muy diferentes revelan malentendidos básicos de la naturaleza de los dones del Espíritu. Algunos definen los dones como habilidades principalmente naturales, mientras que otros los definen como totalmente sobrenaturales. El primer punto de vista equipara los dones con talentos naturales dedicados al Señor. Se considera que artistas, médicos y músicos que dedican sus talentos en su carrera ejercitan dones espirituales. Dicen que los milagros eran cosa frecuente en el primer siglo sólo porque la Biblia aún no se había completado.

Los defensores de este punto de vista creen que los avances de la ciencia moderna, sobre todo en la medicina, eliminan la necesidad de un don, como la sanidad. Otros usan una lista de control para que las personas determinen sus dones de acuerdo a un formulario de autoevaluación. Esta es una especie de prueba profesional espiritualizada, diseñada para ayudar a las personas a descubrir sus dones. Aunque este punto de vista ayuda a los hermanos a encontrar su ministerio en la iglesia, a veces minimiza el aspecto sobrenatural de los dones espirituales.

Un segundo punto de vista caracteriza los dones como totalmente sobrena-turales, negando las facultades humanas. Los que tienen este punto de vista argumentan que cualquier cosa referente a lo físico, o carnal, de la persona es malo. Por tanto, cuando Dios habla a través de alguien, Él no pasa por la mente sino simplemente usa la lengua. Son muy estimados los dones más espectaculares, como sanidades, milagros, profecía, lenguas e interpretación.

Si los dones fueran totalmente sobrenaturales, entonces serían infali-bles. Pero la Palabra de Dios nos dice que evaluemos cada don a la luz de edificación, exhortación, consuelo, y la Biblia misma. Donald Gee dice:

> Un punto de vista de los dones del Espíritu, contenido en un eslogan de que son "un cien por ciento milagrosos", ha obtenido considerable aceptación en algunos sectores. Se nos dice que "no hay en absoluto ningún elemento de lo natural en ellos". Este es el lenguaje perdonable del entusiasmo de enfocar la verdad de que no hay un elemento sobrenatural en los dones espirituales, y podemos respetar la declaración como tal. Pero no sirve como una declaración sobre todos los hechos. Necesitamos una forma de ver más equilibrada. Si no lo logra-mos, nos veremos perpetuando los extremos que han estropeado el testimonio pentecostal desde su inicio. En realidad, en esto hay considerable peligro.[34]

Como Gee implica, no es bíblico aceptar cualquiera de estas posiciones extremas. La lucha espiritual requiere de armas sobrenaturales. Sin embargo, Dios habla a través de personas, y no niega o pasa por alto lo que son. Desde el huerto del Edén hasta ahora, el deseo de Dios ha sido tener comunión con su creación humana, comunicarse con sus criaturas, y desarrollar todo su ser para que le sirvan. Si Dios quisiera trabajar sin necesidad de usar seres humanos, podría usar ángeles.

Es crucial para la comprensión de los dones, tener conocimiento de que lo opuesto a lo espiritual no es lo físico, sino lo pecaminoso, lo carnal. Muchas ve-ces negamos todo lo que está dentro de nosotros porque somos pecadores. Nos olvidamos que Dios nos ha redimido y busca perfeccionar la imagen de Cristo en nosotros. ¡Dios nos usa! Debido a que algunos consideran los dones como totalmente sobrenaturales, han enfatizado los dones más espectaculares en menoscabo de los dones menos espectaculares. Así como lo físico no debe equipararse con lo carnal, tampoco lo espiritual debe equipararse con lo espectacular.

Pero si los dones no son naturales ni sobrenaturales, ¿cuál es su naturaleza? Allí donde lo sobrenatural (todo de Dios) se encuentra con lo natural (todo del hombre), comienzan los dones. Los dones son de encarnación.

Por ejemplo, Cristo se encarnó. Él era completamente Dios y completamente humano. Él era Dios en la carne, pero una sola persona. No era esquizofrénico: Dios a tiempo parcial y ser humano a tiempo parcial.

Otra ilustración de la encarnación, la unión de Dios y el hombre, es la Biblia; tanto un libro divino como un libro humano. Los hombres lo escribieron con sus vocabularios, sus antecedentes culturales, sus modismos del habla, y sus situaciones históricas. Pero la Biblia es el libro de Dios, inspirado verbalmente a los autores humanos. Es preciso y fidedigno. Es una revelación objetiva de la verdad de Dios.

Aunque la iglesia y el individuo de ninguna manera están en el mismo nivel que Jesucristo y la Biblia, la iglesia fue instituida divinamente, establecida por Cristo. Sin embargo, ¡todos los que trabajan con la iglesia saben lo humana que es! Así, también, el misterio oculto desde los siglos es "Cristo en vosotros, la esperanza de gloria" (Colosenses 1:27). Cuando nos rendimos a recibir todo lo que Dios tiene para nosotros, podemos expresar sus dones. Él nos ayuda a hacer por su reino lo que no podemos hacer por nosotros mismos. J. Rodman Williams dice que la presencia de la *carismata* "mejora las capacidades y funciones naturales".[35]

Por tanto, Dios toca todas nuestras capacidades y nuestro potencial con poder sobrenatural. Todas las facultades impartidas por el Espíritu para ministrar y satisfacer las necesidades de la iglesia se derivan de la obra de los dones del Espíritu. Aunque W. J. Conybeare clasifica los dones como "lo extraordinario y lo ordinario", ¿por qué hacer la división? Es claramente arbitraria.[36]

Bien puede decirse que para el observador algunos dones son más espectaculares que otros, algunos son más espontáneos, otros se basan más en la inspiración instantánea, o en poder, y otros parecen ser bendiciones supremas sobre las habilidades naturales. En términos generales, los dones de 1 Corintios 12:8-10 parecen ser más espectaculares y espontáneos que los mencionados en Romanos 12:6-9. Sin embargo, Romanos 12 y 1 Corintios 12 usan ambos la misma palabra básica para los dones, *carismata*, lo que indica que son de la misma naturaleza. Aunque Ralph Riggs denomina la lista de

1 Corintios 12 como "la lista oficial" y la de los dones en Romanos 12 como "complementaria", él también considera esta última como "también dones del Espíritu". [37]

En lugar de decir que algunos dones son naturales y otros, sobrenaturales, tal vez sea mejor concentrarse en el ejercicio de los dones, colocando a tal ejercicio en una línea continua, que va desde "natural" a "sobrenatural" (véase la figura 1). Al ser ejercitado con mayor eficacia, el don se mueve hacia lo sobrenatural; se observa menos habilidad humana y la obra de Dios se hace más evidente.

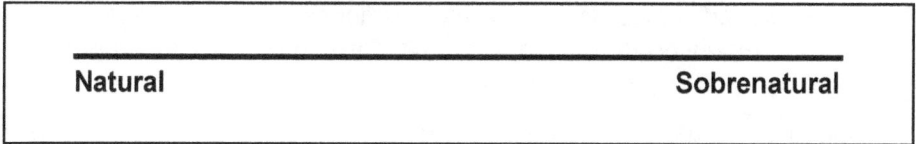

Natural	**Sobrenatural**

Figura 1. El ejercicio de los dones

De inmediato se colocarían algunos de los dones hacia el lado sobrenatural de la línea continua. Sin embargo, otros dones, por ejemplo, la palabra de sabiduría y la palabra de ciencia, pueden no aparecer tan sobrenaturales. Sin embargo, pueden producir un cambio tan poderoso como el don de milagros.

Muchos dones no se manifiestan hoy porque no reconocemos la naturaleza de los dones espirituales y su importancia en la iglesia. Los dones se han considerado opcionales para el ministerio. Han sido relegados a los creyentes en Cristo super-espirituales y, como en el Antiguo Testamento, a los líderes dotados de poder espiritual. El genio de la iglesia del Nuevo Testamento no estaba en su liderazgo, sino en la vitalidad y en los dones de ministerio de cada creyente. Melvin Hodges dice:

> El ejercicio de los dones espirituales no debe ser considerado como algo aparte del ejercicio normal del cuerpo de Cristo, sino como parte del normal del desarrollo espiritual de cada miembro en la vida del Espíritu. [38]

Gordon Atter añade: "Tenemos la manifestación del Espíritu... para hacer la obra tan eficazmente como conviene hacerla." [39] Williams dice:

> Hay la realización de una nueva inmediatez entre Dios y el hombre. Las señales "extrañas", como profecía, sanidad, milagros, exorcismo, hablar en lenguas, discernimiento de espíritus, son extrañas sólo mientras aún no ha habido una interpenetración de lo divino y lo humano, de lo sobrenatural y lo natural. Cuando esto ocurre... entonces lo que es ajeno a la existencia ordinaria se convierte (sin perder su maravilla) en parte de la vida y la actividad en curso de la comunidad. [40]

El ejercicio de un don no se debe equiparar a la santidad, la madurez o la precisión. Estos factores contribuyen al intercambio efectivo de dones, pero no son sus prerrequisitos. Dado que todos los creyentes deben ejercer dones, la manifestación de dones no es señal de logro espiritual. Las manifestaciones espirituales deben ser juzgadas contra la clara revelación bíblica. Dios da el don; Él debe ser glorificado. Conforme cada miembro ejerce un don, él mismo madura, hay interacción entre los creyentes, y el cuerpo de Cristo es edificado.

Hemos puesto los dones en un plano tan alto, espectacular y perfecto que la mayoría de los creyentes temen que puedan ejercerlos "en la carne" o ser indignos de ejercitarlos. Irónicamente, al mismo tiempo, debido a que pocos en la iglesia parecen ser capaces de ejercer los dones, los que lo hacen pueden desarrollar un sentido de orgullo espiritual. Otros pueden buscar un don en particular por el deseo de ser admirados.

Cuando Dios nos toca, sin embargo, debemos percibir que somos simplemente pecadores salvados por gracia. J. Oswald Sanders dice que el fruto del Espíritu es evidencia de espiritualidad. Porque, al examinar la naturaleza de los dones del Espíritu, encuentra "que son en su mayor parte dones de servicio. Ninguno de ellos está directamente relacionado con el carácter. Son el equipamiento de Dios para un servicio efectivo".[41]

Howard Courtney escribe desde el punto de vista cuadrangular, y dice:

> Esperar la perfección absoluta en todo momento, en cualquier don que opera por medio del hombre falible o mediante instrumentos humanos, es abrirse a la posibilidad de recibir un grave choque.[42]

En realidad, la iglesia de Corinto hace mucho tiempo debe de habernos sacado de la idea de que la perfección era un criterio para la operación de los dones. Pablo les dice que aún eran niños y carnales. Al mismo tiempo, no les dice que dejen de usar los dones; más bien, les enseña sobre su debido uso. Un cuerpo sano debe ejercitarse con el fin de crecer. Una iglesia debe ministrar los dones espirituales para madurar y desarrollar la santidad y el fruto que Cristo espera ver.

Sin embargo, al haber dicho que los dones no son indicativos de logro espiritual, un enfoque encarnativo de los dones propone que el hombre cumple un papel importante en la comunicación del don. Ejercemos los dones cuando Dios nos toca. Somos parte del mensaje. Nuestro carácter, nuestra vida, nuestra fe, nuestro vocabulario, nuestra sinceridad, nuestros problemas y éxitos en la vida se convierten inmediatamente en parte de lo que otros ven y oyen cuando ejercitamos el don.[43] Con respecto a la parte humana en el ejercicio de una palabra de ciencia, dice Maynard James:

Solo el Espíritu Santo da este don y nunca puede ser obtenido por algún poder natural del hombre. Esto no significa que cuando el Señor otorga la palabra de ciencia o conocimiento, pasa por alto el estudio bíblico diligente hecho en oración. En realidad, se descubrirá que el "santo" de quien proviene este conocimiento sobrenatural suele ser devoto y disciplinado.[44]

Pero ¿no son los dones espectaculares de sanidad y de milagros totalmente sobrenaturales? ¿Cómo son de encarnación? En primer lugar, la credibilidad del milagro y el mensaje que acompaña al milagro dependen del mensajero. Un predicador cuyas prácticas financieras, vida familiar, o moralidad se pone en duda será ineficaz y puede hacer más daño que bien en el reino de Dios.

En una congregación local, la persona que no se relaciona bien con su propia familia, o que tiene hostilidad hacia los demás, limitará su ministerio, principalmente debido a la reacción de los demás. Si nuestra vida es consecuente con el mensaje, ese mensaje se recibe con mayor facilidad.

Además de la cuestión de credibilidad, un aspecto importante de los dones ha sido pasado por alto: la iglesia es a menudo el instrumento a través del cual el Espíritu Santo efectúa la sanidad.

¿Qué pasaría si las congregaciones realmente aprendieran a gozarse "con los que se gozan" y llorar "con los que lloran" (Romanos 12:15)? Los creyentes en Cristo verían las necesidades y el dolor de los demás como sus propias necesidades y su propio dolor. Estarían motivados a orar fervientemente y de todo corazón. Apoyarían a sus hermanos con amor. Hay toda una categoría de sanidades que pueden ocurrir sólo en el contexto del amor y el apoyo de la familia cristiana.

Este mundo, lleno de estrés, más que nunca ha sido testigo de problemas emocionales, divorcios, abuso de drogas y alcohol, abuso de niños, y familias divididas. La vida a menudo atrapa a las personas sin defensas y sin apoyo estructurado. La única solución es el amor y el cuidado de la familia de Dios.

La sanidad puede fluir por medio de la iglesia. Durante el culto, los creyentes alerta pueden orar por los que les rodean, ser sensibles a lo que Dios está diciendo, y convertirse así en un canal para las bendiciones de Dios. En una iglesia así, puede haber muchos milagros, aún antes de que se haga el llamado al altar. Durante la semana podemos hacer lo mismo. Podemos ser las manos de Dios extendidas a las personas necesitadas.

Dios ha designado que los dones sean otorgados a través de vasos humanos. El intercambio más profundo se hace cuando la iglesia conoce y respeta a la persona que ejercita un don, sea en fuerza o en la debilidad. La perfección en esta persona que opera el don no es la cuestión, sino lo son la autenticidad y la sinceridad. Alguna visita puede ministrar dones a una congregación local;

pero la profunda comunión y la interacción nos ayudan a apreciarnos más el uno al otro y también a que lleguemos a ser más sensible a los dones. Nuestra tarea es aprender a servir de tal modo que los demás reciban nuestro ministerio con agradecimiento y máximo beneficio.

En resumen, hay cuatro puntos de vista sobre la naturaleza de los dones. Primeramente, los dones son habilidades naturales dedicadas al Señor. En segundo lugar, Dios niega totalmente las facultades humanas. La persona es sólo una secretaria, o un vaso vacío, que da un mensaje palabra por palabra, como si hubiera sido dictado. En tercer lugar, algunos creen que la santidad y la espiritualidad determinan el otorgamiento de los dones de Dios. Más santidad significa más dones. Los creyentes débiles e inmaduros ni siquiera deben pedirlos.

En cuarto lugar, está el punto de vista de encarnación. Dios usa completamente el instrumento: su mente, sus pensamientos, sus antecedentes y su situación actual. El instrumento mismo es parte del mensaje; por tanto, su vida y su forma de operar el don son partes vitales de lo que edifica a otros. Las claves son sensibilidad al Espíritu, sensibilidad el uno al otro, y la operación del don en el momento adecuado. Los dones son herramientas de ministerio. A través del fruto del Espíritu manifestamos estas herramientas de manera efectiva. W. I. Evans exhorta:

> La necesidad de los pentecostales no es principalmente orar por los dones. Los dones están aquí. Nuestra necesidad es buscar a Dios en fe viva de manera que los dones que están latentes, suficientes para encender al mundo, puedan ser ejercitados.[45]

La iglesia será tan pertinente como las personas que la componen y cambiará conforme estas personas crecen con los tiempos y maduran en Cristo. En lugar de que el ministerio sea hecho principalmente por un clero profesional, todo el cuerpo de Cristo participará.

Parte 1

Comentario

Introducción

Para tener una apropiada teología de la iglesia,
debemos entender la función de los dones del
Espíritu en el fundamento, la investidura de
poder, la dirección, la formación y la vivificación
de la iglesia. La perspectiva bíblica comprende
una congregación amorosa e interactiva, que es
mutuamente dependiente, y donde cada uno se
preocupa por los demás. Algunos tienen mayor
función de autoridad y responsabilidad que
otros, pero cada uno es igualmente importante. Todos tienen un ministerio.

1

1 Corintios 12:1-11

1 Corintios 12:1-3
Pasado y presente en el reino espiritual

No quiero, hermanos, que ignoréis acerca de los dones espirituales. Sabéis que cuando erais gentiles, se os extraviaba llevándoos, como se os llevaba, a los ídolos mudos. Por tanto, os hago saber que nadie que hable por el Espíritu de Dios llama anatema a Jesús; y nadie puede llamar a Jesús Señor, sino por el Espíritu Santo.

Primera a los Corintios fue escrita en respuesta a varias preguntas y problemas que surgieron en la iglesia de Corinto. Varios eruditos de la actualidad identifican el problema esencial como uno de escatología sobre realizada. Es decir, algunos corintios creían que las bendiciones del Reino ya habían llegado y que habían sido personalmente iniciados en los secretos de ese Reino. Su enseñanza puede haber sido influenciada por alguna forma de dualismo helenístico que despreciaba la existencia corporal y exaltaba la revelación espiritual. Ellos afirmaban hablar "en lenguas... angélicas" (13:1) y negaban la necesidad de una resurrección física (15:12-34), porque ya habían alcanzado su potencial espiritualmente. Desanimaban las relaciones sexuales en el matrimonio (7:1-7) y despreciaban el sufrimiento y el ministerio de Pablo (4:8-13).[1] Este sentido de superioridad espiritual causó divisiones entre ellos, así como entre algunos de ellos y Pablo.

Pablo respondió lo más minuciosamente posible a cada tema sobre el que le preguntaban, pero indicó que había otras cosas que pondría en orden en su llegada personal a Corinto (11:34). Por ahora, para Pablo era más importante responder a sus preguntas sobre los dones espirituales. Algunos pensaban que el ejercicio de los dones indicaba una espiritualidad más profunda. Otros pueden haberse preguntado sobre las actitudes y el comportamiento carnal de algunos que estaban ejerciendo dones. Pablo quería aclarar cualquier malentendido sobre el tema de los dones. El conocimiento es preferible a la ignorancia. No era propio evitar los problemas delicados.

Frederic Godet dice: "El término *charisma* indica más bien su origen [es decir, los dones]; la palabra *pneumatika* (14:1) indica su esencia".[2] En otras palabras, los dones se originan con Dios, y su naturaleza esencial es del Espíritu Santo. La palabra charisma no se encuentra en la Septuaginta ni en los escritos griegos antes de la era cristiana. Aparece casi exclusivamente en los escritos de Pablo (un uso está en 1 Pedro). Pablo considera que la iglesia y los dones son esenciales el uno para el otro: si esta es la iglesia, estos son los dones. Si estos son los dones, son indicativos de la iglesia.[3]

Algunos eruditos afirman que debido a que los corintios sobre valoraban ciertas manifestaciones espirituales, usaban la palabra *pneumatika* ("espiri-tuales") y que Pablo trató de corregir esto con su palabra *charismata* ("do-nes").[4] Observan que cuando Pablo enfoca el problema en el capítulo 14, cambia a *pneumatika* (v. 1). Además, Pablo dice: "Pues que anheláis dones espirituales... para edificación de la iglesia" (*pneumaton*, 1 Corintios 14:12).[5]

Sin embargo, los eruditos que tienen esta opinión también adoptan un enfoque centrado en los problemas para los dones en Corinto.[6] Aunque Pablo sí confronta los problemas que hay en Corinto, su corrección es positiva, de modo que pueda haber un mayor ejercicio de los dones. Por tanto, Ralph Martin no considera negativos los dos términos.

Por el contrario, considera a *charismata* como el término más amplio, refi-riéndose a las obras concretas de Dios, y a *pneumatika* como el término más restringido, relacionado con el ejercicio de los dones en el culto público.[7] En realidad, Pablo ya ha usado la palabra "espiritual" positivamente (por ejemplo, 1 Corintios 2:15; 3:1; 9:11) y lo hará nuevamente (14:1,12). Aunque los corin-tios se consideraban más espirituales, es difícil atribuir la palabra "espiritual" a su terminología personal solamente.

Pablo contrasta su condición anterior con su condición presente (12:2; compárese Efesios 2). Como gentiles, habían adorado ídolos mudos y se entregaban a éxtasis frenéticos. Sentían que cuanto más se movía el espíritu divino sobre una persona, menos tenía ésta control de sí misma; y cuanto menos tenía control de sí misma, más poseía del espíritu divino. Godet explica:

> Su regla era: cuanto más *pneuma* (espíritu) menos *nous* (inteligencia).
> Esta opinión concordaba con los prejuicios griegos e incluso judíos. Platón dijo, en Fedro:

> "Es por la locura (la exaltación debido a inspiración) que la mayor de bendiciones nos llega" y en el Timeo, dice: "Nadie que posee entendimiento ha alcanzado la verdadera exaltación divina."[8]

Los judíos a menudo tenían ese sentir acerca de sus profetas cuyas expresiones parecían más emocionales o extáticas.[9] Aparentemente, una de las facciones corintias sentía lo mismo. Como resultado, algunos pueden haber creído que el maestro era de menor categoría que el profeta y que el profeta era de menor categoría que el que hablaba en lenguas angélicas.

El problema de Pablo era cómo responder a quienes defendían sus acciones, diciendo: "El Espíritu me dijo" o "Dios me hizo hacerlo". Pablo enfatiza que ahora tenemos más control, como nuevas criaturas en Cristo, que cuando éramos paganos sin Cristo.

Se hace un contraste entre los ídolos mudos y el Dios que nos habla y que habla a través de nosotros. Dios no viola, ataca ni destruye la propia personalidad, sino que lleva a una persona a ejercer su potencial. Así como los profetas de Baal llegaron a un éxtasis frenético en el monte Carmelo, estos gentiles estaban desesperados, tratando de encontrar su propia respuesta. Tenían celo junto con ignorancia.

El verbo pasivo imperfecto y el participio pasivo en 12:2 enfatizan cuánto habían perdido el control (*egesthe apagomenoilit*, "se os extraviaba llevándoos, como se os llevaba"). El uso del tiempo imperfecto puede indicar un estilo de vida acostumbrado, antes de que fueran creyentes, tal vez aun algún tipo de posesión demoníaca, como si fueran arrastrados por una fuerza abrumadora. "Los paganos no fueron dirigidos por una guía inteligente y consciente, sino por un poder oculto detrás del ídolo (10:19ss)."[10]

Al usar la frase "Por tanto, os hago saber" (12:3), Pablo habla de forma oficial y autoritaria, como los regentes seléucidas del período entre ambos Testamentos, que acostumbraban a dar sus decretos oficiales de esta forma. Pablo había examinado el asunto y muestra las diferencias básicas entre los dones del Espíritu y la adoración pagana. Los corintios le habían preguntado; ahora les respondía con autoridad.

El frenesí pagano hacía que la gente hablara cualquier cosa.[11] Si alguien que afirma tener una forma de ver angélica enseña un evangelio diferente, "sea anatema" dice Pablo (Gálatas 1:8). Cualquier espíritu que niega la naturaleza encarnada de Jesús –todo Dios, todo hombre–, es del anticristo (1 Juan 4:2,3). Por otra parte, nadie que hable por el Espíritu de Dios llama maldito a Jesús.

El Espíritu Santo nos llevará a amar más a Cristo y edificar sobre los debidos fundamentos de las Escrituras. La prueba de autenticidad es el señorío de Cristo, en ética y práctica, no el hecho de poseer un don o dar una palabra supuestamente "por el Espíritu". Para el cristiano, las deidades paganas sin vida nunca podrían ser el Señor. Toda rodilla se doblará y toda lengua confesará que Jesucristo es el Señor (Filipenses 2:10,11).

Todas las religiones del Imperio Romano se consideraban legales, siempre que incluyeran la adoración del César. Solamente a los judíos se les permitía servir a Dios sin adorar al César. Cada vez más, era probada la legalidad de la fe cristiana. Pablo intentó establecer el derecho de los creyentes en Cristo a adorar únicamente a Dios y, sin embargo, ser súbditos leales del gobierno. Él buscó tener al gobierno del lado de la cristiandad (en la cárcel filipense, ante Festo, ante Agripa).

Aunque la iglesia del Nuevo Testamento experimentó poca persecución al principio, la confesión de que Jesús es Señor finalmente llevó al hostigamiento del gobierno. Mientras que todos los demás decían Señor César, debido al decreto del gobierno romano, al cristiano se le llamaba a proclamar con valentía su fe en Cristo al decir Señor Jesús.

La primera persecución política tuvo lugar en Roma alrededor del año 49 d.C., cuando algunos judíos se amotinaron "por instigación de Cresto".[12] La segunda persecución se produjo con la cambiante condición mental de Nerón, entre los años 62 y 65. La Primera Epístola a los Corintios fue escrita entre las dos persecuciones, alrededor del año 55 d.C.

La pregunta clave de este pasaje es: ¿quién en Corinto llamaría a Jesús maldito? Los griegos no usaban mucho el término anatema. ¿Serían los judíos antagónicos? Los judíos fariseos podían hablar del Mesías, el Cristo. Las doctrinas sobre la resurrección de los muertos, los ángeles, la expulsión de demonios, los mensajes proféticos, la salvación, la redención, y el reino de Dios no serían difíciles de aceptar en las sinagogas de todo el Imperio Romano. Pero para muchos judíos, el Mesías no podía ser crucificado. Debido a la cruz, Jesús para ellos era maldito. Ellos seguían esperando al Cristo.[13]

Una segunda fuente posible de tal maldición sería la influencia de un gnosticismo incipiente, similar a los puntos de vista de Cerinto y los ofitas, de tal vez ochenta años más tarde.[14] Esta primera forma de gnosticismo declaraba que la carne era mala y el espíritu era bueno. Por tanto, Jesús, siendo físico, era maldito. Cristo, según su punto de vista, era puro espíritu y, por tanto, bendecido. Estos gnósticos decían ser espirituales, pero al mismo tiempo decían que Jesús era maldito.

Otros dicen que Pablo simplemente presentaba una hipótesis, que decir maldito a Jesús no era un problema en la iglesia de Corinto. Si hubiera sido un problema, Pablo habría respondido más directamente. Puede ser que Pablo enfatizaba el aspecto de encarnación de los dones al implicar que la doctrina, la conducta y la confesión debían estar alineados entre sí. No se pueden hacer afirmaciones raras y extrañas que no tengan base bíblica, sin importar cuán "espirituales" suenen.[15]

Si el problema era la persecución judía, el gnosticismo incipiente, o las profecías radicales infundadas, Pablo declara deliberadamente que la confesión cristiana en vida y palabra es que Jesús es Señor. Orígenes decía que a los ofitas se les requería que igualaran a Jesús con la serpiente. Pero decir que Jesús es cualquier cosa menos que Señor y todo Dios, es herejía.

1 Corintios 12:4-6
Dones, ministerio, operaciones

Ahora bien, hay diversidad de dones, pero el Espíritu es el mismo. Y hay diversidad de ministerios, pero el Señor es el mismo. Y hay diversidad de operaciones, pero Dios, que hace todas las cosas en todos, es el mismo.

Pablo comienza su comentario de "espirituales" (12:1) centrándose en tres palabras: "dones", "ministerio", "operaciones". Los "dones" son las herramientas. "Diversidad de ministerios" se relaciona con las diversas funciones de las personas en el cuerpo de Cristo,[16] las formas en que se pueden usar las herramientas para hacer la obra. Estas dos palabras ("dones" y "ministerios") a menudo se usan indistintamente en las iglesias; pero debe hacerse una distinción. "Ministerios" viene del griego *diakonia*, que se refiere a un tipo de ministerio o servicio.

La iglesia primitiva escogió a siete hombres para que sirvieran en las obras de caridad, mientras que los apóstoles se entregaban a un ministerio de predicación y enseñanza (Hechos 6:1-4). Cada persona tiene un ministerio diferente y se puede decir que posee ese ministerio. Los dones, sin embargo, son herramientas otorgadas espontáneamente mediante las cuales cumplimos con nuestros ministerios.

En el trato actual de los dones y los ministerios hay dos puntos de vista. ¿Determinan los dones los ministerios, o son realzados los ministerios por cualquier don que Dios pueda otorgar? Si es lo primero, entonces necesitamos determinar nuestros dones, unirlos, y luego encontrar dónde encajamos mejor con nuestros ministerios. El enfoque es vocacional. Al responder suficientes preguntas sobre lo que es típico de cada don, una persona puede determinar los dones que posee.

En favor de este punto de vista hay pasajes como Efesios 4:11, donde los dones mencionados son personas, y Romanos 12:6-8, donde parece que sabemos qué dones tenemos y se nos exhorta a ejercitarlos para el más completo beneficio posible. Los verbos de 1 Corintios 12:30 son tiempos presentes, lo que puede implicar que algunas personas regularmente son usadas en ciertos dones. Algunos regularmente ministran dones de sanidades, otros ministran regularmente en varios géneros de lenguas, y algunos regularmente interpretan las lenguas.[17]

El segundo punto de vista es que cada miembro del cuerpo de Cristo debe estar abierto a cualquiera de los dones que Dios conceda. Por cierto, cuando una vez nos abrimos para ministrar un don, nos resulta más fácil tener fe para ministrar ese don nuevamente. Pero toda la gama de dones se puede usar de forma creativa en cualquier situación de ministerio. Los creyentes deben estar activos en sus ministerios, y el Espíritu los ungirá con los dones. Cada don está potencialmente disponible para cualquier creyente, aunque Dios usará a todo el cuerpo de Cristo para ministrar la gama de dones. Por ejemplo, una palabra de sabiduría puede ser manifestada tanto por un diácono como por un apóstol.

Según este modo de ver, nadie posee el don, pero todos poseen un ministerio. El que alguien haya dado una palabra profética no necesariamente significa que tiene un ministerio profético. Tampoco, si alguien una vez expulsa un demonio, significa que tiene un ministerio de liberación. Sin embargo, debido a la clase de ministerios que algunas personas tienen, se puede esperar de ellas que ejerzan ciertos dones con más frecuencia que otras personas. Aun así, los dones se agregan a los ministerios. Porque "el origen de un *charisma* nunca reside en la persona, sino en la gracia de Dios que lo rodea. Es esencial tener presente este origen cada vez que se considere o se experimente el don".[18]

La palabra de Pablo para "don espiritual" es *charisma*. Él usa *domata* para dones espirituales solo cuando cita el Salmo 68:18 en Efesios 4:8. La palabra *charisma* no se usa en el contexto de algo que los creyentes tienen de forma permanente. Más bien, el énfasis está en el dador, en la naturaleza maravillosa del don, y en los propósitos de Dios en la distribución.

Por otro lado, la palabra de Lucas para don, *dorean*, se centra en el depósito que recibimos cuando somos llenos del Espíritu Santo (Hechos 2:38; 8:20; 10:45; 11:17). Pablo también se refiere a esta experiencia como un depósito (Efesios 1:14). Por tanto, se habla de la llenura inicial del Espíritu Santo como algo que se posee, pero el ejercicio de los dones depende de la distribución continua de Dios.

En 1 Corintios 12:7-11 se favorece la idea de que nadie posee los dones, porque es el Espíritu Santo que continuamente da dones a la iglesia según la soberana voluntad de Dios. No se dice de ninguno que éste tenga el cargo de hablar en lenguas en la iglesia. Aunque todos pueden profetizar, no todos son profetas. Las sanidades pueden ser otorgadas mediante las oraciones de los ancianos, por medio de dos que se ponen de acuerdo en orar, o por medio del cuerpo de Cristo, y no solo a través de alguien que tiene un don de sanidad.

La iglesia en Hechos no buscaba dones específicos y luego desarrollaba ministerios. En el proceso del ministerio, los dones fluían libremente. En realidad, incluso los ministerios cambiaban. Algunos que fueron elegidos para servir a las mesas se convirtieron en evangelistas. Otros, como Epafrodito en Filipos, llegaron a ser en ayudantes especiales (véase 12:28) en el ministerio de Pablo. Juan el apóstol llegó a ser el pastor principal de la iglesia en Éfeso. Pablo, que fue uno de los pastores en la iglesia de Antioquía, se convirtió en apóstol.

La ambigüedad se debe a que Pablo mezcla su terminología. Él llama dones a todo (o gracias). Somos conscientes de los dones que Dios nos ha dado y es nuestra responsabilidad ejercitarlos para el mayor beneficio. Sin embargo, Dios continuamente da los dones. En algún lugar, entre el punto de vista de que el don define el ministerio y que el don es para mejoramiento del ministerio, yace la naturaleza del don.

Entonces, ¿descubren las personas sus dones y luego desarrollan sus ministerios? ¿O entran en los ministerios y luego descubren sus dones? Probablemente la respuesta es que sí a ambas preguntas. Debido a la terminología más libre de Pablo, el asunto aquí no es teológico sino práctico y funcional.[19]

Por ejemplo, "operaciones" proviene de la palabra griega para poder que enfatiza el resultado final (*energema*). Puede haber diferentes resultados cada vez que operan los dones, dependiendo, por ejemplo, de la hora, las circunstancias y las personas. Pablo y Pedro ejercitaron dones similares en diferentes contextos.

Uno de ellos era apóstol pionero, que predicaba a los gentiles que tenían poco o ningún conocimiento de la herencia hebreo-cristiana. El otro era apóstol de los judíos y un líder en la iglesia primitiva que probablemente hizo poca actividad pionera (excepto, por supuesto, su ministerio en el día de Pentecostés y en la casa de Cornelio). Uno usó los dones principalmente con fines evangelísticos, el otro principalmente para establecer la iglesia.

El Espíritu Santo nos otorga dones de poder especial y de unción. Los ministerios son otorgados por el Hijo cuando nos forma a su imagen; encontramos nuestro lugar de servicio en Él. El Padre supervisa los resultados finales de la operación de dones y ministerios. Sin embargo, estas no son divisiones bien definidas; se produce superposición. Por ejemplo, en 12:7 la "diversidad de operaciones" se atribuye al Padre; pero en 12:11 "todas estas cosas las hace uno y el mismo Espíritu". La unidad y la diversidad de la Divinidad están maravillosamente entrelazadas.[20]

La palabra *diaireseis* ("diversidad de") en 12:4-6 debería traducirse como "distribuciones". Es la misma palabra griega usada en 12:11 para "repartiendo" (*diaroun*). Dios es nuestra fuente. La iglesia de Jesucristo debe reflejar la diversidad en unidad que caracteriza a Dios mismo. El resto de este capítulo y el siguiente reflejarán esta verdad. La iglesia es una diversidad, pero debe actuar en unidad. La iglesia es una, pero debe demostrar su diversidad.

No obstante, Pablo pudo haber tenido otro motivo al usar la palabra. La raíz de la palabra puede significar "desgarrar, dividir". Pablo puede haber insinuado las divisiones que había entre ellos sobre los dones que Dios distribuye. Quizás él hace algo similar en 12:25, donde, al ministrar *charismas* en el cuerpo, dice que no debe haber desavenencias. En 1:10 y 11:18 ya ha mencionado las divisiones (*schismata*). La iglesia unida es un reflejo de la gloria de Dios. Obramos de la forma en que lo hacemos porque Dios obra de la forma en que lo hace.

La unidad se ve en la última frase de 12:6, "todas las cosas en todos". La palabra "todas" se refiere a todas las categorías espirituales: dones, ministerios y operaciones. El final, "en todos", se refiere al cuerpo de Cristo. Esta es una declaración gloriosa. Dios opera los dones; ninguna persona puede producirlos. Sin embargo, Dios decide obrar por medio de cada miembro del cuerpo de Cristo. Esto se ve específicamente en los siguientes versículos.

1 Corintios 12:7-11
Diversidad de dones, un solo Espíritu

Pero a cada uno le es dada la manifestación del Espíritu para provecho. Porque a éste es dada por el Espíritu palabra de sabiduría; a otro, palabra de ciencia según el mismo Espíritu; a otro, fe por el mismo Espíritu; y a otro, dones de sanidades por el mismo Espíritu. A otro, el hacer milagros; a otro, profecía; a otro, discernimiento de espíritus; a otro, diversos géneros de lenguas; y a otro, interpretación de lenguas. Pero todas estas cosas las hace uno y el mismo Espíritu, repartiendo a cada uno en particular como él quiere.

El Espíritu da e inicia los dones. Cada persona busca solo ser un agente de las manifestaciones del Espíritu. Pablo no dice que todos los dones son dados a una sola persona, o que son otorgados una vez para siempre.[21] Dios continuamente da, con propósito y específicamente, según su voluntad (12:11). Pablo usa diferentes pronombres para enfatizar la variedad.[22]

El bautismo en el Espíritu no es en primer lugar una experiencia calificante, sino una experiencia de equipamiento. Permite a los creyentes en Cristo hacer la obra de manera más efectiva. La persona que está del todo entregada al Espíritu Santo tendrá una dimensión de ministerio mayor de la que podría alcanzarse sin la plenitud. Pero esto no niega la importancia o el ministerio de alguien que aún no ha experimentado esta bendición.[23]

Esto negaría el principio del ministerio del cuerpo de Cristo. A tales personas, sin embargo, se las debe animar a que pidan la promesa del Espíritu Santo. Los dones son dados a cada miembro. Al rendirnos al Espíritu Santo, recibimos más poder para el servicio a Dios.

Tradicionalmente, se derivan tres categorías lógicas de los nueve dones enumerados en 1 Corintios 12:8-10.

- La "palabra de sabiduría", la "palabra de ciencia" y el "discernimiento de espíritus" sugieren una categoría de revelación (o de la mente).

- La "fe", los "dones de sanidades" y el "hacer milagros" sugieren una categoría de poder.

- La "profecía", los "géneros de lenguas" y la "interpretación de lenguas" sugieren una categoría de expresión.

Esta división es conveniente (no veo ningún motivo de desacuerdo). Sin embargo, no parece que Pablo hace estas distinciones.

Más bien, mediante el uso de la palabra griega *heteros*, "a otro", al comienzo de 12:9 y en la última parte de 12:10, parece hacer una división funcional.[24]

La "palabra de sabiduría" y la "palabra de ciencia" son para enseñanza (véase 1 Corintios 14:6-12). La "fe", los "dones de sanidades", el "hacer milagros", la "profecía" y el "discernimiento de espíritus" son para el ministerio unos a otros y al mundo (véase 1 Corintios 14:26-40). Y los "géneros de lenguas" y la "interpretación de lenguas" son para adoración (véase 1 Corintios 14:13-19). (Véase la figura 2 en la siguiente página.)

La palabra intermedia para "otros" que usa Pablo es *allos*, "otro del mismo tipo". Por tanto, los dones dentro de cada categoría están de alguna forma relacionados entre sí. Algunos comentaristas no creen que aquí la intención de Pablo era hacer una distinción entre *heteros* y *allos*, sino que simplemente usó diferentes palabras para enfatizar nuevamente la variedad de dones y personas dentro de la iglesia.

Sin embargo, un estudio del uso de estas palabras en los escritos paulinos llevará a una conclusión diferente. Pablo generalmente usa *heteros* para significar otro, de un tipo diferente.[25] Incluso, dentro del pasaje mismo, se usa en referencia a otras lenguas, una lengua diferente al propio idioma. Para afirmar aún más la idea de una división funcional está 1 Corintios 12:12-27. ¿Verdad que en su analogía entre los creyentes y el cuerpo humano Pablo habla de las diferentes funciones de los dones?[26]

Sugiero que la primera categoría se relaciona con dones de enseñanza. Tanto Gee como Riggs dicen que estos son dones que un maestro guiado por el

DON	TIPO	REFERENCIA
Palabra de sabiduría Palabra de ciencia	Enseñanza	1 Corintios 14:6-12
Fe Sanidades Milagros Profecía Discernimiento de espíritus	Ministerio a la iglesia y al mundo	1 Corintios 14:26-40
Lenguas Interpretación	Adoración	1 Corintios 14:13-19

Figura 2. Dones: una división funcional

Espíritu puede usar con mayor frecuencia. "Cuando uno da una palabra de ciencia bajo el poder del Espíritu Santo, de tal forma que imparte conocimiento a otros, está operando en el don de enseñanza."[27] Los maestros corintios se jactaban de que su sabiduría y conocimiento en las cosas espirituales eran superiores a los de otros corintios, y superiores a los de Pablo.

Primera a los Corintios 14:6-12 enfatiza la importancia de una comunicación clara de los dones para que la iglesia sea edificada. El contexto de la enseñanza es más amplio que solo las oportunidades formales de enseñanza. Cada caso de consejería, cada alcance evangelístico, cada culto de oración y cada sesión de la iglesia puede ser una bendita experiencia de aprendizaje. Aun el ejercicio de hablar en lenguas y la interpretación de lenguas puede ser instructivo para la iglesia. Las lenguas generalmente exaltan los atributos y las obras de Dios, y el ejercicio de estos dones puede servir como modelo para otros sobre este tipo de manifestación espiritual.

Los siguientes cinco dones parecen ser más poderosos y espectaculares que los otros. (El primero mencionado en esta categoría es la fe; según la mayoría de los comentaristas los otros cuatro están vinculados a la fe.) Incluso el discernimiento de espíritus suele ir acompañado de ciertas acciones, como la expulsión del espíritu maligno que se discierne (o espíritus). La pregunta es, ¿por qué la profecía estaría aquí, en vez de estar en la siguiente agrupación? Por cierto, la expresión profética está relacionada con la mayoría, si no con todos, los dones en esta categoría y es poderosa en sí.

La profecía, sin embargo, está dirigida horizontalmente; las lenguas generalmente se dirigen verticalmente. Todos pueden profetizar; los dones en esta categoría son responsabilidad de todo el cuerpo de Cristo. Estos dones están dirigidos horizontalmente en el ministerio a los creyentes en Cristo y al mundo.[28]

Los últimos dos dones de la lista, lenguas e interpretación, pertenecen a otra categoría de adoración. Las lenguas son en esencia de carácter devocional. Cuando uno habla en lenguas, habla a Dios, se edifica a sí mismo, ora, canta, alaba, agradece, y habla de las maravillosas obras de Dios.[29] El propósito de las lenguas y la interpretación no deben confundirse con el propósito de los mensajes proféticos. Muchas veces los dones de lenguas a interpretación se usan en lo que debiera ser la manifestación del don profético. Algunos consideran que las lenguas siempre son devocionales y que cualquier interpretación debiera reflejar eso. Aunque tal consideración de este don tal vez no sea justificada, el énfasis de la Escritura está en el aspecto devocional de las lenguas.

Los pentecostales dicen que las lenguas y la interpretación equivalen a profecía. ¿Significa eso que tal combinación de dones es lo mismo que profecía o un don de ministerio tan válido como la profecía? ¿Por qué Dios usaría otros dos dones para hacer la obra que cumple un don propiamente ejercitado? Las lenguas y la interpretación son un don de ministerio tan válido como la profecía porque la congregación puede entender lo dicho y ser edificada, pero su principal propósito es la alabanza de las maravillosas obras de Dios.

Aunque las lenguas no son primeramente para revelación, conocimiento, profecía o doctrina (14:6), no debemos limitar a Dios. Después de todo, la alabanza o la exhortación ungida por el Espíritu a adorar puede conducir a una revelación de la naturaleza de Dios, a una experiencia de conocerlo mejor, a ser instruidos por el aprendizaje de cómo ejercer los dones, y a liberar los dones proféticos. En realidad, las lenguas pueden ser útiles en cada una de las cuatro categorías funcionales de la enseñanza de 1 Corintios 14: enseñanza, adoración, señales milagrosas y ministerio del cuerpo.

Pero el énfasis de Pablo a los corintios, que tenían un exagerado celo de las lenguas, era dar lugar a los muchos otros dones que se comunican en el idioma conocido. El don de lenguas es más directamente útil en la adoración a Dios, en animar a otros a la adoración, y como una señal a los incrédulos. Los dones en el idioma conocido, sin embargo, son más útiles en la enseñanza, en la conversión de los incrédulos, y en el ministerio a los creyentes. También son útiles en la adoración.

Primera a los Corintios 14 compara las lenguas con los dones en el idioma conocido. Las iglesias necesitan más libertad en el uso de los dones en el idioma conocido. Hay menos limitación en el ejercicio de estos que en el uso de lenguas e interpretación en la congregación. El libre uso de esos dones nos ayuda a ver la función especial que tienen las lenguas para la congregación.

(Para otras evidencias bíblicas que confirman esta categorización de los dones, véase el estudio de 1 Corintios 14, capítulo 4. Cada categoría se explica en ese capítulo con un párrafo especial.[30] También, en 1 Corintios 13:8,9 las categorías de enseñanza, ministerio del cuerpo de creyentes y la adoración son representadas por ciencia, profecía y lenguas respectivamente.)

Si examinamos cuidadosamente la esencia práctica de estas categorías, veremos por qué Pablo las usó para enseñar a la iglesia acerca de su vida y propósitos. Todas las categorías son necesarias.

Si una iglesia tiene muy buena enseñanza y adoración, pero estos ministerios se conducen por un número limitado de personas, los demás no tendrán la oportunidad de crecer. Así disminuye el potencial de entrenar a un gran ejército para alcanzar a los perdidos. Esta iglesia está centrada en estilo de líder y estilo de adoración.

Al usar una fórmula de E = enseñanza, A = adoración y M = ministerios, mi punto de vista sería el siguiente:

E + A – M = falta de discipulado y evangelización

Si la iglesia tiene gran enseñanza, desarrollando a los creyentes para el ministerio, pero no experimenta una completa expresión de adoración, entonces ha perdido una de las razones principales para reunirse. Porque en la celebración podemos ver a Dios, más allá de nuestras circunstancias adversas, Él es la fuente de nuestra unidad y misión. Buscamos cumplir su plan. Pero sin su visitación fortalecedora, el estrés y el desánimo se apoderan del cuerpo.

Por lo cual:

E + M - A = no hay celebración

Una iglesia en que todos participan en el ministerio y donde hay mucha libertad para adorar puede aparecer muy bien por un tiempo, pero su falta de sólida enseñanza por fin producirá división, liderazgo asertivo, y toda clase de mala doctrina y prácticas. (Por este motivo Pablo dice a los corintios que no quiere que ignoren acerca de los dones espirituales.)

M + A – E = desorden y fuego incontrolado

Si esta categorización y análisis de los dones es correcta, entonces todos los dones son necesarios en el ministerio de la iglesia, pero por esencialmente diferentes propósitos. (La superposición en función se tratará en el comentario de 1 Corintios 14, capítulo 4.) Tiene que haber equilibrio entre estas tres categorías para que haya una congregación creciente y vibrante. A veces, una categoría puede ser más enfatizada, pero en todo caso cada una es necesaria.

En 1 Corintios 14 encontramos una cuarta categoría, que Pablo no incluyó en 12:8-10, es decir, dones que sirven como señales. Los eruditos que estudian el crecimiento de la iglesia señalan una y otra vez el movimiento pentecostal-carismático como la más poderosa fuerza cristiana de la actualidad. A pesar de las imperfecciones, la clave del crecimiento de la iglesia alrededor del mundo son las señales y las maravillas. Los dones no deben ser contenidos dentro de las paredes de la iglesia. Allí aprendemos; después salimos a ministrar. Los dones tienen una estructura de "ir".

Los dones de predicación y enseñanza

Examinemos más de cerca los dones. A través de la Biblia, el conocimiento y la sabiduría se refieren primordialmente a los atributos de Dios, sus caminos, y su eterno propósito. El plan supremo de Dios es la muerte de Cristo en la cruz por nuestros pecados, así que, estos dones, de una u otra forma, señalarán y reflejarán el glorioso plan de Dios para su pueblo.

Una palabra de sabiduría

Toda verdadera palabra de sabiduría reflejará el plan de Dios, sus propósitos, y su forma de hacer las cosas. En Proverbios se nos exhorta a buscar sobre todo la sabiduría de Dios. En la enseñanza, en la búsqueda de consejo divino, en la consejería, y en las necesidades prácticas del gobierno y la administración de la iglesia habrá necesidad de una palabra de sabiduría. Debido a su naturaleza práctica, este don, en vez de la profecía, es un don de guía y dirección.[31] Enseña a las personas a crecer espiritualmente cuando aplican su corazón a la sabiduría y toman decisiones que conducen a la madurez.

Si tenemos falta de sabiduría, Santiago nos exhorta que la pidamos a Dios, más bien que algún otro don (Santiago 1:5).[32] (Nótese, no obstante, que el don no es una concesión de sabiduría sino una palabra, un mensaje de sabiduría, y que aquellos que ministran esta palabra no son necesariamente más sabios que los demás.)

Algunos ejemplos en Hechos incluyen la decisión de escoger siete diáconos para que sirvan a la mesas (Hechos 6:1-7); el debate de Esteban en la sinagoga llamada de los libertos (vv. 8-10); la necesidad de bautizar inmediatamente a los de la casa de Cornelio por el bien de los creyentes gentiles (Hechos 10:47); la decisión de Jacobo en el concilio de Jerusalén en lo referente a los requisitos para los creyentes gentiles (Hechos 15:13-21); la alusión de Pablo a su ciudadanía romana para justificar la causa cristiana (Hechos 16:35-40); y la decisión de Pablo de ir a Jerusalén, cueste lo que cueste (Hechos 21:12-14).

Aunque algunos pudieran decir que el pastor es quien necesita la sabiduría y que el maestro necesita el conocimiento, tales distinciones no pueden hacerse tan claramente. En Efesios 4:11 parece como que el pastor y maestro es un cargo. Por otro lado, a veces se requiere que un pastor asuma el papel de maestro y otras veces se requiere que un maestro asuma el papel de pastor, ya que ambos son pastores de la grey.

En términos generales, el conocimiento nos dice **qué**, la sabiduría nos dice **cómo**. Necesitamos ambos de parte de Dios. Donald A. Carson, sin embargo, dice que el uso que hace Pablo de los términos "sabiduría" y "ciencia o conocimiento" en 1 Corintios requiere de una clara distinción.

> A la luz de [1 Corintios] 2:6ss, la "sabiduría" puede ser esencialmente doctrinal y la palabra de sabiduría puede ser el mensaje fundamental del cristianismo; a la luz de 8:10-11, el conocimiento puede ser sumamente práctico.[33]

Los corintios aparentemente hablaban de "excelencia de palabras o de sabiduría" (2:1; véase 1:17). Nuestra fe no debe estar fundada en tal sabiduría humana (2:5). Esa sabiduría humana rechazaba el evangelio, así como el ministerio de Pablo. Dios, por otro lado, da un palabra de sabiduría. Jesús prometió a sus discípulos "palabra y sabiduría, la cual no podrán resistir ni contradecir todos los que se opongan" (Lucas 21:15).

Aunque Pedro nos exhorta a estar "siempre preparados para presentar defensa con mansedumbre y reverencia ante todo el que os demande razón de la esperanza" (1 Pedro 3:15), Dios también puede darnos sabiduría para situaciones especiales, más allá de toda nuestra preparación. Jesús habló de sabiduría no premeditada para enfrentar las persecuciones que se avecinan.

Una palabra de ciencia o conocimiento

Los corintios creían de todo corazón en la sabiduría y el conocimiento. Los filósofos griegos influyeron mucho en el pensamiento griego sobre el conocimiento. Platón consideraba que la ignorancia era la causa de todas las penas y los fracasos de la humanidad y los gobiernos. Si la gente solo estuviera iluminada, viviría y actuaría como es debido. "Conocer es hacer."

Los corintios de los días de Pablo apoyaban el conocimiento para sus puntos de vista liberados de comer alimentos sacrificados a ídolos (lo que causaba que los más débiles tropezaran). Pero Romanos 7:14-25 contradice directamente la creencia de Platón de que el debido conocimiento conduce a un debido comportamiento. Pablo observó que el bien que alguien quería hacer, no era capaz de hacerlo. Tampoco Pablo aceptaba el orgullo de los corintios y el mal uso del conocimiento.

El don de conocimiento (ciencia) otorgado por el Espíritu tiene que ver con la enseñanza de las verdades de la Palabra de Dios. La manifestación de este don no sería el producto de estudio como tal, pero una palabra especial de Dios otorgada por medio del maestro, que ayudaba a comunicar una verdad bíblica que la iglesia necesitaba. D. Gee lo describe como "destellos de comprensión de la verdad que penetraron más allá de la operación de su intelecto solamente".[34] A menudo esto ocurre en medio de una lección preparada de tal modo que los oyentes comprendan la verdad expuesta.

Este don puede manifestarse también de una manera más sobrenatural. Dios impartió sus secretos a los profetas (por ejemplo, cuándo llovería, los planes del enemigo, los pecados secretos de reyes y siervos). A veces Dios revela a una persona el pecado de alguien, o una necesidad especial, o su propia actividad en nombre de alguien. Estos son hechos que sólo Dios puede conocer. Así que, cuando pasa esto, se debe enfocar la atención en las hermosas verdades del evangelio, en el conocimiento trascendente de Dios, y en cómo debemos responder a esas verdades, en lugar de pensar en el carisma personal del mensajero.

Algunos ejemplos de estos dones en los Hechos incluyen el conocimiento del engaño de Ananías y Safira y la declaración de Pablo de una sentencia de ceguera en Elimas. Este don se une con la operación de milagros en Hechos 3, cuando Pedro y Juan oran con fe por el cojo. Y en el libro de Apocalipsis, Juan registra palabras especiales para congregaciones específicas.

Al poner estos dones en las categorías de predicación y enseñanza, no debemos limitarlos a los cultos de la iglesia o a la enseñanza en las aulas. En cualquier ocasión en que se ejerzan estos dones, muestran que Cristo está presente y a cargo de la situación para desarrollarla o redimirla para su gloria. Las manifestaciones de estos dones revelan los atributos de Dios y sus obras entre la gente.

En tiempos del Antiguo Testamento, la aplicación de la sabiduría de Dios a los asuntos prácticos de la vida era tan valorada que surgió el movimiento de sabiduría (Job, Proverbios y Eclesiastés son parte de ese movimiento). Hoy, más que nunca, la iglesia necesita personas que hayan sido tocadas con la sabiduría de Dios para que nos enseñen la voluntad de Dios en cada situación.

Ministerio a la iglesia y al mundo

Mediante el uso de la palabra griega *heteros* en 1 Corintios 12:9, Pablo inicia la categoría de los dones que ministran a la iglesia y al mundo. Todos los creyentes deben estar abiertos a toda la gama de dones. Sin embargo, no muchos participan en ministerios de predicación y enseñanza ni ejercitan en la iglesia los dones de lenguas o interpretación de lenguas. Para muchos esta segunda categoría de dones es el lugar donde pueden comenzar.

Todos pueden fácilmente usar estos dones en sus ministerios: creer en Dios respecto a desafíos o necesidades especiales, orar por los enfermos, declarar milagros, dar mensajes proféticos, y discernir si una actividad es de Dios o de inspiración demoníaca. Estos ministerios son responsabilidad de todo el cuerpo de Cristo. A medida que el Espíritu Santo manifiesta estos dones por medio de nosotros, crecemos, crece la iglesia, y el mundo es tocado con el poder del evangelio. No es de extrañar que la fe sea lo primero en esta categoría.

La fe

El don de fe es una fe milagrosa para una situación u oportunidad especial. No es la fe salvadora ni la fidelidad que se desarrolla como fruto del Espíritu. El vibrante y activo creyente en Cristo con más probabilidad verá la operación de este don cuando reclame el poder de Dios para sus necesidades actuales. La oración ferviente, el gozo extraordinario, y una audacia inusual acompañan al don de fe. Puede incluir la capacidad especial de inspirar confianza en los demás, como lo hizo Pablo a bordo del barco en la tormenta (Hechos 27:25). La fe caracteriza a toda esta categoría de dones.

La iglesia primitiva vio la operación de este don. En lugar de orar por alivio de la persecución, los creyentes pidieron denuedo para anunciar el evangelio. La fe afirma la iniciativa en vez de retirarse. Es la opción de Dios entre la presunción humana por un lado y la incredulidad por el otro.

En Hebreos 11 hay enumeradas muchas personas de fe que no pensaron en la preservación de sí mismas, sino en cumplir con los propósitos de Dios. Esta no es una fe egoísta, sino la fe que se atreve a creer que Dios tiene ahora una voluntad para las necesidades de su pueblo. Tal fe acompaña a cada verdadera manifestación del Espíritu. El ministerio de cualquier don proclama que Cristo está en el trono y que la Palabra de Dios está siendo confirmada.

Aquí vemos dos ejemplos de la operación del don de fe: Elías y los profetas de Baal (1 Reyes 18:33-35) y la sanidad del hijo poseído por un demonio (Mateo 17:19,20).

Dones de sanidades

En Hechos, hubo sanidades espectaculares que se produjeron antes de la conversión de las personas. La mayoría de los que fueron sanados ni siquiera sabían acerca de la redención por Cristo. Tras ser testigo de los milagros, muchos fueron salvos en respuesta al evangelio.

En los manuscritos griegos, se observan tres juegos de plurales en 1 Corintios 12:9,10: "dones de sanidades", "hacer milagros", y "discernimiento de espíritus". Evidentemente, nadie tiene el don de sanidades. Estos dones son dados para cubrir casos específicos en momentos específicos.[35] A veces Dios sana soberanamente y en otras ocasiones Él sana según la fe de la persona enferma. Por decirlo así, el que ora por el enfermo no recibe el don; el que en realidad recibe el don de sanidad es la persona enferma. El que ora es sólo el agente. En cualquier caso, solamente Dios debe recibir la gloria.

La sanidad es intrínseca al nombre, la naturaleza y la obra de Dios. Dios es el que sana *(Jehová-Ropheka)*. Desde el pacto que Dios hizo en el desierto, en que prometió proteger a su pueblo de las enfermedades que envió sobre los captores egipcios de los israelitas (Éxodo 15:26), hasta la iglesia primitiva que oraba en el nombre de Jesús (Hechos 3:16), la sanidad se recibe por medio de la fe en su nombre. Jesús dijo: "Si algo pidiereis en mi nombre, yo lo haré" (Juan 14:14).

Todas las bendiciones que goza la iglesia son el resultado de la expiación de Jesús por nuestros pecados en el Calvario. En realidad, la existencia misma de la iglesia, por no decir los dones para equiparla, derivan de que el Salvador pagó el precio de nuestra redención. Esta es la pregunta fundamental: ¿es la voluntad de Dios sanar a todos? ¿Qué de aquellos que aún no han sido sanados? Muchos de ellos son fieles creyentes en Cristo, dedicados al Señor, sin el obstáculo de pecado en su vida. Pablo dejó a Trófimo enfermo en Mileto (2 Timoteo 4:20). Timoteo aparentemente tenía un estómago débil y frecuentes enfermedades (1 Timoteo 5:23). Y, cualquiera que haya sido el aguijón de Pablo en la carne, no fue la voluntad de Dios aliviarlo.

Es la voluntad de Dios sanar, a menos que Él tenga para el tiempo y las circunstancias inmediatas una voluntad superior. En Hebreos 11 hay muchos ejemplos de siervos de Dios del Antiguo Testamento que soportaron sufrimientos, persecución y muerte por la gloria de Dios. Siguieron el ejemplo del Maestro, que, por el gozo puesto delante de Él, sufrió la cruz, dejando a un lado sus comodidades actuales. Dios honró ese sacrificio. Su máxima prioridad es que seamos conformados a su Hijo.

La salvación de una persona y su desarrollo espiritual son, en última instancia, de más alto valor que su sanidad física. Además, a través del sufrimiento de alguien, otros pueden venir a Cristo. No supongamos que el dolor, los problemas, las pruebas y el sufrimiento son un mal necesario y, por lo tanto, fuera de la voluntad de Dios. Él puede cambiar todas estas adversidades para sus propósitos. La sanidad del cuerpo está disponible, pero si no llega de inmediato, la persona enferma no debe desalentarse. Más bien, debemos buscar en Dios lo mejor, porque sólo Él puede ver si será hecha una mayor obra por medio de un don de sanidad que a través de una dolencia física.

Se ha dicho, acertadamente, que "la sanidad elimina todos los obstáculos a la Cruz". ¡Podemos empezar a vislumbrar la plenitud de la Cruz! Dios puede edificar profundidad de carácter, desarrollar la semejanza de Cristo, y usar una situación para atraer a otros a sí mismo. Entonces también veremos su gran poder y gloria. Dios tiene el poder del universo a su disposición. Vendrá su reino y será hecha su voluntad. La pregunta es: ¿cuál será de mayor gloria para el reino de Dios en una situación dada? Referente a la enfermedad, la respuesta normal sería sanidad. Pero Dios puede estar obrando un milagro mayor. Sólo la eternidad lo dirá.

A Dios le importa sanar en lo emocional tanto como en lo físico. Pero no se ha dado suficiente énfasis a este aspecto de la sanidad. Aunque algunos pueden recibir la sanidad instantánea de sus emociones, probablemente la mayoría de tales sanidades se producen con el tiempo, cuando el afligido recibe el ministerio amoroso de sus hermanos en Cristo. Este tipo de sanidad se produce mejor en el contexto de una intervención sana y cuidadosa del cuerpo de creyentes.

No es responsabilidad exclusiva de los enfermos que tengan fe o que el evangelista o el pastor tenga fe. Juntos tenemos fe, y juntos creamos un ambiente de amor y aceptación en el que la sanidad puede fluir. En el cuerpo de Cristo hay poder y fortaleza para satisfacer las necesidades de un miembro que esté sufriendo. Este es el aspecto de encarnación de la sanidad.

Creer en la sanidad no significa negar las posibilidades de morir. Debemos recordar que la sanidad definitiva está en el cielo (Apocalipsis 21:4,5). Algunos han llevado una vida plena y están listos para comenzar la mejor parte del plan de Dios para ellos. Puede ser el tiempo de Dios de llevar a alguien a su hogar celestial. Debemos ser sensibles a lo que Dios dice en cada situación de "enfermedad... para muerte" (Juan 11:4). Nuestra obligación para con el moribundo es animarlos a buscar la perfecta voluntad de Dios. Para uno puede ser la sanidad inmediata; para otro, puede ser el cielo.

El hacer milagros

Para enfatizar el poder de Dios que logra los resultados deseados, Pablo combina dos palabras griegas (*dunamis*, poder activo y dinámico, y *energema*, resultados eficaces) que se han traducido de diversas formas:

"hacer milagros" (DHH)

"efectuar milagros" (RVR1977)

"operaciones de milagros" (RVA)

"poderes milagrosos" (NVI)

Los milagros no son interpretaciones humanas de fenómenos naturales; tampoco son una suspensión o una interrupción del orden natural. El ámbito de Dios está más allá de la comprensión humana. Él no tiene que cambiar sus procedimientos o leyes con el fin de ayudarnos. Por tanto, decimos que los milagros interrumpen el orden natural tal como lo entendemos.[36]

El hacer milagros es una categoría más amplia que los dones de sanidades. Los milagros pueden proporcionar protección, dar provisión, expulsar demonios, alterar las circunstancias, o emitir un juicio. Los Evangelios registran muchos milagros, todos ellos en el contexto de la manifestación del reino mesiánico, la derrota de Satanás, el poder de Dios, y la persona y obra de Jesús. La palabra griega para "milagro" en el Evangelio según Juan enfatiza el valor de la señal para llegar a creer.

Hechos de los Apóstoles enfatiza la continuación de esta obra en la iglesia. Cuando Pedro fue milagrosamente liberado de la cárcel, esto animó a la iglesia. Cuando Pablo oró por los enfermos, muchos fueron sanados, y multitudes creyeron en el Señor. Ananías y Safira cayeron muertos como resultado del juicio milagroso de Dios. Elimas el mago quedó ciego. Pablo fue milagrosamente protegido de la serpiente en Malta.

Profecía

En 1 Corintios 14 el término "profecía" abarca los muchos dones ungidos por el Espíritu expresados en lenguaje conocido del hablante/oyente. Pablo se refiere a la entrega de mensajes espontáneos, inspirados por el Espíritu, y no a la predicación de sermones. Hay una relación básica entre la revelación y la profecía: el Espíritu nos ilumina para que veamos el progreso del reino de Dios; se revelan los secretos del corazón de una persona; el pecador siente convicción (1 Corintios 14:24,25).

Los profetas del Antiguo Testamento hablaron de lo que la gente debía hacer en términos de justicia o rectitud. Aun la profecía de predicción solía darse para precipitar la justicia.[37] Esto también se ve en el Nuevo Testamento. Peter Hocken dice que la profecía "es siempre de alguna forma una declaración del propósito de Dios en su Hijo".[38]

Cualquier creyente puede ejercer el don de profecía. Lo ideal es que la persona que profetiza sea miembro de la iglesia, o al menos sea conocido como alguien de buena reputación. Se nos exhorta a juzgar públicamente las profecías, porque el error humano, el mal uso, o la mezcla de la opinión propia podrían dirigir la profecía en dirección equivocada.

Por la falta de tal evaluación, la profecía puede causar confusión. Si se acepta sin discernimiento, puede haber consecuencias desastrosas para la iglesia. Luego, otros creyentes, por temor a resultados similares, pueden evitar cualquier ejercicio de este don. Es mucho mejor que los creyentes hagan más preguntas en lugar de menos, o peor aún, que no hagan preguntas acerca de la profecía. Con la evaluación de la profecía, todos pueden aprender de ella y así beneficiarse.

Discernimiento de espíritus

El discernimiento de espíritus es un don difícil de entender. Muchos eruditos lo identifican como el don compañero de la profecía. Así como el hablar en lenguas debe ser seguido por interpretación, las profecías deben ser seguidas por evaluación o discernimiento (14:27-29). La misma secuencia se encuentra en 1Tesalonicenses 5:20,21 en lo referente a las profecías y el examen de las mismas. Aunque todos los creyentes deben ejercer discernimiento y examinar los espíritus, no todos tienen este don. Dice L.Thomas Holdcroft:

> Por medio de este don, los sentidos humanos naturales se complementan con los debidos poderes divinos, de modo que los seres humanos puedan tener comprensión del mundo de los espíritus. El don de discernimiento de espíritus no permite que uno discierna a las personas; no es "discernimiento" en abstracto, sino simplemente lo que pretende ser: la discerniente o analítica clasificación y juicio de los espíritus.[39]

La mayoría de los comentaristas dicen que este don distingue entre las operaciones del Espíritu de Dios, los espíritus malignos, o el espíritu humano; pero es apropiado el énfasis de Holdcroft en el reconocimiento de los malos espíritus. En la guerra espiritual es importante saber quién es el verdadero enemigo. Tenemos pruebas de la verdad que nos guían en la evaluación del espíritu humano. Podemos aplicar las enseñanzas bíblicas, observar la vida de la persona, pedir confirmación de otros en el cuerpo de Cristo, y poner a prueba su profecía en cuanto a su valor edificante. Necesitamos el don de discernimiento de espíritus para ayudarnos no sólo a saber lo que no podemos conocer de otro modo, sino también para hacer algo al respecto, lo cual es la implicación de tal conocimiento. Por tanto, distinguir entre los espíritus puede llegar a ser tanto una salvaguardia contra los ataques de Satanás, así como un arma para su derrota.

El conocimiento por sí solo puede conducir al orgullo espiritual, por un lado, o por el otro, a temor incapacitante. Pero este don nos permite usar todo los dones en contra de Satanás y luego hacer una plena y libre proclama del evangelio.

Relacionado con el discernimiento de espíritus está la pregunta de si los creyentes pueden ser poseídos por demonios. Hay tres posiciones básicas que se toman en este caso. La primera posición sostiene que detrás de cada mala actitud o expresión emocional está un demonio. Los celos, la inseguridad o el egoísmo, por ejemplo, representan espíritus que deben ser exorcizados. Este punto de vista confunde las muchas formas en que la palabra "espíritu" se usa en la Biblia. Por ejemplo, "espíritu" puede referirse a una actitud, al principio animador en un ser humano, a aquello que es diferente de la materia física, a un estado de ánimo, a aliento, a ángeles, a demonios, o al Espíritu Santo. Por tanto, cuando Pablo habla de un "espíritu de cobardía" (2 Timoteo 1:7), no se refiere a lo demoníaco.

La segunda posición dice que los demonios pueden habitar en la naturaleza carnal de los creyentes. Unger relaciona las experiencias tenidas en Asia, donde la gente ha crecido en el animismo, que enseña a las personas a ceder ante el poder del demonio.[40] Los conversos pueden manifestar muchos de los mismos síntomas de la posesión demoníaca después de la conversión como antes. Unger apela a Romanos 7, proponiendo que los demonios pueden vivir en la naturaleza pecaminosa de un creyente, si éste se rinde a ello. Por esto, Cristo vive en el espíritu de la persona y el demonio vive en la naturaleza pecaminosa de la misma.

Aquellos que sostienen la segunda posición argumentan que, en la Biblia, la posesión de demonios se usa para describir todo, desde el ataque a la posesión misma. Para ellos, la cuestión es pragmática: ¿ha sido la persona realmente liberada de su problema, su hábito o sus pensamientos erróneos? Este punto de vista dice que la lucha no debe ser sobre semántica o terminología, sino acerca de victoria para esa persona.

La fuerza de esta posición radica en su apertura a la guerra espiritual. El mundo occidental en general, y los teólogos occidentales en particular, han sido condicionados a dejar de lado los mundos espirituales.[41] Los asiáticos, los africanos y los latinoamericanos, por el contrario, aceptan fácilmente lo milagroso y lo demoníaco en todas las actividades de la vida.

Este punto de vista se centra en el elemento dramático y milagroso del proceso de sanidad. Sin embargo, cualquier posición que sostiene que los demonios pueden habitar en creyentes tiene peligros inherentes. En primer lugar, ni el punto de vista occidental ni el oriental del mundo de los espíritus es totalmente correcto. En tiempos de Jesús muchos judíos pensaban que Él estaba endemoniado (Marcos 3:20-35). Este era su acondicionamiento y su forma de ver el mundo.

En segundo lugar, algunos se preocupan por la liberación personal como el método de la lucha contra Satanás. Pero suponer que la mayoría de los problemas son demoníacos es simplista y perjudicial. Si la manifestación de ciertos síntomas implica que la persona está poseída, entonces, cada vez que los síntomas se repiten en ella, ésta va a creer que tiene el demonio de nuevo. Pasará su vida luchando contra los demonios en lugar de crecer en la gracia de Dios.

En tercer lugar, la Biblia no está tan preocupada con el ministerio de liberación como pudieran implicar los practicantes entusiastas de tal ministerio. El discernimiento de espíritus se utilizó para mantener en santidad a la iglesia (Hechos 5), para desafiar al ocultismo (Hechos 8), y para evangelizar nuevos territorios (Hechos 16). Aunque los Evangelios contienen referencias generales a la sanidad de los endemoniados, contienen sólo cinco comentarios detallados de posesión de demonios (siendo uno la acusación en contra de Jesús).[42]

En cuarto lugar, la opinión de que los demonios pueden poseer a los creyentes no glorifica la gran obra de Dios de redención y liberación de las tinieblas a la luz. Nuestras experiencias tienen que basarse en sana teología. La teología puede ser enriquecida por la experiencia, pero ésta no es su base.

En quinto lugar, aunque Satanás puede usar el trasfondo ocultista de una persona para engañarla y oprimirla, esto no es una prueba de posesión demoniaca ni de control. El creyente simplemente necesita declarar su victoria.

Una tercera posición acerca de si los creyentes pueden estar endemoniados, declara que los demonios pueden oprimir, pero nunca poseer a un creyente. Esto hace justicia a la obra de la gracia de Dios, a la redención y liberación en Cristo. En esta guerra Cristo es el vencedor. La pregunta es: ¿qué constituye la salvación? Si el arrepentimiento y la salvación son verdaderas, entonces el asunto no es la posesión.

En lugar de identificar siempre la fuente de los problemas del creyente como control demoníaco, necesitamos una mejor comprensión del arrepentimiento y la guerra espiritual. Los que tienen mala actitud, que no están dispuestos a perdonar, que tienen heridas emocionales, y que han practicado el ocultismo necesitan un examen de conciencia y un profundo arrepentimiento, así como dejar una vez por todas la lealtad al enemigo.[43] Es crucial que apliquemos el poder de Dios a nuestros problemas y que combatamos las formas en que Satanás los usa en contra nuestra.

Es cierto que algunos creyentes pueden ser susceptibles a la sugestión psicológica o a ataques demoníacos por tener una estructura de personalidad más débil o porque han estado en prácticas animistas u ocultistas. Aunque la persona de someta a largas horas de asesoramiento es posible que no se produzca un cambio en esa vida. Es así como alguien que observe esto podría llegar a la conclusión de que estos creyentes están poseídos por demonios.

No obstante, la expresión clave en lo que aquí tratamos, no es "posesión" ni "opresión", sino "vínculo afectivo". Los psicólogos y sociólogos hablan de unión o vínculo afectivo en las familias y los grupos. Los bebés tienen un vínculo afectivo con su madre. Las personas con antecedentes paganos pueden tener un vínculo con el pasado que tiene que ser roto. Esto explicaría por qué en Éfeso quemaron los ídolos y los libros relacionados con las artes mágicas. Estos creyentes tenían que romper con su pasado y desafiar a Satanás públicamente.

Puede ser por esto que Pablo dio una explicación larga sobre el tema de comer carne ofrecida a los ídolos (1 Corintios 8 al 10). Para los hermanos más débiles, que aún estaban vinculados con su pasado pagano, no era fácil entender la libertad que otros tenían para ir a fiestas en los templos paganos. Puede ser necesaria una liberación que no requiere expulsar a demonios, sino más bien declarar victoria sobre el pasado con sus malos hábitos y pensamientos que tenían a la persona en esclavitud.[44]

Hay que incluir en esa liberación una sólida enseñanza bíblica, oración agresiva, control de los pensamientos (1 Corintios 10:4), ejercicio del poder de Dios y la voluntad de amar (2 Timoteo 1:7), asesoramiento cristiano, buscar las cosas de arriba (Colosenses 3:1), crecimiento espiritual (Filipenses 3:14), el apoyo de unos a otros (1 Corintios 12:26), y la entrega del asunto a la gloria de Dios (2 Corintios 12:7).

En casos reales de posesión demoniaca, la persona ha entregado su voluntad a los demonios. Si la voluntad no estuviera involucrada, entonces la persona podría decir con verdad: "El demonio me hizo hacerlo; no tengo la culpa." Es decir, ninguna responsabilidad moral podría ser asignada a una persona poseída por un demonio. Pero todos tenemos una voluntad y rendimos cuentas a Dios. Los poseídos por demonios proyectan una nueva personalidad y otra voz, y experimentan por un tiempo la obliteración de su propia personalidad. En estos casos la liberación es absolutamente necesaria.

Dones de adoración

Lenguas e interpretación de lenguas

Las lenguas y su interpretación están juntos, porque la eficacia del don de lenguas para la congregación depende de que sean interpretadas. Algunos dicen que debido a que estos dos dones se enumeran al último son los de menos importancia. Tal conclusión es insostenible. Las cinco listas de dones en el Nuevo Testamento tienen los dones en un orden diferente. Otros sugieren que debido a que las lenguas son el don problemático en Corinto, Pablo lo deja hasta el último para que pueda entonces concentrar su atención en el mismo.

Uno puede preguntarse: ¿por qué necesitamos dos dones que deben acompañarse? La respuesta está en la naturaleza de las lenguas. El Espíritu Santo nos toca el espíritu; deseamos alabar a Dios. Sentimos la libertad de exaltar la bondad de Dios en nuestra vida. Uno puede estar exaltando a Dios por una gran verdad teológica acerca de sus atributos, su obra redentora, o su cuidado especial de nosotros.

> **Porque el que habla en lenguas no habla a los hombres, sino a Dios; pues nadie le entiende, aunque por el espíritu habla misterios (1 Corintios 14:2).**

El reto del que habla en lenguas al cuerpo de Cristo es: "¡Deja que Dios toque tu espíritu como ha tocado mi espíritu!" Hocken dice: "Si el don de lenguas es más plena alabanza de Dios, la recepción de este don necesariamente significa un conocimiento más profundo de Dios."[45]

Cuando la interpretación permite a la congregación entender lo que se dice, los hermanos se sienten animados a adorar. Así que, aunque las lenguas tienen esta dimensión horizontal, su propósito es llevar al cuerpo de creyentes en adoración (vertical). La alabanza sigue más fácilmente al don de lenguas e interpretación que al don de profecía. Las profecías exhortan, edifican o consuelan; son más de instrucción.

Por otra parte, debemos entender que la interpretación no es traducción. Por tal modo, el don de interpretación se puede expresar de manera diferente de una persona a otra en la congregación. Sin embargo, el impulso de la exaltación o la oración en lenguas sería la misma. La interpretación está sujeta a ser juzgada porque es en nuestras propias palabras, y usamos nuestro vocabulario y nuestras propias frases familiares.

La única diferencia básica entre el fenómeno de las lenguas en Hechos y en 1 Corintios es el propósito. Las lenguas en Hechos eran para la llenura de poder y la edificación personal. No era necesario que fueran acompañadas por interpretación. La situación en Corinto era de bendecir a otros en la congregación, por lo que la comunicación era necesaria.

Hagamos un resumen de la enseñanza de Pablo sobre los dones hasta el momento. Tanto Dios como el hombre tienen su parte en los dones. Los dones son de encarnación. El papel de la Trinidad no sólo refleja la parte de Dios, sino también da ejemplo del concepto de unidad en la diversidad.

El Espíritu Santo distribuye los dones de acuerdo a su propósito creativo y su soberanía. La palabra "repartiendo" (12:11, *bouletai*) está en tiempo presente y tiene fuerte implicación de una continua personalidad creativa. De principio a fin, Dios está a cargo.

Aunque se han propuesto tres categorías funcionales para los dones, estas categorías no pueden considerarse mutuamente excluyentes. Es importante conocer el propósito esencial de cada don para que pueda ser ejercido a su mayor eficacia; pero un don en una categoría puede ser útil también en otras categorías. Además, las diferentes personalidades expresan los dones de manera diferente, en una variedad de ministerios.

2
1 Corintios 12:12-31

1 Corintios 12:12-14
La verdadera unidad da lugar a la diversidad

Porque así como el cuerpo es uno, y tiene muchos miembros, pero todos los miembros del cuerpo, siendo muchos, son un solo cuerpo, así también Cristo. Porque por un solo Espíritu fuimos todos bautizados en un cuerpo, sean judíos o griegos, sean esclavos o libres; y a todos se nos dio a beber de un mismo Espíritu. Además, el cuerpo no es un solo miembro, sino muchos.

La palabra "cuerpo" se usa diecisiete veces en 12:12-27. La mayoría de los filósofos griegos tenían en poca estima al cuerpo físico (por ejemplo, Sócrates y Platón). Pablo no lo veía así. Aunque su analogía del cuerpo y su interdependencia era común a los estoicos y al pensamiento judío, Pablo no estaba en contra de usar analogías de otras filosofías y religiones, si se adaptaban a su argumento. El pensamiento judío expresaba la idea de la personalidad corporativa y una sola voz en nombre de todos. Por ejemplo, Adán era representante de la raza humana, y Abraham, Moisés y el "Siervo" de Isaías eran representantes del pueblo de Dios. El pensamiento de Pablo, sin embargo, consideraba algo aún más. Este cuerpo tiene muchos miembros que hablan; el enfoque de Pablo estaba en la diversidad.

La experiencia de conversión de Pablo en el camino a Damasco influyó mucho en su concepto de la iglesia como el cuerpo de Cristo. Cuando Pablo perseguía a la joven iglesia, el Señor se identificó con ella al responderle: "Yo soy Jesús, a quien tú persigues" (Hechos 9:5). Por lo cual, cuando Pablo habló de reconocer o discernir el cuerpo del Señor en la Santa Cena, se refería a la iglesia cristiana (1 Corintios 11:23,24,27,29).[1] La forma equivocada de tomar la Santa Cena era ser insensible a las necesidades de los miembros débiles, enfermos y moribundos. La mayor acusación contra la iglesia cristiana fue que sus miembros no se esperaban unos a otros (1 Corintios 11:33), que no se sometían entre ellos (Efesios 5:21), o que no buscaban el bien de otros (Filipenses 2:4). ¿Quién querría unirse a tal comunidad? Pablo además identifica a Cristo como la cabeza de este cuerpo (Colosenses 1:18). Esta interrelación vital de la cabeza y el cuerpo muestra a Cristo como la fuente de vida y autoridad sobre el cuerpo.[2]

Pablo usa "cuerpo" en el sentido de una extensión o expresión de la propia personalidad. El cuerpo de Cristo es el principal medio por el cual Cristo obra en la tierra. Al mismo tiempo, la mejor expresión de la iglesia universal está en cada situación local. (Casi en todos los casos en que se usa la palabra "iglesia" en el Nuevo Testamento se refiere a la iglesia local o a las iglesias locales. Una clara excepción de esto se ve en Mateo 16:18; Efesios 1:22; 3:10; 5:23,27,29,32; y Colosenses 1:18,24.)

Dios tiene el propósito de cumplir su perfecta voluntad a través de su pueblo en una localidad o región dada.[3] Es por esto que Pablo expresa la importancia de la unidad. El cuerpo no debe ser desvalorado, no como un todo ni como un miembro individual, porque el cuerpo es de Cristo. No debemos comparar este cuerpo con cualquier organización humana o aun otra comunidad de creyentes, sino con Cristo mismo (véase 1 Corintios 12:12).

No podemos estar seguros de si Pablo estaba respondiendo a un temprano gnosticismo, un elemento antagónico judío que declaraba que Jesús no era el Cristo, o a un grupo de súper-espirituales que sentían que todo lo habían alcanzado (hasta el punto de no necesitar una resurrección del cuerpo). En cualquier caso, todos los posibles oponentes de Pablo reciben aquí su res-puesta. A los gnósticos Pablo diría que no se puede separar al Jesús humano de Cristo, el espíritu divino. No hay nada malo en cuanto al cuerpo, porque el cuerpo se compara con Cristo. A los judíos incrédulos les diría que Dios se convirtió en el encarnado Mesías. No hay otro Cristo que Jesús. Jesús es el Cristo, el Hijo del Dios vivo. A los súper-espirituales Pablo diría que este cuerpo, la iglesia, aun es propensa a debilidad, a sufrimiento, a carnalidad, y a diversidad de perspectiva. A todos, Pablo diría que la iglesia aún no ha llegado a su esplendor. Al mismo tiempo, su diversidad no es negativa, sino que refleja la forma en que Dios obra.

Una de las más grandes declaraciones de toda la Escritura se encuentra en 1 Corintios 12:13. Judíos y gentiles, esclavos y libres, son uno en Cristo. Cada barrera, sea racial, cultural o económica, se ha salvado por Jesucristo. Todos entran igualmente en la comunión. No es el nombre de la familia o los antece-dentes, la experiencia mística o el razonamiento filosófico, sino simplemente la obra del Espíritu Santo que nos regenera.

El énfasis está en la palabra "uno" y "todos" en 12:13: "Porque por **un solo** Espíritu fuimos **todos** bautizados en **un** cuerpo... y a **todos** se nos dio a beber de **un mismo** Espíritu" (énfasis añadido). Pero ¿qué significan estas palabras? Muchas interpretaciones se han dado. Aquí se resumen cuatro principales corrientes de interpretación:

1. La referencia es al bautismo en agua y a la Cena del Señor, porque los términos "bautizados" y "se nos dio a beber" están relacionados con estas ceremonias. Es fácil entender por qué los reformadores protestantes se inclinaban hacia esta interpretación, sobre todo cuando se refiere a que a todos los creyentes se les da a beber, en lugar de solamente a uno, en concreto, el sacerdote. La evidencia de esta doble interpretación, sin embargo, no es fuerte. Agustino, Lutero y Calvino tenían esta posición. Para los intérpretes contemporáneos que sostienen esta posición, puede representar que ponen un trasfondo de su iglesia en la Biblia.

2. Algunos han sugerido esta enseñanza herética de un grupo en Corinto: todo lo que Cristo ha provisto fue dado a los iluminados en el momento del bautismo; de hecho, ¡nunca se enferman, sufren o mueren! El milenio había llegado al punto de este bautismo especial.[4] En ese caso, se podría seguir con el uso de Pablo del término "bautismo" en oposición directa a ellos, porque el bautismo pone a todos en el cuerpo de Cristo, no sólo a unos pocos iluminados. No hay dos clases de bautismo en agua, uno para iluminar a los pocos y otro para los cristianos de menos valor.[5] Esta posición implica que el bautismo era el pre-requisito o resultado necesario para convertirse en parte del cuerpo de Cristo, que algo pasa por medio del Espíritu en el bautismo.

Sin embargo, suponer que hubo esta enseñanza problemática en Corinto no significa que había el mismo problema en Éfeso (véase el pasaje paralelo, Efesios 4:4-6). El bautismo aquí podría fácilmente referirse a ser puesto en el cuerpo de Cristo. Pablo entonces estaría diciendo a este grupo: "No es el bautismo en agua que les inicia en los misterios espirituales, sino el ser una nueva criatura en Cristo."

Cuando Pablo habla del bautismo en Romanos 6, el asunto es de identificación con Cristo, no de bautismo en agua. (Tenga en cuenta la referencia a "nosotros" en Romanos 6:1-5,8. Servimos a Dios en el contexto de una comunidad. No tiene que ver con el bautismo especial o de usted o mío, sino de nuestra identificación con Cristo.)

3. El bautismo en el Espíritu Santo incorpora a los creyentes en un cuerpo. En la salvación, cada creyente recibe este bautismo, porque se dio a la iglesia en el día de Pentecostés. Los que abogan por este punto de vista, entienden

"beber" en el sentido de "empapado" o "inundado" e identifican paralelismo sinónimo en 12:13a y 12:13b. Por tanto, todos los creyentes son bautizados en el cuerpo de Cristo y se les da a beber de un mismo Espíritu. Una variación de esta opinión incluye el bautismo en agua como la señal externa de la incorporación.[6]

4. Hay una segunda experiencia en el Espíritu Santo. La mayoría de los pentecostales ven 1 Corintios 12:13 principalmente como una referencia a la salvación. Pero también ven a Juan el Bautista refiriéndose a un bautismo diferente, un bautismo en el Espíritu Santo y con poder (una experiencia ampliamente descrita en Hechos).[7]

Algunos ven a Pablo tratando aquí una segunda experiencia:

> 12:13a se refiere a la salvación (bautizados por un solo Espíritu en un cuerpo). 12:13b se refiere a una experiencia separada del poder del Espíritu Santo ("a todos se nos dio a beber de un mismo Espíritu").[8]

Además, 1 Corintios 12:13a se puede traducir como instrumental (véase también 12:3,9): "Todos fuimos bautizados por un mismo Espíritu en un solo cuerpo." El Espíritu Santo nos bautiza en el cuerpo de Cristo y pone a nuestra disposición todas las bendiciones del Calvario.

Dunn argumenta en contra de esto. Los otros seis usos de *en*, en el contexto del agua y el bautismo del Espíritu, no usan *en* como instrumental, "por", sino como locativo, el elemento "en [que]" uno es bautizado. Sin embargo, en estas seis referencias (a la declaración de Juan el Bautista) se hace una diferencia entre el bautismo en agua y el bautismo del Espíritu Santo (Mateo 3:11; Marcos 1:8; Lucas 3:16; John 1:33; Hechos 1:5; 11:16), y el bautismo del Espíritu no está relacionado con la salvación ni es la misma experiencia.

Por el contrario, los contextos muestran una llenura de poder, un juicio y limpieza, y el ser apartado para la obra. Por esto, Cristo sumerge a los creyentes "en" el Espíritu. En el único otro uso que hace Pablo de *en*, que se relaciona con el bautismo, los israelitas fueron bautizados en Moisés, "en" la nube y "en" el mar. Este uso no tiene nada que ver con la salvación, el bautismo en agua, o el poder del Espíritu, y no debe ser usado para dictar la forma en que se debe interpretar 1 Corintios 12:13.

¿Qué de la traducción de *en* como "en" en vez de "por"?[9] El pasaje quedaría como sigue: "En un solo Espíritu todos hemos sido bautizados en un solo cuerpo." ¿No implicaría esto que todos han sido llenos del Espíritu? Esto sólo puede inferirse si se supone que las frases "fuimos todos bautizados" y "se nos dio a beber" están en paralelismo sinónimo. Entonces la segunda línea significa lo mismo que la primera. Pero si "se nos dio a beber" es una declaración sobre el derramamiento de los dones después del bautismo, entonces Pablo está usando el paralelismo sintético. Ser bautizados y beber como su propio camino al cuerpo de Cristo es "más que una curiosa mezcla de metáforas".[10] Howard Ervin sostiene que el beber del Espíritu no se debe asociar con la salvación, sino con la plenitud del Espíritu. El paralelismo de estos versículos también es similar a la propia experiencia espiritual de Pablo; primero la salvación en el camino de Damasco, y después la llenura del Espíritu con la visita de Ananías. En la iglesia del primer siglo la experiencia del revestimiento de poder después de la salvación era la norma. No es sorprendente escuchar a Pablo decir que todos habían bebido de un mismo Espíritu.

Los principales puntos de este pasaje se pueden resumir de la siguiente manera: no debe haber exclusividad en el cuerpo de Cristo. La base de la unidad es que somos pecadores salvados por Jesucristo, libres de experimentar toda clase de bendiciones a nuestra disposición por parte de Él. Nadie debía menospreciar a los demás, o menospreciarse a sí mismo. Pablo pone a todos los creyentes en Cristo de Corinto en la misma categoría. Fee señala que "un cuerpo" era realmente el objetivo de su experiencia en Cristo.[11] Debemos movernos hacia la unidad de judío y griego, esclavo y libre; no podemos dar por sentado o suponer su existencia. Somos el cuerpo de Cristo ahora, pero nos vamos moviendo hacia la plena madurez. La verdadera unidad se logra por medio del Espíritu de Dios, Pablo entendió la salvación como un llamado al servicio; la llenura del Espíritu es una consecuencia natural de la salvación. No hay necesidad de que pase mucho tiempo entre la salvación y la llenura de poder. Pablo no hace una distinción entre la experiencia de estos dos acontecimientos, aunque tienen una diferencia de propósito. En realidad, la experiencia de Pedro en casa de Cornelio muestra que la salvación y la llenura del Espíritu pueden ocurrir al mismo tiempo. Para Pablo, la vida cristiana debe caracterizarse por la plenitud del Espíritu (Efesios 5:18).

Pablo concluye esta sección con otro énfasis en la diversidad (12:14).[12] Este versículo sirve de transición; de que todos los miembros comparten las mismas experiencias espirituales (12:12,13), Pablo pasa a hablar de que un solo cuerpo y muchos miembros ejercitan dones (12:15-20). Cualquier grupo que se cree superior a los demás haría bien en entender esta lección de diversidad.

1 Corintios 12:15-20
Todos los miembros del cuerpo son vitales

Si dijere el pie: Porque no soy mano, no soy del cuerpo, ¿por eso no será del cuerpo? Y si dijere la oreja: Porque no soy ojo, no soy del cuerpo, ¿por eso no será del cuerpo? Si todo el cuerpo fuese

ojo, ¿dónde estaría el oído? Si todo fuese oído, ¿dónde estaría el olfato? Mas ahora Dios ha colocado los miembros cada uno de ellos en el cuerpo, como él quiso. Porque si todos fueran un solo miembro, ¿dónde estaría el cuerpo? Pero ahora son muchos los miembros, pero el cuerpo es uno solo.

La cuestión de la interpretación de estos versículos es si Pablo usa la analogía del cuerpo para referirse a dones o a personas. El contexto es dones, pero la analogía es para los miembros de un cuerpo. ¿Es el problema de que las personas tienen un complejo de superioridad y, en consecuencia, exaltan sus dones? ¿Se sienten otros inferiores debido a manifestaciones menos espectaculares?[13] El énfasis está en la necesidad de una diversidad de dones, en lugar de la exaltación de uno o dos dones. Sin embargo, los complejos de superioridad e inferioridad tienen que ver con las personas, no con los dones. Es posible que 12:15-20 se refiera a los dones y 12:21-26 se refiera a personas; sin embargo, la distinción no es clara, porque se usa la misma terminología para hablar del cuerpo.[14]

Podemos concluir lo siguiente de este pasaje: Pablo no está hablando de madurez en el cuerpo de Cristo y de creyentes más fuertes o más débiles. Su énfasis principal está en la diversidad y la unidad.

La diversidad puede hacer que algunos dones parezcan ser más importantes que otros. Sin embargo, todos son necesarios. Al mismo tiempo, las personas que se consideran como superiores pueden estar despreciando o descuidando a los demás (como en la celebración de la Cena del Señor, en 11:17-34). El don en sí no es inferior o superior. Quien ejerce el don, y la forma en que se ejerce, afectan la manera en que es percibido por los demás.

Pablo muestra la falacia de la lógica con que algunos consideran a las personas dotadas. Los griegos conocían bien la lógica deductiva y fácilmente podían detectar un error en el pensamiento. Es evidente que el pie no tiene que ser mano, ni el oído ojo, para que sean parte del cuerpo. En realidad, el cuerpo necesita una diversidad de miembros. Los corintios magnificaban las lenguas sobre otros dones. Los creyentes tienden a magnificar un don o ministerio como *obra* de la iglesia. Creen que sólo ciertos pastores, misioneros u organizaciones de evangelización hacen la obra de Cristo. Pero ¿no son todos necesarios para un cuerpo sano?

Las frases idénticas de 12:15 y 16 se traducen más literalmente así: "No por esta razón no es parte del cuerpo." No porque no soy mano u ojo, ni porque soy un pie o una oreja en lugar de una mano o un ojo, soy menos parte del cuerpo. Ningún miembro debe sentirse inferior y menos útil que otros, porque fue diseñado por Dios para su función. Las últimas frases en estos dos versículos son preguntas con la intención de llevar la lógica de los corintios a su conclusión absurda.

En 12:15-20 los miembros que parecen ser inferiores se comparan desfavorablemente con los miembros que parecen ser superiores. El pie recibe poca atención en comparación con la mano, y el oído rara vez recibe atención cuando se compara con el ojo. Normalmente, observamos los ojos o los gestos de las manos. Pablo muestra su sentido del humor en la descripción de la monstruosidad que resultaría si uno de los miembros fuera todo el cuerpo (12:17). Se imagina un gran globo ocular que entra en la iglesia y declara que es el cuerpo de Cristo. Tras ese "ojo" entra una oreja que declara que es el cuerpo de Cristo. Una vez más, ¡qué absurdo!

El versículo 21 invierte este argumento. El miembro superior, al parecer, desprecia al miembro supuestamente inferior. El ojo recibe más consideración que la mano, y la cabeza, más que los pies. Pero la atención pública no es indicativa de la verdadera utilidad en el cuerpo. La verdad es que si un miembro no cumple su servicio, esto discapacita a los demás miembros.

> El descontento de los miembros inferiores y el desdeño de los que se consideran superiores son señales por igual de un individualismo egoísta, indiferente al bienestar eclesiástico del cuerpo de creyentes. La insatisfacción con el *charisma* personal o el desprecio por el *charisma* de otros es deslealtad hacia el Señor y desconfianza de su sabiduría.[15]

Pablo resume este argumento en 12:18. Dios compuso el cuerpo según su voluntad y para su gloria. No debemos despreciar el diseño de Dios. Él es soberano. Donde Él nos coloque crecemos mejor, y la iglesia es edificada. Esto no significa que no podamos cumplir la función de un miembro diferente en alguna etapa de la vida de la iglesia, porque podemos crecer y entrar en otros ministerios. Esteban y Felipe, diáconos de la iglesia primitiva, son buenos ejemplos de esto. Juan Marcos creció de secretario y asistente a evangelista y teólogo.

1 Corintios 12:21-26
El lugar del miembro más débil

Ni el ojo puede decir a la mano: No te necesito, ni tampoco la cabeza a los pies: No tengo necesidad de vosotros. Antes bien los miembros del cuerpo que parecen más débiles, son los más necesarios; y a aquellos del cuerpo que nos parecen menos dignos, a éstos vestimos más dignamente; y los que en nosotros son menos decorosos, se tratan con más decoro.

Porque los que en nosotros son más decorosos, no tienen necesidad; pero Dios ordenó el cuerpo, dando más abundante honor al

que le faltaba, para que no haya desavenencia en el cuerpo, sino que los miembros todos se preocupen los unos por los otros. De manera que si un miembro padece, todos los miembros se duelen con él, y si un miembro recibe honra, todos los miembros con él se gozan.

Nadie debe aislarse o considerarse superior. Tampoco el resto del cuerpo de Cristo debe ser indiferente a uno de sus miembros o su don, porque esto duele a todo el cuerpo. Más bien, debemos aprender a apreciar y animar a todos, para que ejerzan sus dones ministeriales. Debemos reconocer la importancia de los miembros aparentemente más débiles. Los miembros pueden diferir en función, autoridad e influencia, pero no en el valor intrínseco. Las apariencias engañan. Un dedo de la mano o del pie sirve en la coordinación y el equilibrio mucho más de lo que nos damos cuenta. Los dones no son dados sobre la base del instrumento, si éste es más fuerte o más débil, sino sobre la base de la gracia de Dios y las necesidades de las personas. La modestia básica dicta que vistamos, mimemos y cuidemos de las partes menos honorables del cuerpo (12:23). Así también debemos cuidar de todos los miembros de nuestra familia en Cristo.

En 12:22,24,25 se contrasta el diseño de Dios con el pensamiento carnal y divisivo. Los corintios descuidaban al hermano débil por orgullo egoísta, pero ("antes bien") Dios dice que los miembros más débiles son indispensables (12:22). Dios ordenó que demos mayor honor a aquellas partes que nos parecen menos presentables (12:24). La palabra "ordenar" implica que Dios "mezcló y unió" a los creyentes a través de ajustes mutuos en sus vidas y a través de la interacción unos con otros. Los corintios tendían a ser cismáticos, o divisivos, pero Dios dice a los creyentes que todos se preocupen los unos por los otros (12:25).

La empatía significa sufrir y gozarse juntos. Es un profundo compartir de la vida, porque pertenecemos a la familia de Dios. La tendencia de la carne es alegrarse de los que sufren y sufrir debido a los que reciben honra. Es fácil decir que otros sufren por haber pecado. Los celos pueden surgir cuando otros reciben honra antes que nosotros. A veces parece que los malos prosperan y que los creyentes en Cristo sufren. La verdadera empatía no tiene en cuenta los sentimientos egoístas y considera lo que beneficia a los demás. Pablo dice que con humildad estimemos a los demás como superiores a nosotros mismos (Filipenses 2:3). Esto nos libera para que seamos todo lo que hemos sido destinados a ser y para que pongamos en libertad a otros para que desarrollen todo su potencial.

La empatía le dice al creyente que no sólo se centre en sí mismo o en su don. Con frecuencia, la pregunta del que ejerce un don es: ¿cuál es mi don?

O, ¿es esto verdaderamente de Dios? Pero las verdaderas preguntas –antes, durante y después del ministerio del don– deben ser: ¿cómo puede la iglesia beneficiarse de este ministerio? ¿Son verdaderamente satisfechas las necesidades? ¿Son alentados los demás? ¿Glorifica esto a Dios en lugar de glorificar a los hombres? De este modo, mediante la sensibilidad al Espíritu Santo y a las necesidades de los demás, las personas pueden llegar a ser vías abiertas de bendición para toda la iglesia.

> Los dones no son, en primer lugar, dados al que los ministra, sino al que recibe la obra de ministerio. Es, por ejemplo, la persona enferma que se recupera, que recibe la sanidad como un don, y no el que pone las manos sobre el enfermo y ora por la sanidad.[16]

Así, nuestra atención debe centrarse en las necesidades y los ministerios, y no en los dones y quienes los ejercen.

1 Corintios 12:27-31
Dones de capacitación y de ministerio

Vosotros, pues, sois el cuerpo de Cristo, y miembros cada uno en particular. Y a unos puso Dios en la iglesia, primeramente apóstoles, luego profetas, lo tercero maestros, luego los que hacen milagros, después los que sanan, los que ayudan, los que administran, los que tienen don de lenguas. ¿Son todos apóstoles? ¿son todos profetas? ¿todos maestros? ¿hacen todos milagros? ¿Tienen todos dones de sanidad? ¿hablan todos lenguas? ¿interpretan todos? Procurad, pues, los dones mejores.

Primera a los Corintios 12:27 concluye la analogía del cuerpo y comienza la lista de dones. Es uno de los versículos más profundos en 1 Corintios. El énfasis está en el plural "vosotros", porque todos los creyentes componen el cuerpo de Cristo. Pablo apela a los motivos más elevados de los corintios. Estos creyentes cismáticos tenían un llamado mayor que la desunión. Dado su afición a las fiestas, sus problemas legales, la inmoralidad, las diferencias doctrinales, el asunto de la carne ofrecida a ídolos, y el mal uso de los dones, la mayoría habría descartado a la iglesia de Corinto.

No obstante, Pablo les dice: "Ustedes son el cuerpo de Cristo." Aunque eran carnales, Dios quería usarlos. La lista de Pablo, que sigue al versículo 27, no es exhaustiva.[17] Los dones se pueden dividir en dos categorías básicas: dones de capacitación, como en Efesios 4:11, y dones de ministerio, como en 1 Corintios 12:8-10. Los dones de capacitación se dan para preparar a otras personas para que ejerzan sus ministerios. Los dones del ministerio son dados soberanamente para satisfacer necesidades específicas. Los primeros tres dones que figuran en 12:28 son dones de capacitación y los últimos cinco son dones del ministerio. Es concebible que cualquiera que opera en los tres primeros dones podría ministrar en los últimos cinco. Dios los designa en la iglesia. La palabra "designa" da la idea de deseo personal (aoristo medio): Dios lo hizo por motivo de sí mismo. Él tiene un plan de reconciliación para toda la creación. La iglesia desempeña un papel vital en esto, pero no podemos hacer esta obra en nuestras propias fuerzas. Dios tiene que impartir poder sobrenatural.

La pregunta clave en 12:28 es: ¿significa la palabra "primeramente" el rango de importancia o el orden histórico en el establecimiento de la iglesia?[18] ¿Son los apóstoles de primordial importancia, y las lenguas menos importantes? A lo largo de todo el capítulo, Pablo ha descrito que cada miembro del cuerpo de Cristo es igualmente importante, ya que ha recibido la misma salvación, ha experimentado las mismas bendiciones espirituales, y ha recibido los dones por la soberanía de Dios.

Aunque nuestras funciones y responsabilidades difieran, ningún miembro puede asumir una actitud de superioridad o inferioridad respecto al otro. ¿Concluiría Pablo, entonces, diciendo que los apóstoles son los más importantes? En realidad, el problema en Corinto era que se exaltaba algunas personalidades, posiciones y dones sobre otros. Pablo solo agregaría combustible a ese fuego de controversia si enumerara los dones en orden de importancia. Un carpintero no dice que un martillo es más importante que una sierra. Cada herramienta es vital en su debido tiempo y en su debida función.

Además, es difícil entender que cada don es menos importante que el anterior en la lista. Por ejemplo, ¿son los milagros más importantes que las sanidades o los que administran? Si los dones se otorgan por gracia, ¿cómo se supone que los creyentes busquen los dones mayores? Curiosamente, la numeración termina con el tercer don. Pablo no establece una jerarquía eclesiástica o de dones ni en este pasaje ni en Efesios 4. Si lo hizo así en Efesios, entonces los evangelistas serían de mayor rango que los pastores.

En los primeros tres dones Pablo responde a la pregunta de cuándo. Los apóstoles aparecieron primero porque no había otras congregaciones, además de la de Jerusalén. La necesidad de profetas y pastores estaba por venir. Después del Pentecostés, la iglesia creció espontáneamente. No había historia de la iglesia en la que confiar, ningún Nuevo Testamento, ninguna dirección escrita para los objetivos o el énfasis de la iglesia. Los profetas respondieron a esta necesidad trayendo la inmediatez de la palabra de Dios a las iglesias. Ellos tuvieron un papel fundamental al ser edificada la iglesia del Señor (Efesios 2:20).

Luego, a medida que a la iglesia fue creciendo en número, se necesitaba más estabilidad. Los pastores daban cuidado y dirección a las congregaciones locales. Todos los dones de ministerio estuvieron presentes para equipar a la iglesia para su ministerio. Era la iglesia de Cristo en crecimiento.

El sistema del templo y el sacerdocio se había vuelto ineficaz debido a la preocupación por el desempeño de papeles, la política de poder, el beneficio económico, y la tradición. Una razón por la que la iglesia del Nuevo Testamento creció fue su capacidad de estar al tanto de los verdaderos problemas. Estaba organizada para crecer. Pablo enumera los dones de esta forma para mostrar la organización práctica de la iglesia. Había que edificar la iglesia de Cristo; había que alcanzar al mundo con el evangelio.

La iglesia es una estructura de "ir".[19] Si se organiza incorrectamente, la organización misma puede ser el mayor obstáculo entre la iglesia y el mundo necesitado y, por tanto, entre la iglesia y su ministerio. Se podría desarrollar cientos de ministerios creativos si la iglesia estuviera estructurada para ello.

La enseñanza sólida permite al movimiento de Dios tener los máximos resultados. Protege contra el "fuego" incontrolado, pero permite que se exprese la revelación de Dios. Anima la diversidad en los ministerios y produce estabilidad, convicción en la autoridad de la Palabra de Dios, y tolerancia en asuntos menos importantes.

La enseñanza desarrolla una filosofía y metodología de ministerio. Muchas personas se sienten frustradas porque no saben cómo realizar su ministerio de manera adecuada. Luego renuncian porque sienten que han fallado. Para hacer la obra de Dios, debemos aprender a hacerla como Dios manda.

Pero la buena organización y la buena enseñanza no son fines en sí; son solo medios para el fin. El propósito del creyente es ser como Cristo, alcanzar a las almas perdidas, y moverse con el Espíritu de Dios. Al buscar el reino de Dios alcanzamos nuestro potencial.

Tres dones de capacitación inician esta lista; trataremos cada uno, así como el don de evangelista que se enumera en el pasaje paralelo de Efesios 4:11. Estos cuatro dones de capacitación cubren ampliamente la gama de los dones de capacitación. Casi todas las formas de ministerios de capacitación, por creativos que sean, caen fácilmente bajo uno o más de estos cuatro dones (un ejemplo de esto se ve a continuación en la diferencia entre los apóstoles originales y otros apóstoles). Pero la falta de definición en estos aspectos ha llevado al uso indebido, a malentendidos e incluso a herejías. Además, como ya he tratado los otros dones de ministerio en el capítulo 2, aquí analizaré solo los dos dones adicionales de ministerio en esta lista: los que ayudan y los que administran (12:28).

Apóstol

La palabra "apóstol" se usa ochenta veces en el Nuevo Testamento. Todos menos diez usos se encuentran en los escritos de Lucas y Pablo. El término se aplica una vez a Jesús, en Hebreos (3:1). Significa "un enviado", dando a entender una misión especial. Debido a que Lucas siguió principalmente las actividades de Pedro y Pablo, tenemos poca información sobre los otros apóstoles. Los demás se dispersaron y Hechos solo insinúa las muchas iglesias fuera de los circuitos de Pablo. Por tanto, es difícil tener una definición precisa de "apóstol", porque la mayor parte de nuestra comprensión proviene únicamente de Pablo, y parece que no todos los apóstoles tuvieron los mismos ministerios o la autoridad que tuvo Pablo.

El criterio para el apostolado era de (1) haber visto al Señor resucitado y (2) haber hecho una obra de fundación (Hechos 1:22; 1 Corintios 9:1,2; 15:7-9; Efesios 2:20). Nadie hoy puede decir que es parte del fundamento de los apóstoles y los profetas en el mismo sentido que los apóstoles de la era del Nuevo Testamento. Nadie hoy puede componer Escrituras o reclamar infalibilidad. Es probable que el uso de Pablo del término "apóstoles" en 12:28 no sea exclusivo de los Doce, ya que en otros pasajes de sus escritos usa el término para referirse a otros enviados en una misión especial.

Pedro y Pablo son los más conocidos de este primer grupo. Sus ministerios eran tan diferentes como sus personalidades. Pablo hizo obra de pionero, planificó estrategias, y desarrolló equipos de evangelización. Dios hizo milagros a través de él, particularmente con propósitos evangelísticos. La misión de Pedro fue establecer el testimonio cristiano en Jerusalén, ayudar a la iglesia a moverse en la debida dirección y reconciliar a los creyentes judíos y gentiles con la iglesia de Jerusalén (Hechos 8, Samaria; Hechos 10 y 11, Cornelio). No sabemos de ninguna iglesia que él haya abierto. Pablo escribió casi la mitad del Nuevo Testamento; Pedro escribió dos epístolas. Pablo era teólogo y agresivo defensor de la fe; Pedro fue predicador, con un mensaje de exhortación.

¿La iglesia de hoy tiene apóstoles? Aunque el período del Nuevo Testamento incluía ministerios especializados, los eruditos coinciden en que "la organización de la iglesia sigue viva", que no hay tal cosa como "orden de la iglesia del Nuevo Testamento".[20] El enfoque de la Biblia está en la función del ministerio, no en el papel. Pablo enumera aquí solo tres ministerios de capacitación, dejando la lista abierta. Podrían desarrollarse muchos otros ministerios de capacitación. Aunque hoy nadie en la iglesia sirve en el mismo sentido que los apóstoles del primer siglo, uno bien puede ser un misionero pionero o un capacitador clave que sabe cómo impartir a otros su capacidad, visión y sabiduría. Tal autoridad más amplia viene por el llamado, la efectividad, el ministerio más extenso y la función. Sin embargo, hay mucho peligro para el apóstol o profeta autoproclamado. Orgullo, creación de culto a la persona-lidad, autoridad manipuladora y doctrinas extremas a menudo acompañan a esa autopromoción. La responsabilidad recíproca de los líderes era primordial en la iglesia del Nuevo Testamento y así debe ser hoy.

Profeta

El ministerio profético en el Antiguo Testamento en esencia era similar al del Nuevo Testamento. Los profetas hablaron al ser ungidos por el Espíritu de Dios para llamar a la gente al arrepentimiento, a la restauración y a vivir en justicia. Lucas con sumo cuidado mostró la continuidad entre la profecía en el Antiguo Testamento y en el Nuevo Testamento. Mateo mostró que las profe-cías del Antiguo Testamento fueron fundamentales para el ministerio de Jesús y se cumplieron solo en Él. El mismo Espíritu obra en ambos Testamentos. Los profetas del Antiguo Testamento hablaron de un día en que habría una mayor revelación y la unción de Dios llegaría a todas las personas.

Algunas diferencias, sin embargo, no deben pasarse por alto. La mayoría de los profetas del Antiguo Testamento surgieron para hacer volver a un pueblo desobediente a la ley de Moisés. El período profético tuvo lugar principalmente por la transgresión espiritual y la apostasía de los reyes de Israel y Judá.

Debido a los enemigos políticos de Israel, los libertadores locales o los jueces (por ejemplo, Sansón, Gedeón, Débora) no eran apropiados para unir y guiar a toda la nación. Israel reclamó un rey como las otras naciones. Samuel fue el representante de los últimos jueces y el primero de los profetas que surgió con la monarquía. Tales portavoces se levantaron para llamar a los reyes y a los líderes religiosos al arrepentimiento y a que el pueblo de Dios volviera a una debida relación con Él. Sus cargos se volvieron más formalizados que los de sus predecesores. Algunos estaban asociados con los sacerdotes en el servi-cio del templo, otros eran profetas escritores, y algunos estaban en el palacio de los reyes. Varios tuvieron discípulos ("hijos de los profetas", por ejemplo, Elías y Eliseo). A otros personajes clave de la historia de Israel también se los llamó profetas: Abraham, Moisés y Aarón.

Casi siempre el llamado de un profeta era solitario. Los falsos profetas respondían con profecías opuestas. En consecuencia, Dios daba pruebas formales de los verdaderos profetas, tales como:

- ¿Hablaban en nombre de Jehová (Deuteronomio 18:20-22)?

- ¿Coincidían sus mensajes con las enseñanzas de Moisés (Deuteronomio 13:1-5)?

- ¿Se cumplían sus profecías?

Los profetas del Antiguo Testamento hablaban principalmente en el contexto de Israel como el pueblo de Dios.

El Nuevo Testamento inauguró un escenario diferente para el profeta. La venida del Espíritu representó el advenimiento de la era mesiánica, los tiempos del fin. Los profetas del Nuevo Testamento hablaban sobre la base de la autoridad del Cristo resucitado, quien, habiendo iniciado el reino de Dios por medio de su encarnación, lo validó mediante su resurrección. Habiendo recibido el mensaje de redención para un mundo muerto en pecado, todo el pueblo de Dios es ahora es un pueblo profético; el Espíritu ha sido derramado sobre toda carne. Los profetas operan dentro del marco del pueblo profético de Dios. Su papel es mantener la cercanía de Dios en la iglesia, proclamando el reino de Dios a creyentes e incrédulos hasta el regreso de Cristo.

Aunque cada cristiano en la era del Nuevo Testamento tuvo la oportunidad de ejercer un don profético, un grupo especial fue apartado como profetas debido a su ministerio reconocido (1 Corintios 12:28,29; Efesios 4:11; Hechos 13:1; 21:9). Pero muchos eruditos no creen que era un puesto formal, sino simplemente que aquellos que profetizaban regularmente eran profetas.

Los profetas proclamaban un mensaje de exhortación, edificación y consuelo a la iglesia y un mensaje de salvación, gracia y juicio a los incrédulos. En el Apocalipsis el apóstol Juan ejerció la función de exhortación y de predicción. En Hechos 11:28 y 21:10-11 Agabo tuvo un mensaje de predicción. Cuando los profetas hablaban, sus mensajes llegaban al corazón por la realidad de la verdad. Al mismo tiempo, sus mensajes debían ser probados para ver su conformidad con la Palabra de Dios, su claridad, y su sensibilidad a la iglesia y a las situaciones del mundo.

Wayne Grudem identifica dos tipos de profecías. El primer tipo no se cuestionaba, en cuanto a la inspiración bíblica, y se aceptaba por quienes eran los profetas. Si uno suponía que eran palabras de Dios, no había duda en cuanto a la profecía y debía ser obedecida. El segundo nivel de profecía necesitaba una evaluación completa y no se consideraba en el nivel de la inspiración bíblica. Hubo esta clase de profecía aun en los tiempos entre ambos Testamentos, aunque la profecía de inspiración bíblica había cesado hasta el tiempo del Mesías. Josefo, Filón y los rabinos aceptaban este segundo nivel de profecía como válido, pero se consideraba necesaria la evaluación.

Esto no quiere decir que los escritores bíblicos eran aceptados sin discusión. Esto puede haber sido cierto muchos años después de su muerte; pero Moisés, Samuel, Jeremías y todos los profetas fueron desafiados en su día. La verdad siempre debe ser comprobada por la vida y la autoridad del mensajero, así como por sus palabras. No obstante, una vez que el canon fue comprobado y aceptado, se le impuso una fe incuestionable. Grudem dice:

[Si] el profeta afirmaba que estaba hablando las palabras de Dios, se hacía otro tipo de evaluación. Solo hay dos posibilidades, y no hay término medio. La pregunta es: "¿Son estas las palabras de Dios o no? De ser así, debo obedecer. Si no, el profeta está tergiversando a Dios y debe morir" (Deuteronomio 18:20). Una vez que sus palabras son aceptadas (por cualquier medio) como las palabras de Dios, tienen otra categoría y ya no se desafían ni cuestionan.[21]

Este primer nivel de profecía pertenece solo a la Biblia, que es inspirada y autorizada. Fue el nivel de los escritores del Antiguo Testamento y del Nuevo Testamento. Esta clase de profecía ya no es necesaria porque la revelación escrita de Dios para la humanidad es tan completa como es necesario. Juan advirtió que nadie debía agregar o quitar algo de su libro de profecía (Apocalipsis 22:19), una advertencia que bien podría extenderse a toda la Biblia (2 Timoteo 3:16). Ya no están los apóstoles y profetas que fueron el fundamento de la iglesia (Efesios 2:20); la revelación esencial de Jesucristo ha sido presentada (Hebreos 1:1,2).

El segundo nivel de profecía es lo que Pablo trata en 1 Corintios y lo que vemos hoy. Era profecía en la que todos podían participar, también en su evaluación. Las profecías de Agabo y otros sobre el arresto de Pablo en Jerusalén debían ser evaluadas.

Las pautas para la iglesia de hoy deben ser las mismas que se mantuvieron durante la era del Nuevo Testamento. Los creyentes no deben llevar a la gente de regreso a la ley de Moisés, sino guiar a las personas al Cristo resucitado y a las verdades del reino en Cristo. La base de estas pruebas son ambos testamentos, toda la Biblia, y la sensibilidad de todo el pueblo profético de Dios. El don de la profecía habla tanto a creyentes como a incrédulos. Tiene funciones exhortativas y predictivas. Algunos creyentes tienen los ministerios de capacitación especializados de un profeta, aunque no necesariamente formalizados como un rol. Ninguno en la actualidad compone Escrituras, ya que los apóstoles del primer siglo no están aquí para aprobar y autorizar tales escritos. Todas las profecías necesitan ser evaluadas.

Evangelista

El evangelista no se menciona en 1 Corintios 12, excepto si puede encajar como maestro itinerante. Básicamente, un evangelista proclama las buenas nuevas a los pecadores. A los escritores de los Evangelios se les dice evangelistas porque proclamaban las buenas nuevas. Aunque todos los creyentes deben dar testimonio, no todos tienen el don de evangelista. Apolos era un vigoroso maestro y evangelista itinerante, poderoso en las Escrituras. Epafras era evangelista del valle del Lico, pionero de iglesias en Colosas y Laodicea. Felipe el diácono llegó a ser evangelista, e hizo evangelismo personal y público. Como facilitador, el evangelista tiene una doble función: primero, movilizar a los santos en el evangelismo y, segundo, desarrollar una metodología para salir de las puertas de la iglesia y llegar a los perdidos.

A diferencia del apóstol, que debe rendir cuentas a la iglesia en general, el evangelista trabaja bajo la guía y dirección de las iglesias locales. Él es responsable ante un cuerpo local de creyentes que ha confirmado su llamado. Aunque no es necesariamente elocuente, ha aprendido a ser un comunicador experto de las buenas nuevas, explicando la Biblia a los pecadores, de forma práctica y pertinente. Aunque el apóstol puede hacer la obra de evangelista como una de sus funciones, la función del evangelista se define más estrechamente como la proclamación de las buenas nuevas.

Maestro

El ministerio del maestro está estrechamente relacionado con el papel del pastor (Efesios 4:11). Jerónimo dijo: "Quienquiera que sea pastor debe ser también maestro."[22] Asimismo, aunque no todos los maestros son pastores, todo maestro necesita tener un corazón de pastor. El maestro enseña las profundas verdades de las Escrituras para equipar a los santos para sus ministerios. Él busca desarrollar individuos para un servicio efectivo y completa madurez. El maestro aconseja, enseña, exhorta, e imparte de sí mismo de tal manera que los demás no solo serán receptores del mensaje, sino también dadores del mensaje. Cada maestro de escuela dominical o maestro de la Biblia es un "pastor" que trabaja con el pastor de la iglesia. El énfasis del maestro es exponer la Palabra de Dios; el énfasis del profeta es una palabra inmediata de Dios.

Algunos pueden haber tenido la función de profeta y maestro, como en Antioquía (Hechos 13:1,2). Pero entre los dos, se pueden observar importantes distinciones. Conforme a la Biblia, el profeta hablaba más desde una perspectiva de revelación inmediata. Puede haber sido educado o sin educación. Hablaba lo que Dios le impresionaba en su corazón. Su desafío era traer a las personas de regreso a las prioridades de Dios. Su ministerio parece haber sido más carismático y espontáneo. El maestro, por otro lado, estaba dotado para hacer exposiciones estudiadas de las Escrituras, edificando cuidadosamente una verdad sobre otra, buscando el bienestar y la nutrición de las necesidades espirituales de los creyentes.

Hay una confusión de roles. Los líderes buscan ser todo para todas las personas y, en realidad, bendicen solo a unos pocos. Los que tienen otros ministerios, que debieran ser seguidores, a menudo tratan de ser líderes o de cumplir ministerios que el Señor no les ha dado.

Si cada facilitador hiciera bien su tarea, poniendo a cada miembro en el ministerio que le corresponde, la iglesia podría desarrollar todo su potencial.

Los que ayudan y los que administran

Los que ayudan y los que administran, en 12:28, se añaden a las listas de 1 Corintios 12:8-10, Romanos 12 y Efesios 4. Probablemente "los que ayudan" significa aquellos que son misericordiosos y amables con los demás. "Administrar" implica dar orientación y consejo a una comunidad o a un individuo.[23] Ralph Martin identifica a las personas que ejercen estos dones como diáconos y supervisores, respectivamente.[24]

En un sentido estricto, podrían considerarse dones de facilitación, que dan libertad a otros para que ejerzan mayores ministerios. Sin embargo, debemos dejar en sentido general a estos dos términos, porque los ministerios que identifican suelen quedar fuera de los cargos establecidos y pueden relacionarse más con el ministerio personal de un individuo.

¿Los mejores dones?

Siete preguntas retóricas concluyen los comentarios sobre la distribución de dones (vv. 29-31), a las que el griego requiere para cada pregunta una respuesta negativa. Posiblemente, una persona podría ser usada en todos los dones, pero no es probable, práctico ni saludable para el cuerpo de Cristo. Dios da según lo que determina. Uno no hace el trabajo de todos. Cristo distribuye los dones según el lugar y la función de la persona en la iglesia y en su ministerio al mundo.

La pregunta clave de este pasaje es: ¿cuáles son "los dones mejores"? La respuesta depende de nuestra comprensión del verbo griego, traducido como "procurad" en el versículo 31. La mayoría de los traductores consideran que es un imperativo, que Pablo ordena a los corintios que busquen o "procuren" los mejores dones. Su referencia a dones mejores, entonces, sería a aquellos (ejercitados en amor y comunicados con claridad) que satisfagan la necesidad de la congregación. Este punto de vista, sin embargo, supone la existencia de dones mayores y menores.

En este contexto, los creyentes corintios debían buscar ser apóstoles, profetas y maestros. Pero Pablo no evalúa los dones para que podamos asignarles un rango. Por ejemplo, en sus listas comparables en 1 Corintios (12:8-10) y Efesios (4:11), "profecía" y "profetas" es el sexto y el segundo, respectivamente. Tampoco se está refiriendo al amor como el mejor don, como algunos han enseñado; la palabra es "dones", en plural, y "amor" es singular.

Además, ¿cómo distribuye el Espíritu según su soberanía y su plan (1 Corintios 12:11), si se nos dice que busquemos los dones mejores? Si "los que ayudan" está antes que "los que administran", por ejemplo, ¿debemos todos buscar primero el ministerio de ayudar a los demás? Entonces la iglesia pudiera carecer en otros aspectos. Aunque podemos decirle a Dios qué dones deseamos, no estamos calificados para determinar qué dones necesita más nuestra iglesia. Lo que podemos hacer es amar, abrir nuestro corazón y crecer, y estar disponibles para que Dios nos use de acuerdo con su voluntad.

El tema se ve claramente en 1 Corintios 13; lo crucial es la forma en que ejercitamos los dones. Los dones son solo herramientas de ministerio. El amor es el fruto del Espíritu por el cual la herramienta se usa mejor. En el Nuevo Testamento la espiritualidad no se mide por la cantidad de dones. La persona verdaderamente espiritual cuida de los huérfanos y las viudas en su aflicción, se mantiene puro, se preocupa del miembro más débil, lleva las cargas de los demás, no menosprecia a otros, y refleja la semejanza de Cristo. En otras palabras, obra en amor.

Algunos comentaristas interpretan 1 Corintios 12:31 como un imperativo que los corintios se dirigían el uno al otro, en lugar de uno que Pablo les dirigía. Es decir, Pablo ha estado respondiendo a sus preguntas a lo largo de esta epístola: preguntas sobre la moralidad (7: 2), los alimentos sacrificados a ídolos (8:1), los dones espirituales (12:1), etc. Es posible que uno (o más) de ellos trajera a colación lo de los dones mejores. Ellos entenderían que Pablo escribía que deseen los dones mejores, y que el asunto no era primeramente lo de los dones mejores, sino de que los dones sean compartidos en amor (12:31 al 14:1).

El problema con este punto de vista, sin embargo, es que el contexto inmediato no contiene ninguna de las señales que Pablo da en otras partes de esta epístola ("en cuanto a...", "acerca de...", "sabemos que...") para mostrar que está respondiendo a preguntas o citando sus comentarios. Sin contar tales señales, uno puede identificar un error corintio en cualquier cosa que Pablo escribe y sacar su propia interpretación preferida. Esta forma de ver, por tanto, da una opción débil. Una fuerte variante de esta posición, sin embargo, se puede ver en el siguiente punto de vista.

Los eruditos recientes proponen que el verbo "procurad" puede ser visto en forma imperativa o indicativa. La ortografía es la misma. Si el verbo es indicativo, la traducción sería: "Ustedes están procurando ansiosamente..." En este caso, Pablo acusa a los corintios de procurar dones mejores cuando el asunto es la forma en que se ministran los dones. Esta es claramente la intención de 14:12. No debían ser egoístas, sino dirigir su celo por los dones con el deseo de ayudar a los demás. Debían estar satisfechos con la soberanía de Dios en la distribución de los dones para cumplir sus propósitos y planes, y no exhibir con egoísmo sus dones o envidiar los dones de otros (12:11,18).

Al mismo tiempo, "procurad" en 14:1 es claramente imperativo, pero no incluye la palabra "mejor" de 12:31. Cuando Pablo da la orden en 14:1 y nuevamente en 14:39, él los anima a desear los dones, pero no necesariamente los mejores. El tema de 1 Corintios 14 es la claridad de los dones, no su valor relativo.[25]

La diversidad de dones y la iglesia misma como unidad en la diversidad son manifestaciones de la naturaleza de Dios. Dios ha puesto a cada miembro del cuerpo en su debido lugar y ha combinado ministerios y personalidades. Todos los dones son vitales, pero sirven mejor en las funciones previstas. Todos somos igualmente importantes. Todos nos necesitamos el uno al otro; en debilidad y en fortaleza. Los creyentes en Cristo, todos juntos, somos el cuerpo de Cristo.

¿Alguien tiene todos los dones o tienen todos el mismo don? No. ¿Deberíamos buscar los mejores dones? No. Debemos buscar "el camino aun más excelente", el del amor, para manifestar los dones que Dios da.

3
1 Corintios 13

El capítulo 13 de 1 Corintios proporciona la base ética del argumento de toda la epístola. El amor debe ser la motivación de todo lo que haga el cristiano, ya sea que tenga que ver con aspectos de moralidad, con demandas legales, con disciplina de la iglesia, con libertad personal, o con metodología en la adoración. Debemos reconocer especialmente cuán integral es para los capítulos 12 y 14. Debido a la diversidad de dones, ministerios y miembros (1 Corintios 12), Pablo señala la necesidad del amor en el ejercicio de los dones (1 Corintios 13). Nadie tiene todos los dones, ni siquiera un don en su plenitud. El camino más excelente no es el amor aparte de los dones, sino el amor en el ejercicio de los dones. El hecho de que los dones, sin amor, son ineficaces se vuelve a enfatizar en los pasajes paralelos de Romanos 12:9-21 y Efesios 4:25-32. El Espíritu Santo, por medio de Pablo, nos ha dado una "rapsodia poética compuesta de alabanza… que algunos atribuyen como divina".[1] El amor es el atributo clave de la personalidad de Dios en acción y debe convertirse en la norma de nuestro comportamiento.

1 Corintios 13:1-3
El amor: la cualidad indispensable

Si yo hablase lenguas humanas y angélicas, y no tengo amor, vengo a ser como metal que resuena, o címbalo que retiñe. Si tuviese profecía, y entendiese todos los misterios y toda ciencia, y si tuviese toda la fe, de tal manera que trasladase los montes, y no tengo amor, nada soy. Y si repartiese todos mis bienes para dar de comer a los pobres, y si entregase mi cuerpo para ser quemado, y no tengo amor, de nada me sirve.

Estos versículos contienen una serie de tres cláusulas "si, entonces".[2] Aunque la palabra "entonces" no está en el griego, se sobreentiende. Pablo sugiere que, incluso, se podría expresar cada uno de los dones hasta lo máximo. Vemos esto en las siguientes expresiones: lenguas humanas y angélicas, todos los misterios, toda ciencia, toda fe, todos mis bienes.[3] Los dones en el uso normal son expresiones parciales de la mente de Dios. Manifestamos una palabra de sabiduría, una palabra de ciencia, un discernimiento de espíritus, una sanidad.

Si Pablo está llevando cada don hasta lo máximo, se deduce que hablar en lenguas suele ser un lenguaje humano. Lucas informó que las lenguas en el día de Pentecostés eran humanas. Pablo habla de las lenguas en Corinto de la misma manera. Las lenguas podían ser interpretadas y reguladas, tenían un lugar válido en el ministerio de los dones, implicaban la comunicación con Dios y las personas, eran una señal para el incrédulo, y eran deseables para todos los creyentes.

Estos propósitos superan con creces cualquier cosa que los adoradores paganos vieran en su discurso extático (propósitos que no concuerdan con la creencia de algunos comentaristas de que Pablo condonó las experiencias extáticas de los "trasfondos paganos" de los corintios).

"Lenguas angélicas" probablemente describe una libertad total en la comunicación con Dios.[4] Los creyentes corintios tenían una escatología de supuesta superioridad, de modo que algunos sentían que ya eran expertos espiritualmente.

> Negaban la necesidad de un cuerpo de resurrección (1 Co 15).
> Promovían la abstinencia sexual entre los casados (1 Co 7).
> Comían en las fiestas de los templos paganos (1 Co 8-10).
> No esperaban a algunos hermanos en la Santa Cena (1 Co 11).
> Había divisiones debido a su supuesta superioridad (1 Co 3).[5]

La respuesta de Pablo es que la espiritualidad no se mide por las manifestaciones, sino por el amor. El capítulo 13 no es una digresión rapsódica sobre el amor; es un mensaje correctivo integral para la situación en Corinto.

El ministerio, separado del amor, trae resultados negativos. El que habla en lenguas sin amor, emite un sonido que retiñe (13:1). Tener los dones de profecía, de ciencia y de fe en su totalidad no nos da mayor valor ante Dios (13:2). Regalar todos nuestros bienes por cualquier motivo que no sea el amor, no trae ninguna bendición especial de Dios (13:3).

Se ha escrito muchísimo sobre el significado del amor *agape*. El significado de la palabra no se puede encontrar en el griego. Raramente fue usada antes de la traducción de la Septuaginta y la era del Nuevo Testamento. La muerte sacrificial de Jesús da a la palabra su contenido. *Agape* es el amor desinteresado, generoso, lleno de propósito, y creativo de Dios, dirigido a nosotros. Él nos ama; no por nuestro valor, sino por la abundancia de su naturaleza. El cristiano debe irradiar este amor al mundo. Amamos a los demás, no porque sean dignos de ser amados, sino porque el amor de Cristo mora en nosotros.

El presente comentario cristiano sobre el amor gira en torno al significado del segundo gran mandamiento. ¿Qué significa amar a nuestro prójimo como a nosotros mismos? La psicología humanista enfatiza la necesidad de que el ser humano se ame a sí mismo antes de poder amar a los demás. Los creyentes en Cristo deben cuidarse del posible egoísmo en este enfoque.

Es verdad que si tenemos una autoestima saludable, podemos extender amor a otros. Pero si el enfoque del humanismo en la autorrealización se vuelve fundamental, perdemos el énfasis bíblico del servicio al prójimo y la humildad ante Dios.

La perspectiva del Nuevo Testamento dice que al amar a nuestro prójimo, nos amamos a nosotros mismos. En las relaciones desinteresadas somos hechos completos. Este no es un amor egoísta y sensual, como puede expresarse con la palabra *eros.* Anders Nygren ve una diferencia irreconciliable entre *eros* y *agape.*

> *Eros* es un deseo adquisitivo; *agape* es dar con sacrificio. *Eros* es un movimiento ascendente; *agape* es un movimiento descendente. El primero es el camino del hombre hacia Dios; el segundo es el camino de Dios hacia el hombre. *Eros* es egocéntrico, por una sublime autoafirmación; *agape* es amor desinteresado y generoso. *Eros* busca ganar vida inmortal; *agape* vive para Dios y está dispuesto a dar su vida por los amados.[6]

En 1 Corintios 13, el amor *agape* se establece en el contexto de una metodología de ejercicio de los dones (vv.1-3), una interdependencia en el cuerpo de Cristo (v. 9, si "en parte" conocemos y profetizamos, entonces nadie lo hace todo; por lo cual, necesitamos la participación de los otros miembros), una concentración en la importancia de los demás (vv. 4-7), el día del juicio final (vv.10,12), y lo pasajero de todo menos el amor (vv. 8-13).

Las tres categorías de dones en 12:8-10 están representadas en 13:1-3: enseñanza (misterios y ciencia), ministerio (profecía, fe, ofrendar, martirio) y adoración (lenguas). (También se encuentran representadas aquí las categorías tradicionales de dones de expresión, revelación y poder.)

"Metal" (*chalkos*) podría referirse a una cantidad de metales: oro, plata, cobre, bronce; pero no hay evidencia, antes del uso que Pablo le da aquí, de que la palabra fuera usada para identificar un instrumento de adoración. La palabra fue usada por los padres de la iglesia primitiva para describir el material con que se fabricaban los ídolos. Y algunas formas de esta palabra aparecen en las descripciones de la adoración pagana.

Sin embargo, el significado de este término es ambiguo. El címbalo era un instrumento de percusión de sonido fuerte que se usaba en la adoración en el templo judío.[7] En los cultos paganos se usaba para "enardecer a los adoradores".[8]

Aunque los dones se ejerzan hasta su máximo grado, esto no indica la espiritualidad o el valor del individuo que participa. Las personas son solo instrumentos. El amor es la ética y la motivación de la persona verdaderamente espiritual.

En el Nuevo Testamento, la palabra "misterio" se refiere principalmente a lo que una vez estuvo oculto y que ahora se revela en Cristo. El mayor misterio es el de la redención y cómo Cristo perfecciona su voluntad por medio de la iglesia.[9] El uso que Pablo da a "misterio" era claramente diferente de los secretos místicos que conocían solo ciertos iniciados en el culto pagano. Cada miembro del cuerpo de Cristo podía conocer y entender estos misterios.

Sin embargo, ninguno de nosotros entiende todos los misterios. Son "secretos, cosas indescifrables por la razón humana, que solo la revelación divina puede dar a conocer. La profecía era el don de revelación por el cual se comunicaban tales misterios; véase 14:30. Todos los misterios... se refiere a todos los propósitos secretos de Dios que tienen que ver con la redención".[10]

Las referencias de Pablo a la fe, "de tal manera que trasladase los montes" en 13:2 (véanse Mateo 17:20,21; Marcos 11:25), y de "dar de comer a los pobres" en 13:3 (véanse Mateo 19:21; Lucas 12:33), revelan su conocimiento de las enseñanzas de Jesús. Bien se puede decir que Jesucristo es central en este capítulo. Él dio significado al *agape* al morir en la cruz. Se podría escribir "Cristo" en lugar de "amor" en este capítulo, sin perder nada de su significado.

La prueba de la paciencia de Dios con un pueblo rebelde está bien establecida en el Antiguo Testamento y se actualiza en 1 Corintios 13:4. Sólo el amor de Cristo nunca deja de ser. Sólo Él todo lo conoce. El amor es la naturaleza eterna de Dios.

El don de dar es una adición a la lista de dones (13:3). Si aquí Pablo no se estuviera refiriendo a un don, ¿por qué usaría este ejemplo? Una paráfrasis de este versículo podría ser: "si tuviera la costumbre de dividir todo mi alimento en porciones y las pusiera cuidadosamente en la boca de los pobres pero no tengo amor, no gano nada".

Los rabinos enseñaban mucho acerca de dar a los pobres; pero era prohibido para ellos dar más del veinte por ciento de sus bienes por año.[11] Jesús habló de vender sus bienes y dar a los pobres. Pero aquí nuevamente Pablo va al extremo con su ilustración. No fue hasta después del primer siglo que los cristianos a veces se vendían como esclavos para satisfacer las necesidades de los pobres.[12]

Una pregunta surge del texto en la frase: "entregase mi cuerpo para ser quemado/para gloriarme". En el griego la diferencia de una letra hace que la palabra sea "quemado" o "gloriarme".[13] Si la palabra es "gloriarme", entonces el que ejerce el don puede tener el motivo equivocado de llamar la atención a sí mismo y de buscar su propio beneficio. Pero, para Pablo, el gloriarse no es necesariamente algo negativo. Él habla de sus conversos como su "gloria... para el día del Señor" (2 Corintios 1:14), la "corona de que me gloríe" (1 Tesalonicenses 2:19).

La palabra "quemase", sin embargo, parece más apropiada para el argumento interno del pasaje y hace una declaración más contundente. La objeción a esta lectura es que cuando fue escrito 1 Corintios, la iglesia del Señor aún no había experimentado el martirio por el fuego.[14] Pero Pablo puede no haberse referido al martirio. Él puede simplemente haber dicho que "aunque diera mi vida para ser sacrificada en la más dolorosa de las muertes, sin amor, de nada me sirve". Ya sea con cualquiera de las lecturas, el punto es el mismo y el resultado es también el mismo.

1 Corintios 13:4-7
¡El amor libera!

El amor es sufrido, es benigno; el amor no tiene envidia, el amor no es jactancioso, no se envanece; no hace nada indebido, no busca lo suyo, no se irrita, no guarda rencor; no se goza de la injusticia, mas se goza de la verdad. Todo lo sufre, todo lo cree, todo lo espera, todo lo soporta.

En esta segunda parte, cada uno de los quince verbos señala acción continua. Algunos verbos describen actitudes, otros describen la participación activa para beneficio de los demás. El amor es un estilo de vida dirigido a irradiar la naturaleza y la gloria de Dios. No consiste sólo en hacer misericordia de vez en cuando. Fíjese especialmente en 1 Corintios 13:7, donde Pablo usa "todo" cuatro veces para expresar la inmensidad de la obra del amor. En este pasaje el amor se dirige principalmente a las relaciones horizontales.[15]

Esto no es sólo un noble soliloquio del amor. Pablo ataca el problema de los corintios producido por el orgullo. Ha causado división entre ellos y oposición a Pablo. La única respuesta sería que cada creyente manifieste identidad con Cristo.

Se usan dos palabras para "paciencia", al principio y al final de esta parte. La primera, "sufrido" (*makrothumia),* se refiere a una gran capacidad de ser paciente con las personas que repetidamente nos hacen mal. Significa ser muy templado. El cristiano busca controlar su temperamento y dedica tiempo para entender a los demás. Somos pacientes para determinar qué es lo mejor para los demás, así como lo que es mejor para nosotros mismos; por cierto Dios es paciente con nosotros. La segunda palabra es *hupomones,* traducida como "soporta". Significa ser paciente en las circunstancias, soportar bajo la carga. Tenemos que ser paciente con las personas y las circunstancias.

Son inevitables las circunstancias adversas y las personas que se nos oponen; pero la forma en que nos enfrentamos a ellas se determina por el amor de nuestro corazón. El amor egoísta busca la comodidad y las formas más sencillas de acomodarse. Sin embargo, la búsqueda de evitar y eliminar el sufrimiento puede ser un atajo imprudente. Smedes dice: "Cuando apago el sufrimiento por buscar mi placer, lo apago demasiado pronto."[16]

El amor de Dios nos desafía a enfrentar el sufrimiento. Por otra parte, muchos tenemos la tendencia de aceptar el mal y el sufrimiento como la voluntad de Dios para nuestra vida. Debemos odiar el mal, la enfermedad y el dolor dentro de nosotros. Perseverar no significa correr ni renunciar, sino resolver el problema con la ayuda de Cristo.

El amor es benigno (*chresteuetai*).[17] En lugar de usar un adjetivo, como en Gálatas 5:22,23 (*chrestotes*), Pablo usa un verbo activo para describir este aspecto del fruto del Espíritu. El amor práctico ayuda a los demás. Los primeros cristianos vieron la relación entre esta palabra *(chresteuetai)* y Cristo (*christos*), cuya naturaleza es la bondad.[18] El mayor acto de bondad de Jesús fue en el Calvario. La bondad es una acción unilateral, que no exige recompensa alguna o respuesta de los demás. Proviene de una disposición de gracia. La bondad pretende redimir y reconciliar (Romanos 2:4).

Aquí no se trata de amabilidad superficial. Lo que ahora puede parecer benignidad/bondad puede ser permisividad, y pasar por alto el problema. La verdadera bondad puede requerir arrepentimiento de la otra persona o firmeza en una situación dada. La bondad busca lo que es mejor a largo plazo para dos demás. Así como el bendito pacificador busca la paz permanente en lugar de tranquilidad temporal, la persona benigna/bondadosa desea lo que Cristo quisiera para la otra persona.

Primera a los Corintios 13:4 habla de la envidia, la jactancia y el orgullo. Estos están invariablemente conectados. Envidiar significa tener celos por razones egoístas. Los corintios eran celosos de los dones (1 Corintios 12:31; 14:1,12). El celo no es malo cuando el motivo es amor; pero cuando hay deseo de exaltarse a uno mismo, la envidia es el resultado. Debemos regocijarnos cuando otros son usados por Dios. En realidad, deberíamos sentirnos muy contentos cuando los demás nos superan en su desarrollo. Esto significa que están siendo discipulados para llevar a cabo la obra de Dios y tienen la libertad de hallar su potencial en Cristo.

El amor no fija la atención indebida en quien manifiesta el don, o en el don en sí. El objetivo es edificar al cuerpo de Cristo y animar a que haya comportamientos transformadores de vida. En contraste con este objetivo amoroso está la actitud de orgullo y jactancia. Esto describe una arrogancia basada en la presunta superioridad a otros. En Corinto estaban divididos entre sí y en contra de Pablo. Algunos se jactaban de revelaciones y conocimientos más profundos. El orgullo hizo que se envanecieran.[19]

C. S. Lewis, hablando del orgullo como "esencialmente competitivo" y que conduce a "cualquier otro vicio", denomina al orgullo el Gran Pecado.[20] Desde el huerto del Edén la humanidad ha sucumbido a la tentación de Satanás de que "seréis como Dios" (Génesis 3:5). Aun el ateo filósofo francés Jean-Paul Sartre señaló que la mayor locura humana es el intento de ser Dios.[21]

El orgullo es realmente un problema de inseguridad. Eso es lo que impulsa a una persona a envidiar lo que otros tienen y a exaltarse. Una persona que se siente segura no tiene que exaltarse a sí misma. Cristo la exaltará a su debido tiempo. Cristo, por el contrario, estaba dispuesto a despojarse a sí mismo. Él estaba seguro en su igualdad con el Padre y estuvo dispuesto a ser humillado por nosotros (Filipenses 2:5-11). *Eros* tiende a preservarse a sí mismo, *agape* se entrega a sí mismo.

Otros tres comportamientos característicos de los creyentes en Corinto se agrupan en 13:5: rudeza, egoísmo e ira. La rudeza muestra falta de sensibilidad hacia los demás, un comportamiento vergonzoso. La persona ruda insiste en que su propio camino es el debido y que los demás están equivocados. El amor tiene que considerar los sentimientos de los demás y su sentido de autoestima. El mal uso de la mesa del Señor, una vestimenta inadecuada, haciendo alarde de superioridad religiosa, el reclamo de los derechos personales, y la reacción airada al mal de otros eran problemas que necesitaban ser confrontados.

El amor no busca lo suyo. Pablo dice:

> **Nada hagáis por contienda o por vanagloria; antes bien con humildad, estimando cada uno a los demás como superiores a él mismo; no mirando cada uno por lo suyo propio, sino cada cual también por lo de los otros (Filipenses 2:3,4).**

Los que ven a los demás como un medio para ganar sus propios fines se frustran fácilmente; en lugar de practicar el perdón, mantienen un registro de los errores.

El objetivo del creyente, sin embargo, debe ser lo que beneficie a los demás y al reino de Dios, aun si ocasionalmente se sienta perjudicado. Siempre debe valorar a su prójimo como personas a quienes Jesús vino a redimir. El creyente debe estar dispuesto a ser agraviado, aun a renunciar a lo que le pertenece, si esto es por el bien del reino de Dios.[22] Aunque es natural que una persona quiera tener la razón y ser revindicado, debiera estar más preocupada por lo que la gente piensa de Dios, y no por su propia reputación. El nombre y la gloria de Dios es lo que importa. El cristiano debe aprender a distinguir entre aquello que le hace daño personal y las cosas que perjudican la causa de Cristo.

Jesús dijo que toda clase de mal que se diga contra Él personalmente sería perdonado, pero no lo que se hable en contra del Espíritu Santo. Si una persona deliberadamente desafía al Espíritu de Dios y niega todo lo que es bueno, santo y justo, pierde su propia salvación. Jesús no estaba pensando en su propia vindicación, sino en la salvación de la humanidad.

Aunque no debemos buscar lo propio, tampoco debemos menospreciarnos a nosotros mismos. Una persona que tiene baja autoestima buscará la atención y la compasión de otros, tratará de aprovecharse de los demás, o se retirará al punto de inacción, aunque puede ser que considere este comportamiento como negación de sí mismo. Saber quiénes somos en Cristo nos libera para amar a Dios, a nuestro prójimo, y a nosotros mismos en sentido eterno. La bondad y la humildad nos liberan para cumplir nuestro potencial de servicio ordenado por Dios. No debemos perder tiempo ni energía en exaltarnos y en proteger nuestra posición.

El orgullo y el egoísmo son problemas menores si nos damos cuenta de quiénes somos en los ojos de Dios. Después de muchos años de ministerio, Pablo transmite su conocimiento en las epístolas pastorales. Uno de los conocimientos más vitales es la primera "palabra fiel" de las cuatro que hay en sus epístolas:

> **Palabra fiel y digna de ser recibida por todos: que Cristo Jesús vino al mundo para salvar a los pecadores, de los cuales yo soy el primero. Pero por esto fui recibido a misericordia, para que Jesucristo mostrase en mí el primero toda su clemencia, para ejemplo de los que habrían de creer en él para vida eterna (1 Timoteo 1:15,16).[23]**

Pablo no dice que seguía viviendo en pecado; pero cuanto más se acercaba a Dios, tanto más se daba cuenta de su pecaminosidad. En la realización de su pecado podía comenzar a comprender la gracia de Dios. Esto da libertad para el ministerio. Alguien puede objetar a esto, diciendo que ya no somos pecadores sino santos. Es cierto que hemos sido apartados y santificados para el servicio a Dios. Pero, para Pablo, un santo es un pecador maravillosamente redimido. Vive dependiendo por completo de la gracia de Dios.[24]

La persona que se irrita fácilmente siente que el mundo está en contra de ella, buscando hacerle daño. Trata de proteger lo que tiene, y siente por dentro una profunda irritación. Le invade una sensación de insatisfacción frustrada. Todo el mundo se convierte en su enemigo. Por otra parte, el cristiano tiene una base sólida, y expresa su amor al prójimo con la certeza de que Dios es por él y que nadie puede estar en contra de él. Sabe que aun los enemigos tienen necesidades y pueden ser amados. Dios puede fortalecer al creyente usando algo que hace un enemigo. Arquímedes dijo que si tuviera un punto de apoyo fuera de este mundo, movería el mundo. Esto no es una posibilidad científica, pero sí es una posibilidad espiritual. Tenemos una base firme en Jesucristo; con la perspectiva de Dios en los problemas podemos mover nuestro mundo.

Algunos, debido a su trasfondo cultural, a una situación familiar, a las tensiones de la vida, o a su composición bioquímica, se enojan fácilmente. Dios sabe todo acerca de nuestras emociones; sin embargo, nos ama. Podemos confesar nuestro enojo a Dios y empezar a madurar en amor. Pablo es realista: no dice que nosotros no nos irritamos, sino que el amor no se irrita. Alguien ha dicho que "el amor de Dios no te llevará adonde la gracia de Dios no te sostendrá". Dios puede sostener a sus hijos emocionalmente en cualquier cosa que venga en su contra.

El amor no guarda rencor. Esta frase puede aludir a Zacarías 8:17: "Y ninguno de vosotros piense mal en su corazón contra su prójimo". La palabra *logizetai* significa "calcular cuidadosamente". Guardar rencor nos hace personas muy poco consideradas de nuestro prójimo.

Algunos dicen con ligereza que perdonemos y olvidemos. No obstante, además de ser poco realista, tal consejo es psicológicamente imposible de practicar. En lugar de guardar rencor, buscar una comprensión más profunda puede ayudar a una persona a reconocer los buenos motivos de la otra, a lo que se debe otorgar el beneficio de la duda. Aun cuando el motivo sea malo, la gracia de Dios puede ayudarnos a superarlo. Es sobre la base de una mayor comprensión, de una comunicación más clara, y de la gracia de Dios que podemos perdonar de corazón. Cuando se resuelve debidamente, un malentendido o un daño puede convertirse en el fundamento del amor y de una interacción más profunda entre las personas ofendidas.

El objetivo debe ser siempre el perdón y la reconciliación; pero ¿qué si eso no es posible? ¿Simplemente suprimimos el dolor? No, sino que debemos aprender del mismo. Aunque nos hayan ofendido intencionadamente, Cristo puede obrar para nuestro bien. Por cierto, Él puede usar el mal hecho por otros para desarrollar nuestro carácter cristiano. Al fin, veremos los beneficios de la situación dolorosa. Si dejamos de vivir con el dolor del pasado, somos libres para vivir en el presente, con la mirada fija en el futuro. Es obra del espíritu, la mente y la voluntad escoger el camino de Dios en lugar de prestar atención a nuestras emociones, que exigen que nos venguemos.

Charles Kingsley Barrett dice: "Entonces, el amor, ¿qué hace con el mal? La respuesta final debe ser que toma sobre sí el mal, y se deshace del mismo."[25] Hacemos como Dios hizo: "...en Cristo reconciliando consigo al mundo, no tomándoles en cuenta a los hombres sus pecados" (2 Corintios 5:19).

El dolor es inevitable. En lugar de evitarlo; más bien, debemos considerar cómo manejarlo. Guardar rencor no es la forma de hacerlo. Nos hace recelosos, alerta y hostiles.

El versículo 6 dice: "no se goza de la injusticia, mas se goza de la verdad". Es un placer distorsionado que disfrutamos al pensar que somos superiores, o que criticar a otros nos hace quedar bien. Cada persona tiene sus puntos fuertes y sus puntos débiles. Vemos deficiencias en los demás porque queremos. A veces nos gozamos de la calamidad de otros. Nos parece que están sufriendo debido a su pecado. Pero el amor no se goza de las deficiencias, los males, las injusticias o las calamidades de los demás.

Por otro lado, tenemos que reconocer el bien y el mal. Cuando aceptamos el mal, o resolvemos vivir en paz con el mal, nos deleitamos en el mal. En última instancia, el mal y el bien se refieren a la guerra entre el diablo y Dios. Lo contrario del mal es el bien. Nadie es bueno sino sólo Dios. El mal tiene que ser reemplazado por nada menos que la autoridad y la presencia de Dios. El contraste está claro en el Salmo 1. Podemos elegir la senda de los impíos, o decidir que nos gozaremos en la ley del Señor.

Jesús es la verdad. Nuestra alegría debe estar en que prevalezca la plena verdad de Dios, aunque no tengamos la razón en cierto asunto. La verdad es más que hechos o datos. A partir de ciertos hechos podríamos comprobar que tenemos la razón. La verdad de Cristo cambiará nuestra vida, nos ayudará a perdonar, y estimulará nuestro deseo de que otros tengan la bendición de Cristo en su vida. La verdad nos hace libres (Juan 8:32). Los creyentes en Cristo anhelan el día en que su verdad prevalezca, el diablo sea derrotado, y Dios sea glorificado en todo.

Pablo une la verdad con el amor. En Efesios 4:15, él anima a sus lectores a seguir "la verdad en amor". El amor separado de la verdad, puede ser permisivo. La verdad sin amor puede producir crítica. Necesitamos la verdad en amor para que haya sanidad y reconciliación. Necesitamos la verdad en amor para ser edificados. Porque Jesús es la verdad, Él es la norma por la que se prueba el amor. Porque Él murió en el Calvario, es nuestro ejemplo de cómo debe ser ejercitado el amor.

Para contrastarlo con el mal, podríamos pensar que Pablo usaría la palabra justicia: "no se goza de la injusticia, mas se goza de la justicia". Pero cuando usa la palabra, su significado se relaciona con la justificación y la salvación, de estar justificado ante Dios, lo cual no es lo que Pablo enfoca aquí. Su contraste, como el del salmista, está entre el camino del mal y el camino de la verdad, y cómo ese comportamiento afecta a los que nos rodean.

En el versículo 7 Pablo da cuatro actitudes básicas del amor, que conducen a un cambio positivo y saludable en cualquier situación humana. En primer lugar, **el amor "todo lo soporta"**. El verbo *stego* ("protege") puede significar una de dos cosas: cubrir con silencio algo que es desagradable en otra persona, o disculpar o apoyar.[26]

Los partidarios de la primera interpretación ven 1 Pedro 4:8 como un significado más amplio: "el amor cubrirá multitud de pecados". El amor no busca proclamar las faltas de otros. No obstante, esto no puede significar que se pasará por alto el pecado, porque éste puede fermentar como una enfermedad y dañar al cuerpo de Cristo. El amor no tolera el pecado, pero sí se extiende hacia el pecador, y manipula discretamente el pecado. Enfrentarlo erróneamente pueden construir barreras. El amor encuentra una forma de dar una solución aceptable.

El enfoque de la segunda interpretación es la de apoyo dentro del marco del problema o la necesidad. Se refiere a la forma nominal del verbo, la idea de pilares que sostienen al techo. La verdadera resistencia acepta la personalidad y el valor de la otra persona tal como es. Esta actitud busca compensar las debilidades de los demás y convertirlas en fortalezas, para que tengan la libertad de expresar sus dones. Siempre que sea posible, el amor busca afirmar lo positivo de una persona. Todos los demás usos de Pablo de *stego* tienen la idea de un afán amoroso de apoyar y ayudar. Este significado parece encajar mejor en este contexto.

La filosofía oriental es tolerante y acepta al prójimo, pero de una forma pasiva. Un dicho entre los chinos es: "Que cada uno barra la nieve de su propia puerta y que no se preocupe por la nieve de su vecino." Confucio dijo: "Lo que no deseas que otros te hagan, no lo hagas a ellos." Jesús dijo esto en términos positivos: el cristiano lleva la carga dos millas.

Todos sabemos cómo nos gusta ser tratados; debemos tomar la iniciativa y tratar a los demás de la misma forma. El amor bíblico significa la activa aceptación de los demás, con el deseo de incluirlos en la comunión. Aunque este amor nos enseña a no ser críticos, no permite que seamos aislacionistas virtuales, indiferentes de los demás. Espera que ayudemos a otros a alcanzar su potencial.

En segundo lugar, **el amor "todo lo cree"**. La fe debe expresarse en una persona de tal modo que se manifieste lo mejor de ella. Pablo no habla de la aceptación ciega de todas las declaraciones y los sueños de otras personas. Pero muchas veces destacamos lo negativo debido a nuestros propios defectos personales: culpamos, despreciamos, calumniamos. Llegamos a sospechar de las motivaciones. Las personas necesitan gente que crea en ellas. Debemos tratar de interpretar de la mejor forma las acciones de nuestro prójimo. Debido a que todas las personas han sido creadas a imagen de Dios, yace tremendo potencial dentro de cada ser humano. ¡Cuánto mayor potencial hay dentro de los creyentes, salvos y llenos del Espíritu Santo!

Relacionando esta verdad con los dones, debemos suponer que quien ejerce un don lo hace con la mejor motivación. Donde es evidente la carnalidad, debe seguir la debida disciplina; pero aun el creyente más débil tiene un gran potencial en el servicio del Señor. Lo que parece como orgullo puede ser la expresión inmadura, pero sincera, de ejercitar un don. En tales casos, la simple instrucción puede ser de gran ayuda. El reproche puede interpretarse como rechazo personal. Alguien tuvo fe en nosotros, y nos ayudó a sentir libertad para ministrar. Pongamos a otros en libertad.

Tercero, **el amor "todo lo espera"**. Así como la fe sin obras es muerta, la fe sin esperanza no dura. Amo a mis hijos tal como son, pero también espero que maduren y crezcan. El crecimiento se produce en una relación dinámica entre marido y mujer o en cualquier otra relación saludable. Dios nos ama tal como somos, pero también tiene un plan para nuestras vidas. En el ámbito humano, el amor sin esperanza es frustración. Es la gloriosa esperanza de Dios la que da dirección y significado a nuestra fe.

Algunos dicen con ligereza a sus amigos: "creo en ti". El cristiano puede decir: "¡Creo en ti, y que la imagen de Cristo está siendo formada en ti!" Pablo tenía la confianza de que aquello que Dios había comenzado en los filipenses se completaría (Filipenses 1:6).

El amor mismo da gran esperanza. El amor de Dios proveyó un plan eterno para nuestras vidas. El amor que tenemos por los demás les da esperanza. No importa cuán traicionado alguien se sienta o cuán desolado esté por los estragos de la vida, siempre puede sentirse aceptado en la familia de Dios.

En cuarto lugar, **el amor "todo lo soporta"**. Tal actitud es necesaria para el cambio. Esta estrofa se inició con la paciencia, paciencia con la gente; concluye con paciencia en las situaciones. Dejar que las circunstancias nos sobrecojan no es paciencia. La imagen no es de alguien que gime bajo la carga, sino de alguien que agresivamente lleva la carga (*hupomones*), como soldado valiente. ¡Qué libertad cuando alguien puede entregar un asunto a Dios! Los de corazón puro verán a Dios obrando en todas las situaciones: pasado, presente y futuro.

Pablo incluso podía alabar a Dios en una prisión romana, aunque otros creyentes lo criticaron, le causaron problemas, y trataron de aprovecharse de su situación. Sin embargo, se alegró de que por sus cadenas el evangelio avanzara, la Palabra fuera predicada con más valentía, y Dios fuera glorificado

(Filipenses 1:12-18). Los resultados finales están en manos de Dios. Debemos esperar en Él para que haga su parte. Nuestra oración entonces se convierte en: "Quiero ser el barro en las manos del alfarero. Úsame como un instrumento de tu redención en esta situación." Podemos buscar transformación y victoria sea cual sea la prueba, con personas o con circunstancias.

La perseverancia y la esperanza están relacionadas entre sí. "La esperanza anima y se nutre de la resistencia."[27] Porque tenemos la bienaventurada esperanza de la venida de Cristo, podemos hacer frente a toda clase de problemas. Smedes reflexiona en la combinación del valor y la paciencia en esta palabra. Necesitamos ambos. "El valor por sí solo pierde su poder porque se concentra únicamente en la victoria actual; la paciencia únicamente con el tiempo aceptaría el mal como nuestro ineludible destino."[28]

En Romanos 5:2,3 dice que nos gloriamos en las tribulaciones, así como en la esperanza. En Romanos 5:1-5 vemos un ciclo de madurez cristiana que comienza con esperanza y termina con esperanza. (Véase la figura 3.)

Dios se vale del sufrimiento para producir perseverancia en nosotros. Esto, a su vez, desarrolla "entereza de carácter" (NVI). La palabra para "carácter" (paciencia) en griego es de *dokimos,* que se refiere a algo que está probado y aprobado. Nuestras experiencias serán positivas si tenemos la paciencia para esperar que la mano de Dios traiga la victoria. A continuación, vamos a crecer en una mayor seguridad de la esperanza de la gloria de Dios. Si podemos regocijarnos en la esperanza y en las tribulaciones, entonces nada puede prevalecer en contra nuestra. (Véanse Santiago 1:4,5; Romanos 12:12.)

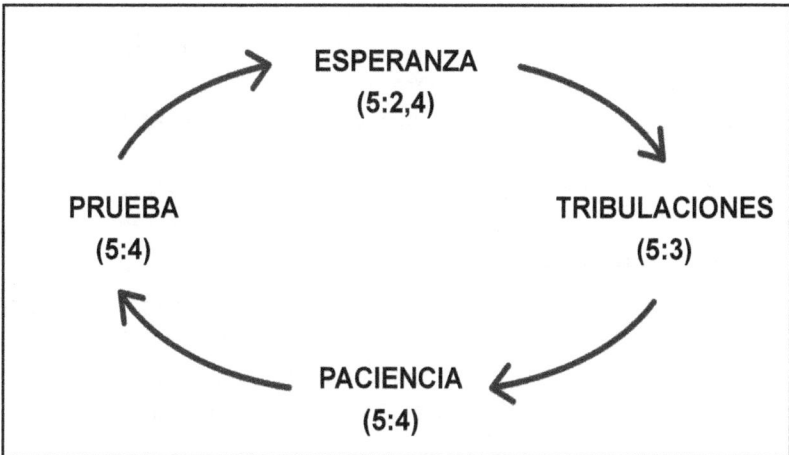

ESPERANZA
(5:2,4)

TRIBULACIONES
(5:3)

PRUEBA
(5:4)

PACIENCIA
(5:4)

Figura 3. Ciclo de madurez cristiana

A través del amor de Dios en nosotros, podemos aceptar a las personas por lo que son, tener fe en lo que Dios está haciendo en ellas, ver la esperanza de la imagen de Dios que obra en sus vidas, y pacientemente esperar los resultados de Dios. Nuestras familias e iglesias no serían las mismas si permitiéramos que Dios liberara su amor por medio de nosotros. Porque, así como Dios ve lo mejor en nosotros y busca desarrollarlo, así debemos ver lo mejor en los demás y tratar de desarrollarlo. Esta es la verdad de 1 Corintios 13:7.

1 Corintios 13:8-13
El amor nunca deja de ser

El amor nunca deja de ser; pero las profecías se acabarán, y cesarán las lenguas, y la ciencia acabará. Porque en parte conocemos, y en parte profetizamos; mas cuando venga lo perfecto, entonces lo que es en parte se acabará. Cuando yo era niño, hablaba como niño, pensaba como niño, juzgaba como niño; mas cuando ya fui hombre, dejé lo que era de niño. Ahora vemos por espejo, oscuramente; mas entonces veremos cara a cara. Ahora conozco en parte; pero entonces conoceré como fui conocido. Y ahora permanecen la fe, la esperanza y el amor, estos tres; pero el mayor de ellos es el amor.

Pablo ahora muestra cómo los dones deben ejercerse a la luz de la "perfección". Los dones son sólo herramientas, medios para alcanzar las metas de Dios para su iglesia. Debido a la naturaleza temporal y parcial de los dones (son para nosotros sólo mientras estamos en esta tierra; no es una persona, sino solamente el Espíritu Santo, quien tiene y reparte todos los dones), el amor debe ser el principio rector de su ejercicio hasta el regreso de Jesucristo.

Algunos interpretan "cuando venga lo perfecto" (13:10) en el sentido de que los dones eran necesarios sólo para el primer siglo; es decir, hasta que se completara la Biblia, que fue en el año 96. Hay tres problemas con este punto de vista: en primer lugar, el contexto ni siquiera insinúa que Pablo se refiere a un canon completado o incluso a una iglesia perfecta. La iglesia no alcanzará su estado final, sin mancha ni arruga, hasta la venida del Señor. Así que Pablo sólo puede estar hablando del día del juicio.

En segundo lugar, en el paralelismo del pasaje, cuando venga lo perfecto, veremos cara a cara y conoceremos todo a la perfección. Ninguna de estas cosas ha sucedido todavía, y se pueden cumplir solamente en la venida del Señor.[29] Cuando cesen las lenguas, lo harán también los dones de ciencia y la profecía.[30]

Tercero, aunque la Escritura teóricamente fue completa en 96 d.C., prácticamente todo el canon no se recolectó ni se puso a disposición de la iglesia en general hasta la invención de la imprenta y las traducciones a idiomas vernáculos. Aún hay muchas naciones y tribus que no han recibido la Palabra de Dios. ¿Qué significa esto para el punto de vista de que la Biblia completa significa que no hay más dones? Implicaría que los dones debieran operar en grupos lingüísticos que sólo han recibido un testimonio del evangelio y no una traducción completa de la Biblia. Este es un pensamiento curioso, si no absurdo.[31]

En 13:9-12 se ven en forma paralela tres frases de "ahora y cuando". Cada referencia a "ahora" tiene que ver con el conocimiento parcial y su impartición en esta era. Cada "cuando (entonces)" se refiere al día de la plena comprensión, cuando veremos al Señor cara a cara.

Sin embargo, 13:11 contiene un "cuando" que se refiere a los días de la infancia. He aquí tres posibles interpretaciones de la palabra "niño". Puede referirse (1) a la iglesia de ahora que necesita madurez, (2) a la presente era como la edad en que pertenecen los dones, o (3) a las prácticas que ahora deben ser puestas a un lado.

El primer punto de vista, de que Pablo se refiere a los creyentes de Corinto como niños que necesitan madurez, es débil. Pablo no suele describir a la iglesia como un niño, aunque los corintios se comportaban infantilmente. ¡El comportamiento infantil de los corintios pertenecía al mundo de los incrédulos![32] Para Pablo, hay una manera cristiana de comportarse y una forma no cristiana. Cuando somos salvos llegamos a ser hijos adultos de Dios, responsables de nuestro llamado y de los privilegios. La madurez no es el tema de este pasaje.

En cuanto al segundo punto de vista, que "niño" se refiere a la edad en que pertenecen los dones, parece débil porque Pablo declara que ya es adulto y ha dejado las cosas que son de niños. Además, la palabra para niño es "infante". ¿Son los dones para la edad infantil en contraste con la edad adulta? Si es así, la conclusión natural sería la de tratar de dejar las cosas de niño conforme uno madura a la edad adulta.

El tercer punto de vista es que Pablo se refiere una vez más al comportamiento carnal, egoísta e infantil de los corintios. Los dones no eran infantiles, pero sí la forma en que se ejercían.

Ahora somos adultos. Un adulto debe pensar en los asuntos y luego hablar. Literalmente, 13:11 dice: "Ahora que ya soy hombre, he suprimido las cosas del período de la infancia." El tiempo perfecto de cada verbo indica que ya ha ocurrido, y que los resultados deben ser evidentes, que debo comportarme como tal. Ahora somos adultos, pero no hemos sido perfeccionados. Conocemos y profetizamos en parte. La naturaleza intrínseca de los dones indica que son sólo para la presente era, así que los creyentes deben ejercer los dones cristianamente y con madurez, no como se comportan los incrédulos, sino a la luz del día del juicio de Cristo.[33] Esta es la interpretación más probable de este versículo.

Los dones son sólo herramientas, los medios para un fin. Se mencionan aquí las profecías, las lenguas y la palabra de ciencia como ejemplos de tres categorías de dones: ministerios, adoración y enseñanza. Todos los dones son temporales. Sólo el amor nunca deja de ser. En el cielo las preguntas no serán: ¿qué dones manifestaste? ¿Cuántos sermones predicaste? ¿A qué grupo perteneciste? Lo importante es la gloria de Dios y cómo se perfecciona en su pueblo y por medio de él. Tenemos que hacer ahora las debidas preguntas.

Ahora vemos oscuramente (13:12). Pablo se refiere a los famosos espejos de bronce de Corinto, los más finos en su día. La cuestión no es tanto la forma distorsionada sino indirecta de ver. Uno miraba a través de *(dia)*, porque la imagen aparecía como si estuviera mucho más lejos. Barrett hace la analogía con Alicia en la novela "A través del espejo", donde la imagen virtual producida por la superficie de un espejo parece estar en un lado más lejano. "Vemos por espejo" puede referirse a la revelación profética. No hay disminución u oscurecimiento de la revelación, solo que un día vamos a tener una experiencia directa de ver a Dios cara a cara.

Pablo dice que vemos oscuramente ("indirecta y velada", NVI). La referencia es a Números 12:7-8, donde Dios habla a Moisés cara a cara, "claramente, y no por figuras" (v. 8; véase también Deuteronomio 34:10). Al comunicarse con otros profetas Dios lo hizo en visiones y sueños. Lo que los profetas decían a menudo tenía que ser explicado. Este es el estado en que ahora vemos, en comparación con el pleno conocimiento cuando veamos a Cristo cara a cara.

Esta revelación futura es mayor que la que Moisés recibió en el Sinaí. Cuando Moisés vio a Dios cara a cara, la gloria de Dios brillaba en el rostro de Moisés cuando se presentó ante el pueblo de Israel. Moisés tuvo que cubrir su rostro. Pablo da dos razones respecto a esta acción. En primer lugar, la presencia era demasiado gloriosa para ser vista. En segundo lugar, era una gloria que se desvanecería (2 Corintios 3:7-18). Podemos mirar ahora la gloria de Dios como en un espejo (vv. 17,18). Aun así, miramos indirectamente en un espejo. Un día veremos cara a cara y comprenderemos plenamente. No importa cuán claro sea el mensaje, nuestra comprensión es limitada.

Pablo considera el futuro, como mirando hacia atrás al punto de su estado actual (13:12).[34] Un día vamos a conocer a Cristo tan plenamente como Él ahora nos conoce. No habrá ninguna distorsión o ambigüedad en el cielo. Los derivados del verbo "conocer" en 13:12 *(epignosis)* sugieren pleno conocimiento. Aquí Pablo puede estar dirigiendo sus comentarios a los que decían tener revelaciones especiales de Dios. Él dice que sólo en el cielo tendremos pleno conocimiento. Pablo no se refiere a la medida del conocimiento, sino a la clase de conocimiento. Ninguno de nosotros va a saber tanto como Dios, pero la clase de conocimiento tiene que ser celestial (es decir, de revelación).

La conclusión del tema se encuentra en 13:13. La fe, la esperanza y el amor perdurarán por la eternidad. Pero ¿por qué es el amor el mayor de los tres?

Primeramente, la fe y la esperanza son medios para el fin. Somos salvos por la fe. Ese es nuestro primer paso hacia Dios. Luego vivimos por la fuerza de la bienaventurada esperanza. La fe y la esperanza deben conducirnos hacia la meta de perfeccionar nuestra relación de amor con Jesucristo. "El amor es el fin en relación a las otras dos virtudes, que son únicamente medios; esta relación se mantiene aun en el estado de perfección."[35]

En segundo lugar, la fe y la esperanza son eternamente parte del amor. Pero, si la fe es "la certeza de lo que se espera, la convicción de lo que no ve" (Hebreos 11:1), ¿por qué será necesario tener fe en el cielo? Y si "la esperanza que se ve, no es esperanza" (porque, ¿quién tiene esperanza de lo que ya tiene?), ¿por qué vamos a necesitar esperanza en el cielo (Romanos 8:24)? La fe es la sencilla confianza y entrega al gobierno de Dios. Es la marca eterna de nuestra relación con Él. En el cielo no hablaremos de gran fe o poca fe, de fe fuerte o débil. Nos gloriaremos en la fidelidad de Dios a su plan y su pueblo. Lo mejor de nuestra fe aquí es parcial. Allá será completa.

Aquí la esperanza está marcada por incertidumbre y ansiedad, cosas que no son inherentes a la naturaleza propia de la esperanza. La esperanza puede crecer aun ahora. En Santiago 1:2-4 vemos que las pruebas producen paciencia y que la paciencia desarrolla madurez e integridad. Desde el punto de la madurez, somos capaces de reconocer la suficiencia de Dios en nuestra vida. En el libro de Hebreos vemos que Cristo nos da mayor revelación que la de los ángeles; que Él es superior a Moisés, a Abraham, al sacerdocio del Antiguo Testamento, al tabernáculo, y a los sacrificios. Sobre la base de esta revelación superior tenemos una mayor esperanza. En Hebreos 2:1-4 se nos exhorta a no descuidar una salvación tan grande.

En el cielo la esperanza cambia a una mayor anticipación. Nuestros cuerpos glorificados tendrán mayores capacidades para comprender a Dios. Nuestra mente no será estática, sino que explorará la inmensidad de las glorias del universo de Dios y las verdades de su reino. ¡Bendita anticipación! Sin embargo, no vamos a tener todo el conocimiento, porque entonces seríamos Dios. La fe y la esperanza son cualidades inmutables de una relación eterna.

El amor se basará en un conocimiento más profundo y una mayor capacidad de comunicar el amor. No necesitaremos ocultarnos dentro de nuestra personalidad, ya que todos nos conoceremos genuinamente unos a otros. Con mayor conocimiento hay mejor comunicación y una mayor esperanza en Dios y en los demás. Vamos a amar como nunca, más profundamente y de forma eficaz. El amor incorpora la fe y la esperanza.

> La esencia permanente de la criatura es no tener nada propio, estar eternamente indefenso y pobre; cada instante debe apropiarse de Dios por la fe, captar las manifestaciones que Él ya le ha dado, y por la esperanza, se prepara para apropiarse de sus nuevas manifestaciones. No es una vez por todas; continuamente en la eternidad la fe se transforma en visión y la esperanza en posesión. Estas dos virtudes, por tanto, permanecen para vivir de nuevo sin cesar.[36]

Tan maravillosas como pueden ser las relaciones en el cielo, ¿de qué manera esta verdad de la integración de la fe, el amor y la esperanza se aplica en la tierra? Uno no puede decir: "Es posible que tú tengas fe, pero yo voy a tener amor." Los tres deben obrar juntos en cada persona. Usemos nuevamente una fórmula matemática y veamos lo absurdo que es separar las tres cualidades.

¿Qué tal si un marido le dijera a su esposa: "Tengo fe en ti, y tengo gran esperanza para nuestra relación, pero no te amo"? Uno puede imaginarse la exasperación, la aridez y la desesperación de tal matrimonio. Una iglesia con sana doctrina, poderosas hazañas de fe, y gran expectativa por la venida del Señor necesita amor para unir y sostener todo. En Gálatas 5:6 vemos que la fe obra por el amor.

Fe + Esperanza - Amor = No hay relación duradera

Ahora, digamos que el marido le dijera a su esposa: "Tengo fe en ti y te amo muchísimo, pero no tengo esperanza para nuestra relación." Se puede sentir la desesperación. Una congregación puede proclamar que tiene gran fe y amor, pero si a los hermanos no les interesa el plan de Dios para el futuro, sólo podrían preocuparse del presente. En vista de la continua aflicción podrían verse tentados a renunciar a la fe. Serían como la semilla que cayó en tierra poco profunda, que creció, pero que pronto se marchitó. Sería como si se hubieran olvidado del gran mensaje de la segunda venida del Señor. Gran esperanza conduce a gran madurez y a grandes ministerios. Lewis observa:

> Los cristianos que han hecho más por el mundo presente son los que han pensado más en el siguiente... Desde que han dejado en gran medida de pensar en el otro mundo se han vuelto muy indiferentes. Pon tu meta en el cielo y tendrás la tierra por "añadidura"; apunta a la tierra y no obtendrás ni uno ni lo otro.[37]

Fe + Amor – Esperanza = Desesperación

¿Puede el marido decir: "Te amo y realmente tengo gran esperanza para este matrimonio; pero, francamente, no tengo fe en ti"? Sin confianza diaria, todo lo que se dice sobre el amor no es más que una ilusión. Se convierte en una relación emocional, en que los cónyuges esperan que de alguna manera el matrimonio funcione. Una iglesia puede tener la debida doctrina de los últimos tiempos y los miembros pueden amarse con fervor, pero si no practican la fe en Dios en medio de los problemas diarios, fácilmente perderán la esperanza. Además, si los miembros del cuerpo de Cristo no tienen fe entre sí, la desconfianza, la crítica y la sospecha dividirá a esa iglesia.

Amor + Esperanza - Fe = Ilusiones

Vemos claramente la relación que la fe, la esperanza y el amor tienen con los dones del Espíritu. Dios pudiera usar a la persona que pasaríamos por alto (véase 1 Samuel 16:6,7). Ésta pudiera ser un nuevo converso o alguien con una personalidad peculiar; quizá no sea conocido como el más espiritual, pero da una profecía. ¿Decimos entonces: "Gracias, Señor, por el don, pero ten la bondad de usar a otra persona la próxima vez"? ¿Le decimos al que profetiza: "Te amo y tengo esperanza para ti; pero ten la bondad de sentarte en el último banco"? No podemos negar a nadie su debido lugar y ministerio en el cuerpo de Cristo.

Por el contrario, los creyentes deben agradecer a Dios por el que profetiza, así como por el don mismo. Algunos califican el valor de los dones valorando al instrumento, si es maduro o inmaduro; pero el amor permite que cada don haga su parte en la edificación del cuerpo de Cristo. Aun un vaso frágil puede animar poderosamente a la iglesia. Esto une más al que profetiza y al resto de la iglesia. Profundiza la comunión y hace que nuestra adoración sea aceptable a Dios. Debemos expresar fe, esperanza y amor hacia los demás. Esto estimulará los dones.

En tercer lugar, el amor es un atributo esencial de Dios (1 Juan 4:18). Como lo explica Barrett, Dios no necesita confiar o tener esperanza. En realidad, si así fuera, Él no sería Dios. "Pero —escribe Barrett—, si Dios no amara no sería Dios."[38] Martin traduce 13:13: "Por tanto, estos tres son los que duran: la fe, la esperanza y el amor. Pero mayor que éstos es el amor (de Dios)."[39] Por tanto, mayor que los dones que Dios nos da, y que la fe, la esperanza y el amor que debemos ejercer unos hacia los otros, es el eterno, redentor y gratuito amor de Dios que nos guía en todo lo que hacemos y que nos da nuestra identidad.[40]

Es necesario comentar otro aspecto en relación con la fe, la esperanza y el amor en la iglesia de hoy. Mi observación es que se han desarrollado grupos; de fe, de amor y de esperanza. Estos grupos se han formado para tratar problemas; pero inadvertidamente han polarizado segmentos de la iglesia.

El grupo de fe surgió de las reacciones de los creyentes a la forma negativa de ver a la humanidad y el prejuicio contra lo sobrenatural expresado por algunos segmentos del cristianismo. Los creyentes muchas veces hablaban de servir a un Dios grande, pero muchos no hacían nada para materializar ese potencial. El grupo de fe quería reclamar su herencia en Cristo.

El grupo de esperanza surgió a partir de la reacción de los creyentes a la superficialidad que veían muy difundida en el cristianismo. Enseñaban sobre el arrepentimiento, la vida santa, un estilo de vida simple, la ayuda a los pobres, y cómo prepararse para enfrentar los sufrimientos, ya sean económicos, políticos o naturales. Los creyentes debían tomar la cruz y seguir a Cristo. El grupo de esperanza hacía hincapié en la función profética de la iglesia.

El grupo de amor reaccionó contra el enfoque de la maldad humana y el legalismo que invadió al mundo evangélico hasta la década de 1960. Ellos vieron la necesidad de la aceptación total de las personas tal como son, pecadores que pueden ser perdonados por la gracia de Dios, y de creyentes en Cristo que fueran abiertos y sinceros con los demás. Ellos creían que sólo en un ambiente de total aceptación las personas pueden ser motivadas a cambiar.

Cada grupo vio faltas en los otros dos grupos. El grupo de amor veía al grupo de fe como egoísta, no bíblico, anclado en la cultura occidental y presumido, y al grupo de esperanza como crítico y falto de amor. El grupo de fe despreciaba a los otros dos grupos por no comprender el verdadero significado de la Escritura, por vivir por debajo de su privilegio, y por estar atado a la tradición.

El grupo de esperanza sentía que los otros dos grupos habían perdido sus énfasis. Consideraba que el grupo de amor era demasiado permisivo y que realmente no estaba preparando a la iglesia para las pruebas venideras y que el grupo de fe se concentraba demasiado en los bienes materiales.

La iglesia de Cristo tiene necesidad de un equilibrio de la fe, la esperanza y el amor. Irse a un extremo es rechazar al resto del cuerpo. Más importante que tener la razón en estos aspectos es el asunto de cómo nos relacionamos con otros creyentes.

- ¿Los aislamos?
- ¿Los despreciamos?
- ¿Tratamos con paciencia de ayudarles a crecer en semejanza a Cristo?
- ¿Estamos dispuestos a aprender de otros miembros del cuerpo de Cristo?

Pablo, al escribir a la iglesia en Tesalónica, habla de la obra de su fe, el trabajo de su amor, y su constancia en la esperanza (véase 1 Tesalonicenses 1:3). Los creyentes tienen que apreciar todas las partes de esta triada como parte integral y primaria en las relaciones y el servicio a Dios.

Además, 1 Corintios 12 y 13 contiene al menos nueve razones de que el amor es un fruto necesario entre los creyentes.

1. Porque todos somos un solo cuerpo por la gracia de Dios, no hay miembros de mayor o menor categoría. Debemos amarnos unos a otros como iguales (12:13).

2. Dios ha puesto soberanamente a cada miembro en el cuerpo conforme a sus propósitos, así que con amor dejaremos de quejarnos o jactarnos (12:18-24).

3. Debemos preocuparnos por igual unos por otros (12:25,26).

4. No se trata de los dones mejores, sino de ejercer los dones en amor (12:31); lo importante no es la manifestación del don en su grado máximo, sino de que sea manifestado por el debido motivo (13:1-3).

5. El comportamiento y las actitudes deben relacionarse (13:4-7).

6. Los dones son herramientas que un día no serán necesarias, pero siempre será necesario el amor (13:8,13).

7. Ahora nuestros mejores esfuerzos de comunicación son limitados. El amor, sin embargo, cubre nuestros esfuerzos defectuosos en la comunicación y desarrolla más profunda apreciación por otros creyentes, así como buenas relaciones con ellos (13:9).

8. Ahora estamos limitados en el conocimiento y la comprensión (13:12); no necesitamos ser igualmente limitados en amor.

9. La fe, la esperanza y el amor están conectados entre sí (13:13).

Ejercer los dones en amor. Este es el camino aun más excelente. Cuando observamos todo el ámbito de estas verdades, nos asombra la creatividad de Dios y el potencial de su pueblo. El amor libera este potencial. Barth da un resumen apropiado de las tres partes de este capítulo.

> "Es sólo el amor lo que cuenta;
> es sólo el amor que triunfa;
> y es sólo el amor que perdura."[41]

4

1 Corintios 14

Pablo hace un contraste del valor de las lenguas y la profecía en la iglesia en cuatro categorías, en 1 Corintios 14: enseñanza (vv. 19-25), adoración (vv. 6-12), señales para los incrédulos (vv. 13-19), y ministerio a la iglesia (vv. 26-33). Considera las situaciones de mal uso de los dones debido a la falta de comunicación clara. Pablo da directrices con firmeza, de forma práctica, con sabiduría, y con ternura. Usa el término "hermanos" cuatro veces para indicar su ternura.[1] Incluye un breve discurso sobre el desorden causado por las mujeres (vv. 34,35.), y luego concluye su trato de los dones con un breve resumen en 14:36-40.[2]

1 Corintios 14:1-5
Contraste entre las lenguas y la profecía

Seguid el amor; y procurad los dones espirituales, pero sobre todo que profeticéis. Porque el que habla en lenguas no habla a los hombres, sino a Dios; pues nadie le entiende, aunque por el Espíritu habla misterios. Pero el que profetiza habla a los hombres para edificación, exhortación y consolación. El que habla en lengua extraña, a sí mismo se edifica; pero el que profetiza, edifica a la iglesia. Así que, quisiera que todos vosotros hablaseis en lenguas, pero más que profetizaseis; porque mayor es el que profetiza que el que habla en lenguas, a no ser que las interprete para que la iglesia reciba edificación.

Los temas de 1 Corintios 12:31 se resuelven en las órdenes paralelas de 14:1. ¿Desear los dones mejores? No; pero desear todos los dones para ejercerlos en amor. El problema no es el mejor don sino la mayor efectividad. "Procurad" en 12:31 y 14:12 proviene de la palabra *zeloute*, de la que deriva la palabra "zelote". Ser celoso de los dones espirituales es bueno, aunque la palabra conlleva connotaciones tanto negativas como positivas. Los zelotes judíos en la Tierra Santa, en nombre del nacionalismo y el derrocamiento de la autoridad romana, saqueaban a su propia gente. El uso de los dones con propósitos egoístas puede hacer daño a una congregación. Pero Pablo no teme el celo, con tal de que se dirija a la edificación de la iglesia.

En 1 Corintios 14, "profecía" representa a todos los mensajes proféticos ungidos en lenguaje que se entiende (palabra de ciencia, palabra de sabiduría, revelación, etc.). El "espíritu" (vv. 14-16) es una referencia a la adoración y el ministerio en lenguas.[3] El contraste está entre lo que se entiende inmediatamente y lo que necesita interpretación.

El hecho de hablar en lenguas se dirige principalmente a Dios, sea alabanza (Hechos 2:11), misterios (1 Corintios 14:2), oración (1 Corintios 14:15), o acción de gracias (1 Corintios 14:16-17). En este capítulo, Pablo muestra la eficacia relativa de las lenguas en cuatro aspectos: sobresalen en la adoración, son una señal, ministran al cuerpo (1 Corintios 14:26-28), faltos sólo en la enseñanza. Los dones de lenguas e interpretación se combinan para servir a la congregación, motivando a los creyentes a sintonizar su espíritu con el Espíritu de Dios. El resultado inmediato es la adoración de la congregación. Por otro lado, los incrédulos, los que califican los dones, y los que sólo buscan amor no comprenden la naturaleza de los dones. Para ellos las lenguas son sólo otro idioma extranjero (1 Corintios 14:11), o consideran como loco al que habla en lenguas (1 Corintios 14:23).

La profecía puede no resultar en una respuesta inmediata de adoración porque su dirección principal es horizontal: a los creyentes y al mundo. Puede exigir una respuesta de obediencia o de autoexamen. La expresión profética es eficaz en la enseñanza, en la adoración, en el ministerio del cuerpo de Cristo, y en el evangelismo; pero no particularmente como una señal. Es, después de todo, en la lengua propia del incrédulo. No obstante, si llegara a ser una revelación de los secretos del corazón del incrédulo, entonces adquiere para él valor como señal. (Hacer esta distinción en la esencia de las lenguas y la profecía nos ayuda a ejercerlos.)

El uso de Pablo del término "misterios" (14:2) a lo largo de sus escritos se refiere a verdades reveladas por Dios. Lo que estaba oculto en tiempos del Antiguo Testamento ahora es revelado en Cristo. Cuando hablamos en lenguas declaramos las maravillas de Dios. La mayor verdad es la encarnación de Cristo, que abre la puerta a todas las personas para que sean coherederas de las promesas de Dios. Pablo no usa "misterio" para referirse a las verdades sutiles y ocultas que sólo unos pocos elegidos pueden entender. En el Nuevo Testamento, los misterios están disponibles para la comprensión de todo el pueblo de Dios. Sin interpretación, sólo Dios se entiende estos misterios.

Pablo consideraba las lenguas como idiomas. No hay ninguna justificación bíblica que indique lo contrario. ¿Por qué Pablo diría "diversos géneros de lenguas" (plural), hablar "diez mil palabras en lengua desconocida" o hablar en "lenguas humanas y angélicas", si no fuera más que un galimatías de éxtasis? Además, él usa la misma palabra para "hablar" (*laleo*), aplicándola tanto a lenguas como a profecía, en 14:27-29. Pablo presentó la obra del Espíritu a los corintios, a los efesios y otras congregaciones; él sabía lo que era el auténtico hablar en lenguas. Pedro, sin saber los idiomas en la casa de Cornelio, podía decir que estaban llenos del Espíritu Santo, así "como a nosotros al principio" (Hechos 11:15).[4]

El propósito principal de la profecía es fortalecer a los demás; para edificación, exhortación y consolación (14:3). Frederick Dale Bruner se extiende a decir que "es cuestionable si, en el pensamiento de Pablo, puede haber un don para el individuo si no se emplea para la iglesia".[5] Aunque se puede aceptar su punto de vista hay que recordar que el don de lenguas puede ser usado para edificación personal.

No hay en el libro de Hechos un caso en que las lenguas fueran interpretadas, porque el propósito era la llenura del Espíritu Santo, y no el ministerio a la congregación. Sin embargo, aun la edificación personal debe ser dirigida hacia la edificación de otros. Somos parte de una gran comunidad redimida, y lo principal debe ser el mayor bien de la comunidad.

La palabra "exhortación" (14:3) literalmente significa "llamar a su lado". Significa apelar a la voluntad y despertarla a una mayor seriedad en la vida cristiana. En Juan 14 al 16 el sustantivo *parakletos* se usa para referirse al Espíritu Santo como alguien "llamado a nuestro lado". Cuando uno ha recibido edificación o ánimo en inmediata revelación o como resultado de pasar victoriosamente por una prueba, puede llamar a otros "a su lado" para que compartan su alegría. Sería hipocresía llamar a otros a un lugar que uno mismo no ha experimentado.

En el griego, "exhortación" y "consolación" están estrechamente relacionados.[6] "Consolación" puede referirse más a la amorosa interacción mutua y el ministerio unos a otros, en lugar de la consolación que Dios nos da o el consuelo por la esperanza de su venida.[7] Pablo usa esta palabra de nuevo en su primera carta a los Tesalonicenses (2:11,12), para hablar de su método en el ministerio a ellos.

Bernabé era uno de los profetas en Antioquía. Su nombre viene del arameo, que significa "hijo de la profecía". Lucas nos dice más de su carácter, llamándole "hijo de consolación" (Hechos 4:36). ¡Qué maravillosa combinación para un profeta de Dios! Él podía hablar claramente la palabra de Dios en amor; su personalidad ampliaba el mensaje y los dones de Dios. Un consolador por naturaleza, él también estaba lleno del Espíritu Santo.

Bernabé claramente era un hombre fuerte. Cuando la iglesia en Jerusalén aún temía a Saulo, él construyó el puente para llevarlo a la comunión (Hechos 9:26-28). Bernabé, como el líder clave enviado por la iglesia de Jerusalén a Antioquía (Hechos 11:22), fue a Tarso en busca de Saulo como preparación para la gran obra de evangelización a los gentiles.

En el concilio de Jerusalén (Hechos 15), en que se determinó cómo los gentiles serían parte de la iglesia, Bernabé demostró ser una voz influyente. Establecer relaciones era un elemento clave de su filosofía de ministerio. Bernabé no quiso confrontar a Pedro en su renuencia a comer con los gentiles (Gálatas 2:13), probablemente debido a su personalidad dada a la reconciliación. Sin embargo, se atrevió a enfrentar a Pablo cuando éste descalificó a Juan Marcos para su equipo evangelístico (Hechos 16:37-41).

Pablo posiblemente aprendió del ejemplo de Bernabé, porque, más tarde, cuando tuvo que confrontar a la iglesia de Corinto, lo hizo en gran amor, con angustia de corazón y muchas lágrimas (2 Corintios 2:1-5). A veces, una iglesia o un individuo necesita corrección. Si con compasión hacemos frente al problema desde el principio, Dios puede producir sanidad y traer paz donde hay confusión. Después Él puede exhortar y consolar a toda la iglesia. No importa si el mensaje es de confrontación, siempre hay lugar para consuelo y aliento.

Muchos eruditos piensan que 1 Corintios 14:5 enseña que la profecía es más valiosa que las lenguas. El asunto, sin embargo, no es acerca del valor relativo. Es decir, una herramienta no es más valiosa que otra. Un martillo no es más importante que una sierra. El ojo no es más valioso que la mano. Cada miembro de la iglesia tiene su función. Lo que es vital para el cumplimiento de los propósitos de Dios es el ejercicio de la herramienta (es decir, del don) en el momento preciso y de la manera debida. Un don ministrado con claridad y en amor es siempre mejor que un don mal entendido.

Otros dicen que las lenguas con interpretación igualan a la profecía; que tenemos, en efecto, dos "herramientas" para el mismo propósito. Si esto es así, entonces, ¿por qué Dios usa otros dos dones para hacer la obra que la profecía hace por sí misma? El don de lenguas conduce principalmente a la respuesta vertical, y el don de profecía para la edificación horizontal. No se trata de igualdad de dones, sino de la validez de diferentes dones que tienen diversas funciones.

1 Corintios 14:6-12
Los dones y la enseñanza

(Para mayor claridad he añadido anotaciones personales entre paréntesis.)

Ahora pues, hermanos, si yo voy a vosotros hablando en lenguas, (entonces) ¿qué os aprovechará, si no os hablare con revelación, o con ciencia, o con profecía, o con doctrina? Ciertamente las cosas inanimadas que producen sonidos, como la flauta o la cítara, si no dieren distinción de voces, (entonces) ¿cómo se sabrá lo que se toca con la flauta o con la cítara? Y si la trompeta diere sonido incierto, (entonces) ¿quién se preparará para la batalla?

Así también vosotros, si por la lengua no diereis palabra bien comprensible, (entonces) ¿cómo se entenderá lo que decís? Porque hablaréis al aire. Tantas clases de idiomas hay, seguramente, en el mundo, y ninguno de ellos carece de significado. Pero si yo ignoro el valor de las palabras, (entonces) seré como extranjero para el que habla, y el que habla será como extranjero para mí. Así también vosotros; pues que anheláis dones espirituales, procurad abundar en ellos para edificación de la iglesia.

Pablo, tiernamente, pero con firmeza, se dirige a ellos llamándolos "hermanos" y se presenta él mismo como ejemplo. Lo absurdo e impensable para los corintios es que el gran fundador de iglesias, discipulador de líderes, organizador de las iglesias gentiles, y estratega en misiones venga a ellos sólo con el don de lenguas. Por su vida y mediante sus cartas, Pablo hizo hincapié en la gran necesidad de la enseñanza.

Las cinco proposiciones "si-entonces" de este pasaje enfatizan la necesidad de una comunicación en el lenguaje entendido. Estas declaraciones nos recuerdan a 13:1-3, en que sin amor, el resultado es negativo. Aquí, sin claridad, el resultado es confusión. Cuatro de los dones mencionados se pueden relacionar con la enseñanza: revelación, profecía, ciencia y doctrina.[8]

Pablo ilustra esta verdad al referirse a instrumentos musicales. Inútiles en sí, los instrumentos son hechos para fines específicos. La flauta y la cítara eran importantes en las ceremonias tristes y en las alegres.[9] La trompeta daba dirección para la batalla, un uso que Pablo enfatiza aquí.[10] Nadie se levantaría para hacer frente al enemigo sin un claro sonido de trompeta. En la guerra espiritual, la iglesia no puede permitirse el lujo de hablar al aire.

Cualquier don puede ser mal entendido, debido a criterios carnales, metodología inadecuada o mala sincronización. En lo referente a las lenguas esto es fácilmente evidente, ya que el lenguaje mismo no se entiende.

La palabra "extranjero" (14:1) viene del griego, que se refiere a los pueblos que no hablaban el griego y no necesariamente a los incivilizados. En la familia de Dios no podemos tratarnos como extranjeros. Más bien, tenemos que comunicarnos de modo que haya comprensión. No es suficiente que solo quien entrega el mensaje sea bendecido; el receptor tiene que responder al mensaje.

Algunos pensaban que tenían más celo espiritual que otros. Otros enfatizaban las lenguas más que otros dones. A pesar de la comprensión escatológica, las divisiones y el abuso de los dones entre los corintios, Pablo no condena el celo por los dones. Les dice que dirijan el celo para que la iglesia pueda sobresalir (12:31 y 14:12).

1 Corintios 14:13-19
Los dones y la adoración·

Por lo cual, el que habla en lengua extraña, pida en oración poder interpretarla. Porque si yo oro en lengua desconocida, mi espíritu ora, pero mi entendimiento queda sin fruto. ¿Qué, pues? Oraré con el espíritu, pero oraré también con el entendimiento; cantaré con el espíritu, pero cantaré también con el entendimiento.

Porque si bendices sólo con el espíritu, el que ocupa lugar de simple oyente, ¿cómo dirá el Amén a tu acción de gracias? pues no sabe lo que has dicho. Porque tú, a la verdad, bien das gracias; pero el otro no es edificado. Doy gracias a Dios que hablo en lenguas más que todos vosotros; pero en la iglesia prefiero hablar cinco palabras con mi entendimiento, para enseñar también a otros, que diez mil palabras en lengua desconocida.

La adoración es el tema de esta sección. Pablo compara la adoración en lenguas y en lenguaje entendido, y concluye que se necesitan ambos. El uso de las lenguas es valioso en la adoración. Si hemos de entrar "por sus puertas con acción de gracias, por sus atrios con alabanza" (Salmo 100:4), entonces, ¡qué útil es comenzar nuestra adoración y el tiempo devocional con oración en lenguas!

¿Qué papel desempeñan la mente y el espíritu en la adoración? La mente es la parte racional y analítica de una persona. La versión Reina-Valera traduce de forma apropiada la palabra "mente" como "entendimiento". El espíritu es la esencia interior que hace a una persona lo que él o ella es. Cuando una persona se convierte a Cristo, el Espíritu Santo renueva su espíritu y, por tanto, cambia a toda la persona.

Fee sugiere que la frase "mi espíritu" debe traducirse "mi E/espíritu" para indicar la presencia del aspecto divino y humano de orar y cantar en el Espíritu.[11] Este es mi enfoque en este capítulo. Pablo no dice que el orar en el E/espíritu no incluye la mente o que el orar con la mente no puede ser en el E/espíritu. Él simplemente hace una diferencia entre la oración en lenguas y la oración en el lenguaje entendido.

Esto no quiere decir que un método de oración sea superior al otro, sino más bien que los métodos son complementarios. "En el E/espíritu" es una referencia a la adoración y el ministerio en lenguas en 14:2, 14-16. La oración en lenguas es principalmente adoración o la exhortación a otros a que adoren a Dios. La oración en el lenguaje entendido ayuda a los creyentes a hacer a Dios peticiones concretas y a aplicar conscientemente las verdades de Dios en la vida de oración. También puede ser una interpretación de la oración en lenguas, para que todos puedan beneficiarse de conocer el contenido de la oración. El contraste está entre lo que se entiende inmediatamente y lo que no se entiende.

Entonces, ¿por qué Pablo dice que cuando se ora en el E/espíritu el entendimiento queda sin fruto (14:14)? Dos distintas interpretaciones de la frase "el entendimiento queda sin fruto" nos ayudarán a ver el significado de este versículo:

1. La mente del hablante está latente.

2. El Espíritu Santo toca de forma especial el espíritu, la personalidad y las emociones.

La primera interpretación sugiere que "la mente humana no produce las lenguas".[12] La idea aquí es que el Espíritu pasa por alto por completo la mente, de modo que ni el que habla en lenguas ni el oyente se benefician, y que el que habla no tiene idea de lo que está diciendo. Muchos eruditos sostienen este punto de vista.

Muchos de los que sostienen esta posición tienden a considerar las lenguas como un don menor que la profecía; por tanto, hacen hincapié en el valor de lo racional y reducen el énfasis de la experiencia en la adoración. Pero más allá de esto, una posición tal niega el concepto de la encarnación, suponiendo que la mente no tiene parte en absoluto en el don de lenguas.

Aunque el espíritu puede trascender lo racional, también puede incluirlo. A partir de 1 Corintios 2:9-15, vemos que las personas espirituales, por medio del Espíritu pueden saber (2:11), entender (2:12, NVI), hablar palabras enseñadas por el Espíritu (2:13), discernir (2:14), y juzgar (2:15).

La segunda interpretación enfatiza la cooperación entre lo divino y lo humano. Lo que citan F. W. Grosheide y Bruner pueden ser de ayuda:

Cuando el espíritu de un cristiano habla en lenguas no se excluye la comprensión... Un "espíritu" no puede tocar en absoluto al otro "espíritu" [es decir, el Espíritu Santo], si el "entendimiento" no coopera... El "Espíritu" ve al hombre como personalidad, y al "entendimiento" como un ser que conoce y piensa... Cuando se renueva el espíritu, el entendimiento también es renovado, sin por ello alterar su operación. El espíritu renovado puede usar el entendimiento, pero no está obligado a hacerlo.[13]

> El Espíritu no se presenta de forma suprema para sublimar el ego, para vaciarlo, para eliminarlo, o en éxtasis sujetarlo, extinguiéndolo o emocionándolo, sino para usarlo de manera inteligente, inteligible y cristocéntrica.[14]

La mente no queda en blanco ni en punto muerto, como puede ser el caso en algunas religiones orientales. Siendo esto así, la mente no debe deambular en el mundo de la política, los deportes; ni debe fijar horarios para la adoración a Dios. La verdadera adoración requiere de la mente, así como del espíritu y el cuerpo.

Uno debe al menos sentir si se está alabando a Dios por su grandeza, su amor, su cuidado, o su santidad. De todas las personas en la congregación, la que alaba a Dios en E/espíritu debe estar un paso más cerca de la interpretación, escuchando lo que el Espíritu Santo está haciendo en su interior. Tal vez por esto es responsable de orar por la interpretación. Porque si nadie más interpreta, ésta debe hacerlo; después de todo, es su expresión de alabanza. Por supuesto, se debe dar la oportunidad a los demás para que interpreten el mensaje en lenguas, para que tengan el gozo de ejercer los dones. Entonces el que da el mensaje en lenguas puede confirmar que otros están sintiendo el mismo toque del Espíritu.

Pablo dice que va a orar y cantar "con [su] espíritu" (14:15). La única diferencia entre cantar y hablar en el E/espíritu es la misma diferencia entre cantar y hablar con el entendimiento: la música. El canto no es más espiritual o místico que hablar. Entonces, ¿por qué cantamos nuestros himnos y coros en lugar de hablarlos? Porque la música es un instrumento poderoso para expresar la profunda adoración a Dios de una persona.

Las naciones y los ejércitos han descubierto el poder de la música en la batalla o para unir a las personas en una causa. Asimismo, la iglesia ha reconocido que la música libera al espíritu humano para que exprese la adoración a Dios. La adoración tanto en el E/espíritu como con el entendimiento son importantes. Sin embargo, el canto con el entendimiento, aunque puede seguir al canto en el E/espíritu, no necesariamente implica que sea la interpretación del canto en el E/espíritu.

¿Se refiere Pablo, aquí, al tiempo devocional privado o al culto público? Si se trata de devociones privadas, entonces Pablo les pide que oren por la interpretación para la edificación privada. Aunque esto no se debe descartar como beneficio personal, el objetivo principal de este capítulo es la adoración en público (14:16).

¿Quién ocupa el "lugar de simple oyente" (*idiotes*) en 14:16?[15] "Lugar" no puede referirse a un sitio separado de la reunión general; esta costumbre fue desarrollada posteriormente en la historia de la iglesia. La forma de definir *idiotes* en 14:16 debe ser coherente con su uso en 14:23. Se presentan seis posibilidades de quiénes eran los *idiotes*:

1. Los creyentes que no entienden las lenguas. Este punto de vista se ajusta a 14:16 pero no a 14:23. En 14:23 toda la iglesia (por tanto, todos los creyentes) se reúnen y luego otros entran. "¿No dirán que estáis locos?" Esta pregunta implica que entra un grupo diferente, más pequeño.

2. Los creyentes que aún no han hablado en lenguas. Debido a los excesos en Corinto, algunos prohibían a otros que hablaran en lenguas. Además, algunos pueden haber sido como los discípulos antes del Pentecostés, o como los samaritanos antes de la llegada de Pedro y Juan. El bautismo en el Espíritu no siempre se produjo en el momento de la salvación. Esta explicación plantea el mismo problema que la primera: se ajusta a 14:16 pero no a 14:23.

3. Los incrédulos en ambos versículos. Si los *idiotes* eran incrédulos, Pablo dice en 14:23: "entonces entran los que son incrédulos o incrédulos". Esta es una repetición innecesaria. Sin embargo, 14:23, usando ambos *idiotes* y *apistoi*, podría traducirse "incrédulos que son indoctos en la fe", hablando de un grupo en lugar de dos.[16] Pero esto no resuelve el problema de 14:16. ¿Se espera que los incrédulos digan amén a todo lo que pasa en la iglesia?

Ervin cree que los *idiotes* eran los gnósticos incrédulos no pentecostales que se unían regularmente a los creyentes en el culto.[17] El incrédulo sería entonces el maestro gnóstico. El gnosticismo podría aceptar muchas de las enseñanzas del cristianismo; pero negaban su esencia de encarnación. Por tanto, este grupo estaba con un pie en la iglesia y otro afuera. Necesitaban ser evangelizados. Este significado se ajusta tanto al contexto como al significado de 14:16 y 14:23.[18]

4. Los laicos que no entendían los misterios espirituales, a diferencia de los que estaban en ministerios públicos. Los típicos griegos distinguían a las personas particulares de los funcionarios públicos capacitados. Esta es una opción débil, porque la iglesia primitiva no tenía tal brecha entre clérigos y laicos. De hecho, se esperaba que todos los creyentes ministraran en el poder del Espíritu.

5. Los creyentes en 14:16 y los incrédulos en 14:23. Se ve los contextos como separados, evitando el problema de la coordinación de ambos versículos. Pero Pablo parece estar aislando como un grupo pequeño separado o como individuo al "que ocupa lugar de simple oyente" (v. 16). "Todos hablan en lenguas" (v. 23), y entran estos.

6. Los curiosos, creyentes o incrédulos, abiertos a las cosas espirituales, que evalúan. Esta interpretación parece encajar con el contexto. Es importante que todas las personas con mente abierta y que buscan la verdad puedan responder positivamente a la obra del Espíritu Santo. Si toda la iglesia se reúne y habla solamente en lenguas, y entran los indoctos e incrédulos dirán que los creyentes están locos. Se justifica su antagonismo cuando prevalece el desorden. En la terminología religiosa griega, *idiotes* se refiere a la persona no iniciada pero que busca la verdad. "Los *idiotes* no son similares a los *apistoi*, ni son creyentes convencidos; es obvio que se encuentran entre los dos grupos como una especie de prosélitos o catecúmenos."[19] Siempre debe haber un lugar para ellos.

Los que sinceramente buscan la verdad deben tener la oportunidad de ver al cuerpo de Cristo en toda su gama de actividades: adoración, testimonio, compañerismo, disciplina. El poder decir "amén" –considerar pertinente el don de ministerio de otros– es tan vital como expresar ese don. Una comprensión clara es necesaria para la respuesta entusiasta de esta persona. La Biblia no relega los dones a un rincón de la iglesia. Más bien, promueve su ejercicio y su explicación adecuada.

La iglesia reunida era testigo de lo que debía ser la iglesia dispersa en el mundo. La iglesia reunida aprende a adorar y ministrar en el Espíritu. En Hechos 1 y 2 está el patrón: la iglesia reunida descubrió su misión y escogió un duodécimo apóstol. Esperaron juntos en el Señor, escudriñaron las Escrituras, y desarrollaron una poderosa unidad. Entonces fueron llenos del Espíritu Santo. La iglesia dispersa dio testimonio del dinámico poder y amor de Dios.

¿Cuáles fueron el "amén" y la "acción de gracias" (14:16)? Calvino pensaba que estos términos estaban relacionados con la oración pública de una persona (la acción de gracias), seguida de la respuesta colectiva de la congregación (el amén), similar a la ceremonia de adoración en una sinagoga judía. Pero la adoración en la iglesia primitiva, aunque modelada por el culto en la sinagoga, probablemente era más espontánea. El "amén" bien podía ser una respuesta a una expresión de agradecimiento en lenguas. Después de todo, la manifestación de cada don debía estar abierta a la respuesta y la evaluación del resto del cuerpo de Cristo. Uno da un mensaje en lenguas, otro responde, y juntamente la congregación aprende a adorar a Dios.

Desde el punto de vista de Dios, es bueno alabarlo en lenguas (14:17). Él entiende nuestro anhelo de adorarle en formas más allá de nuestra expresión natural y limitada. Sin embargo, "tú [singular], a la verdad, bien das gracias; pero el otro [*heteros*: otro de un tipo diferente] no es edificado". El asunto en la iglesia es la edificación de otros. Una ligera ironía se expresa aquí. Tú eres bendecido por las lenguas; pero el otro, el "buscador", no lo es. En realidad, el resto de la congregación tampoco entiende el mensaje en lenguas. Pueden entender que estás siendo bendecido y alegrarse por ello; pero para que ellos sean bendecidos, debe venir la interpretación.

La mayoría de las versiones de la Biblia traducen 14:18 de tal manera que Pablo parece jactarse de su uso celoso de las lenguas; en efecto, superando a los corintios en su propia jactancia.

Pero ya que los manuscritos griegos originales no tenían puntuación, hay una lectura alterna del texto. Si se pone un punto después de la primera frase, Pablo puede simplemente estar haciendo dos declaraciones: "Doy gracias a Dios. Hablo en lenguas más que todos vosotros." Él está respondiendo a la frase de 14:17, del que se jacta de dar gracias a Dios. Pablo puede estar diciendo: "¿Tú das gracias? Yo también. ¿Tú hablas en lenguas? Yo lo hago más; pero no me jacto de ello, sino reconozco plenamente su valor."

El Códice C (Alejandrino) apoya esta idea. Omite por completo "hablar", lo que sugiere una lectura de: "Doy gracias en lenguas más que todos vosotros." Es una afirmación directa de la práctica habitual de Pablo. Estaba confesando su confianza en el Espíritu Santo para llevar a cabo la obra de Dios.

Para Pablo, la alabanza en lenguas era parte normal de la vida cristiana y no un motivo de gloria. Pero algunos de los corintios estaban haciendo alarde de su espiritualidad, su conocimiento de temas espirituales, su práctica de hablar en lenguas. Pablo –apóstol, estratega de misiones, fundador de iglesias y escritor de gran parte del Nuevo Testamento– llevaba la carga de las iglesias y sufría la persecución del mundo. Él necesitaba edificarse a sí mismo; el hablar en lenguas era un asunto de supervivencia espiritual. Argumentaba desde su experiencia; sabía la fortaleza que recibía de los dones espirituales.

Pablo sería el último en negar los efectos y la eficacia de las lenguas. ¿Cómo podía alguien con conocimiento decir que era "más espiritual" que Pablo? Lo que diferencia a un cristiano es su ministerio a otros.

Pablo pasa de las tres frases básicas en los versículos 17 y 18 al principio mayor: "pero en la iglesia... (14:19). Pablo hace el contraste con una conjunción fuerte "pero" (*alla*), y una colocación enfática de "en la iglesia" al principio de la frase. Cuando la iglesia se reúne, es preeminente la instrucción de edificar a todo el cuerpo. Pablo quiere instruir a otros (*allous*, del mismo tipo). Esto significa aquellos que comprenden el mismo idioma, en contraposición al "otro" en 14:17, que no entiende.

Los salvados y los incrédulos por igual pueden escuchar y responder a las palabras de Dios. La palabra "enseñar" es *katecheso*, de la que se deriva la palabra "catecismo". Aunque el catecismo oficial se desarrolló más tarde en la iglesia, Pablo trataba de enseñar las verdades básicas en cada oportunidad y sobre todo en los cultos de la iglesia.

1 Corintios 14:20-25
Los dones y la señal de valor

Hermanos, no seáis niños en el modo de pensar, sino sed niños en la malicia, pero maduros en el modo de pensar. En la ley está escrito: En otras lenguas y con otros labios hablaré a este pueblo; y ni aun así me oirán, dice el Señor. Así que, las lenguas son por señal, no a los creyentes, sino a los incrédulos; pero la profecía, no a los incrédulos, sino a los creyentes.

Si, pues, toda la iglesia se reúne[A] en un solo lugar, y todos hablan en lenguas,[B] y entran indoctos[C] o incrédulos, ¿no dirán que estáis locos?[D] Pero si todos profetizan,[B] y entra algún incrédulo o indocto,[C] por todos es convencido,[D] por todos es juzgado; lo oculto de su corazón se hace manifiesto; y así, postrándose sobre el rostro, adorará a Dios, declarando que verdaderamente Dios está entre vosotros.

Pablo es sensible a tres grupos cada vez que hay ministerio: los creyentes (14:1-39), los simples oyentes (14:16,23), y los incrédulos (14:20-25).[20] Nuestra eficacia depende de nuestra comunicación a los tres grupos.

Pablo cita de Isaías 28:11,12 para el trasfondo de su argumento sobre el propósito de las lenguas como señal.

En Isaías predominan dos temas: el arrepentimiento y el juicio. Dios buscaba arrepentimiento; pero los hijos de Israel endurecieron su corazón, sintiéndose insultados. Los israelitas, en particular los sacerdotes y los profetas ebrios (Isaías 28:7), eran los incrédulos en días de Isaías. Acusaron a Isaías de hablarles como si fueran niños que acaban de ser destetados de la leche materna. Ellos pensaban que eran maduros, cuando en realidad eran infantiles, tercos y rebeldes. Así que Pablo, de acuerdo con el contexto de Isaías, reprende al elemento similar en Corinto: "No seáis niños en el modo de pensar" (14:20) (una excelente traducción del griego). Ellos también estaban siendo infantiles en sus actitudes.

El mandato de Pablo implica que podemos, por un acto de la voluntad, romper el ciclo de pensamiento inmaduro con respecto a los dones. Podemos juzgar la validez y el propósito de todas las manifestaciones espirituales. El hablar en lenguas puede ejercitarse adecuadamente. Si debemos ser "inmaduros" en algún aspecto, debe ser en la malicia o la venganza. Los niños no saben lo que es la venganza. Si se enojan, pronto lo superan, y no guardan resentimiento.

Isaías había advertido que Dios juzgaría a los hijos de Israel a través de los extranjeros, y el lenguaje de estos extranjeros –que los israelitas no entenderían– les recordaría que Isaías les había advertido del juicio de Dios. Cada vez que escucharan la lengua extraña, sería una señal del reproche de Dios: "¡Ustedes deberían haber aceptado su responsabilidad ante Dios!" El cumplimiento de esta profecía fue la invasión de los asirios, que hablaban un idioma incomprensible para los hijos de Israel.[21]

Pablo usa el pasaje de Isaías simplemente como una ilustración. No es una profecía como la de Joel, acerca del derramamiento del Espíritu Santo. La palabra "incrédulos" puede indicar un estado endurecido de incredulidad. Pero tales corazones pueden ser despertados por las lenguas, como una indicación o señal de que posiblemente está pasando algo sobrenatural. Luego sigue la profecía, exhortando al arrepentimiento a los corazones despertados. Si se endurecen aun a eso, ¿qué más tendrá que hacer Dios? Las lenguas entonces se convierten en una señal de juicio para los corazones rebeldes.

Los acontecimientos en el día de Pentecostés ponen de manifiesto el valor de la señal de las lenguas. Las lenguas atrajeron a una multitud. Entre tal multitud pudo haber tanto los espiritualmente alerta como los espiritualmente indiferentes. Pero, entonces, la profecía de Pedro, su mensaje profético, tocó a las personas; fueron "compungidos de corazón" (Hechos 2:37).

La complejidad de 14:22-24 ha dado lugar a muchas diferentes interpretaciones de la señal: para quién es, quiénes son los incrédulos, y si la profecía, como las lenguas, es una señal. He resumido las cuatro posibilidades básicas.

1. Lo contrario de lo que se afirma es realmente lo que Pablo quiso decir. Las lenguas son una señal para los creyentes, y la profecía es una señal para los incrédulos. Como las lenguas principalmente bendicen a los creyentes, necesitamos la profecía para llegar a los incrédulos. No hay ninguna base textual para esto. Es un nuevo enfoque para tratar de resolver la dificultad.

2. La profecía es una señal tal como las lenguas. Si 14:22 es paralelo, entonces la palabra "señal" se debe añadir en la segunda frase. Debe leer: "Así que, las lenguas son por señal, no a los creyentes, sino a los incrédulos; pero la profecía, [es una señal] no a los creyentes, sino a los incrédulos."

Este punto de vista generalmente interpreta como negativa la referencia de Pablo a la profecía de Isaías. Es decir, puesto que las lenguas no se entienden y no llevan a nadie al arrepentimiento, deben tener un lugar limitado en la iglesia. Aunque una "señal" podría ser una indicación del favor o la desaprobación de Dios, podemos ver fácilmente que en el Antiguo Testamento la lengua de tartamudos y la lengua extraña eran una señal de desaprobación, es decir, de juicio. Al mismo tiempo, cuando ya no hubo profecías (Salmo 74:9), esto también fue una señal de juicio, y cuando de nuevo abundaban las profecías, esto era una indicación de la llegada de los días del Mesías, una señal del favor de Dios para su pueblo (como en Lucas 1 al 4).[22]

Hay dos objeciones a esta posición. En primer lugar, no tiene sentido decir que la profecía es una señal para los creyentes, y que, por tanto, se debe profetizar a los incrédulos. En segundo lugar, en 1 Corintios 14 la fuerza de la profecía está en la claridad de su mensaje, no en su valor como señal.

3. Los "incrédulos" eran los falsos maestros con orientación gnóstica.[23] Es posible que se hayan negado a llamar Señor al Jesús histórico encarnado (12:3). Ellos negaban la necesidad de una resurrección física, haciendo hincapié en la iluminación y la bendición en el presente y no en el futuro.

Podría ser que en un principio estas personas eran tanto parte de la iglesia de Corinto como Simón el mago era parte de la comunión de hermanos en Samaria. Pero luego se enamoraron de las doctrinas extrañas y, después de ganar influencia en Corinto, mezclaron sus doctrinas con el cristianismo.

Si el que ocupaba el lugar de simple oyente, de 14:16, era un novicio gnóstico y el incrédulo, de 14:23, era el maestro gnóstico, Pablo esperaba que el novicio aún pudiera estar abierto al evangelio, y que los falsos maestros pudieran despertar al hecho de que Dios los juzgaría. Ni los alumnos ni los maestros debían ocasionar falsas acusaciones acerca de la disciplina y la adoración en la iglesia. La palabra de Dios no debe ser obstaculizada; no debe haber ninguna confusión en el ministerio de los dones.

4. El don de lenguas se centra en las señales; el don de profecía se centra en el contenido. La profecía hace hincapié en que la gracia de Dios se extiende a los indoctos e incrédulos para la salvación. La profecía sirve para enfrentar a todos con la palabra de Dios e invitarlos al arrepentimiento. O. Palmer Robertson señala: "Las 'lenguas' sirven como un indicador; la 'profecía' sirve como comunicador. Las 'lenguas' centran la atención en las obras maravillosas de Dios; la 'profecía' llama al arrepentimiento y a la fe en respuesta a las obras maravillosas de Dios."[24]

> Las lenguas son una señal milagrosa de la presencia de Dios. Pueden endurecer a algunos corazones y suavizar a otros. Los resultados dependen de la receptividad de los oyentes.[25]

Todos los dones tienen valor como señal y valor de contenido. Las sanidades tienen valor como señal para los que observan y tienen valor de contenido para los que son sanados. El mero hecho de que se hable en lenguas es una señal para los incrédulos. Su contenido, sin embargo, es significativo sólo si el creyente entiende la lengua, ya sea por medio de la interpretación o por su conocimiento del idioma. La profecía, por el contrario, tiene más valor de contenido que como señal. En realidad, algunos mensajes proféticos pueden no ser reconocidos como dones porque se dan en el lenguaje entendido. La profecía puede servir como una señal para el incrédulo cuando le revela específicamente sus pecados.

La profecía es un mensaje inspirado que procede de una intuición sobrenatural, que penetra "las cosas del hombre", los secretos de su corazón, no menos que las "las cosas de Dios" (2:10ss); la luz de la búsqueda sincera de conocimiento y palabra, procedentes de cada creyente, se concentra en el hombre incrédulo cuando entra en la iglesia.[26]

Al referirse a las anotaciones sobrescritas en versículos de 14:23-25 (Los dones y la señal de valor, pág. 106) se puede observar lo siguiente:

La "A" establece la ocasión: toda la iglesia está reunida.
Las "B" comentan la posibilidad de que todos hablen en lenguas o profeticen.
Las "C" suponen la presencia de incrédulos o de indoctos.
Las "D" analizan los resultados. Los paralelos se ven fácilmente.

La pregunta es: ¿significa la declaración "B" en 14:23 que todos hablan en lenguas al mismo tiempo o uno a la vez? Si lo hacen al mismo tiempo, entonces Pablo desanima el uso de las lenguas en la adoración colectiva. Si lo hacen uno a la vez, Pablo da lugar al ejercicio de otros dones, sin que las lenguas dominen todo el servicio. El hecho de que Pablo no esté negando el valor de la adoración colectiva en lenguas debería ser evidente por las siguientes razones:

1. 14:23,24 presenta dos declaraciones paralelas:

"B", todos hablan en lenguas" (14:23).
"B", todos profetizan (14:24).

Si 14:23 significa que todos hablan en lenguas al mismo tiempo, entonces 14:24 se refiere a que todos profetizan al mismo tiempo. Obviamente, 14:24 no puede decir esto. Tiene que significar que todos pueden profetizar por turno. Si todos profetizaran al mismo tiempo, sería visto como confusión, si no como locura. Esto se confirma en 14:31. Pablo desanima que la profecía domine todo el servicio, y enseña que se haga "por turno" (14:27).

2. En 14:27, Pablo limita el número de veces que deben manifestarse las lenguas y la interpretación. Esto confirma, además, que aquí el asunto es que los creyentes no deben dominar el servicio con un solo don.

3. En Hechos 2:4; 10:44-46; 19:6, todos hablaron corporativamente en lenguas en un entorno público de adoración. Aunque esto no sea prueba de un patrón normativo, de que la adoración pública debe incluir las lenguas, tampoco se puede negar la adoración colectiva en lenguas a partir de una interpretación sesgada de 1 Corintios 14:2, 22-25. Pablo y Lucas no se contradicen.

4. El propósito de las lenguas es de regocijarse y alabar a Dios. Las lenguas con interpretación animan a otros a adorar a Dios. Entonces, negar a los hermanos la oportunidad de responder con adoración a Dios en el E/espíritu

pareciera ser una contradicción. Pablo, en efecto, estaría diciendo al resto de la congregación: "Ustedes pueden adorar con el entendimiento en la iglesia, pero no con el E/espíritu. Sólo a dos o tres se les puede permitir esa experiencia."

5. Pablo valoraba el don de lenguas para la adoración (14:2), para la edificación personal (14:4), para la oración en el E/espíritu (14:14), para dar gracias (14:17), y como una señal para los incrédulos (14:22). Él hablaba en lenguas más que los corintios. Ellos, sin embargo, habían abusado del don. Algunos pueden haber creído que estaban hablando en lenguas angélicas (13:1); los cultos pueden haber estado dominados por las lenguas (14:23); y los que hablaban en lenguas aparentemente se interrumpían para dar su mensaje en lenguas, sin tener en cuenta la interpretación (14:27,28). Pero Pablo apela a su madurez. Sin atenuar su entusiasmo ni prohibir que hablen en lenguas, les da pautas.

6. El tema de este pasaje no es si se debe negar la adoración en lenguas, sino trata la forma de participar en la adoración para beneficiar a otros. Por tanto, algunos que niegan la eficacia de la adoración mutua en lenguas, pueden estar haciéndolo desde una perspectiva cultural. Por ejemplo, la mentalidad occidental teme cualquier proposición que parece sustituir la experiencia de lo racional.[27] La mentalidad oriental, por el contrario, no tiene problemas con la experiencia como una forma de percibir la realidad. La verdad es que la mente oriental percibe las cosas sobrenaturales más fácilmente que la mente occidental.

El avivamiento pentecostal-carismático en el mundo no se ha disculpado por una verdadera celebración. Ha buscado la adoración integral de la persona entera. El espíritu individual no se suprime para el cuerpo corporativo. Más bien, se utiliza en su totalidad y se controla para ese cuerpo. Las lenguas no han sido relegadas al aposento de oración personal, implicando una clara distinción entre el culto público y privado. En realidad, se aprende por medio de la adoración colectiva cómo adorar en devociones privadas. Nuestra sensibilidad a Dios en el culto devocional privado debería mejorar nuestra sensibilidad a las necesidades de nuestro hermano en la fe durante el culto público. El culto público y el privado pueden mejorar porque la esencia de la adoración es la misma.

La iglesia reunida debe ser una promesa de lo que los creyentes son cuando se dispersan. Reunidos, aprendemos acerca de la Palabra de Dios, dinámicas espirituales, y la interacción. Declaramos al mundo: esta es nuestra vida. ¡Mírennos! Tenemos cosas que aprender, pero no tenemos nada que ocultar. A los incrédulos y a los indoctos, los creyentes deben explicar lo que está pasando. Este puede ser un tiempo de instrucción para todos. Si todos entienden que hay tiempos mutuos para alabar a Dios, el orden básico debe ser evidente.

El indocto y el incrédulo recibirán el testimonio claro de todo lo que pasa y serán responsables ante Dios por eso. Serán juzgados (*sunakrino*, "zarandear judicialmente, someter a juicio") por Dios. Ante Él, todos los hombres serán responsables de lo que saben y han experimentado. Si la iglesia verdaderamente ministra, los creyentes serán edificados y se convertirán los incrédulos.

Algunos mensajes proféticos hablarán directamente al corazón del incrédulo (14:24,25). Pudiera ser una revelación de pecado oculto o de hambre espiritual que han sido cubiertos con una falsa suficiencia o seguridad. En cualquier caso, se revela claramente en contraste con el amor y el poder de Dios que se manifiesta en los cultos de adoración.

Por ejemplo, Jacobo el hermano de Jesús, parecía crítico de Jesús e indiferente a Él durante su ministerio en la tierra; sin embargo, más tarde, Jacobo aparece como líder de la iglesia. Y su epístola (Santiago), más que la mayoría del Nuevo Testamento, aparte de los Evangelios, está llena de citas de la enseñanza de Jesús. Lo que parecía ser un corazón endurecido era realmente un corazón hambriento, sintonizado a buscar la verdad.

Después de hablar en general de indoctos e incrédulos, Pablo hace hincapié en que Dios hablará individualmente al pecador para que pueda haber arrepentimiento auténtico. "Verdaderamente Dios está entre vosotros" es una referencia a Isaías 45:14, "Ciertamente en ti está Dios". Ese pasaje habla de los gentiles que vienen a inclinarse ante el único y verdadero Dios en arrepentimiento.

1 Corintios 14:26-33
Los dones y el ministerio del cuerpo

¿Qué hay, pues, hermanos? Cuando os reunís, cada uno de vosotros tiene salmo, tiene doctrina, tiene lengua, tiene revelación, tiene interpretación. Hágase todo para edificación. Si habla alguno en lengua extraña, sea esto por dos, o a lo más tres, y por turno; y uno interprete. Y si no hay intérprete, calle en la iglesia, y hable para sí mismo y para Dios.

Asimismo, los profetas hablen dos o tres, y los demás juzguen. Y si algo le fuere revelado a otro que estuviere sentado, calle el primero. Porque podéis profetizar todos uno por uno, para que todos aprendan, y todos sean exhortados. Y los espíritus de los profetas están sujetos a los profetas; pues Dios no es Dios de confusión, sino de paz.

La estructura de este pasaje nos ayuda a ver principios importantes (declaraciones "A"). Nótese dos cláusulas "si-entonces" que proporcionan aplicaciones específicas (declaraciones "B"), intercaladas por los principios:

14:26	Todos tienen dones	**A** universal
	Todos deben fortalecer a la iglesia	**A** objetivo
14:27	Si uno habla en lengua extraña (entonces) dos, o a lo sumo tres, uno a la vez, deben interpretar	**B** orden
14:28	Si no hay intérprete presente (entonces) calle en la iglesia, hable para sí mismo y para Dios	**B** sumisión
14:29	Ejercicio: los profetas deben hablar	**A** ejercicio activo
14:30	Si otro recibe revelación (entonces) el que habla debe callar	**B** sumisión
14:31	Todos pueden profetizar	**A** universal
	Todos pueden aprender y ser exhortados	**A** objetivo
14:32	Los profetas están en control	**B** sumisión
14:32	El orden refleja la naturaleza de Dios	**A** básico

Estas son más que pautas correctivas. Son principios positivos para promover el ejercicio de los dones. Tres veces Pablo usa "todos" para referirse a toda la iglesia (*pantos,* 14:31). El tenor de estos versículos indica la participación de toda la iglesia. La base de los dones refleja la naturaleza misma de Dios (14:33). Por tanto, los objetivos son fortalecer a la iglesia (14:26), aprender, y exhortarse unos a otros (14:31). Se dan pautas sencillas sobre ejemplos específicos de lenguas e interpretación y profecía. Hay un tiempo y lugar apropiado para todo (14:27,28,30). Incluso, podemos callar para que otros aprendan a ejercer los dones, o para que no causemos confusión (14:28,30). Pero por nada dejen de ejercer los dones y permitan que sean evaluados por otros en la reunión (14:29).

La palabra "tiene" (14:26) se repite antes de cada don en el griego y subraya que todos, potencialmente, tienen algo que contribuir. De manera que muchos puedan contribuir en el culto; ningún don debe predominar. Entonces la atención se centra en lo que Dios está haciendo en lugar de concentrarse en lo que hace el hombre. Fíjese en el contraste paralelo de 14:23 y 14:26. En lugar de que las lenguas dominen toda la reunión, una amplia variedad de dones deben ser ministrados.

"Si, pues, toda la iglesia se reúne... y todos hablan en lenguas" (14:23).
"Cuando os reunís, cada uno de vosotros tiene... [un don diferente]" (14:26).

A lo largo de este capítulo corre el tema de "edificación de la iglesia" (14:4,5,12,17,26; véase también 14:23). El énfasis de Pablo está en los resultados prácticos.

Como se ha señalado, Pablo limita las lenguas y la interpretación a "dos, o a lo más tres" (14:27). Después de todo, si una congregación es sensible al Espíritu, dos o tres exhortaciones a la adoración deben ser más que suficiente. Si la congregación no es sensible, no importa cuántos mensajes en lenguas e interpretación haya. Sin embargo, esta guía no se debe aplicar de manera legalista. Por ejemplo, una persona puede perder la cuenta de cuántas veces ha habido un mensaje en lenguas, o un nuevo creyente, por la emoción de lo que Dios está haciendo por él, puede dar un cuarto mensaje en lenguas. Esto es comprensible. La iglesia no debe fruncir el ceño cuando esto pasa, sino con cuidado orientar y fomentar la expresión de dones, dando gracias a Dios que está usando a otros. Aprendemos juntos; también cometemos errores juntos. Con amor llegaremos a la madurez en Cristo.

Tres categorías de personas deben orar por el don de interpretación de lenguas: en primer lugar, el que ministra en lenguas. Luego, el liderazgo espiritual. En tercer término, todos los que disciernen y confirman el significado del mensaje en lenguas.

Sin embargo, el que ejerce el don de lenguas debe hacerlo en privado si no sabe de nadie en la congregación que ha sido usado con el don de interpretación. Puede orar en voz baja, para sí mismo y para Dios, sin perturbar el servicio. No obstante, si se da públicamente un mensaje en lenguas y, por cualquier razón, nadie da la interpretación, la responsabilidad recae sobre la persona que dio el mensaje en lenguas (14:13, 27-28). En algunas iglesias, el pastor es el responsable de dar la interpretación, si nadie más lo hace. Es razonable suponer que el líder espiritual debe sentir lo que Dios está diciendo a la congregación.

La única limitación en la profecía es que debe ser evaluada después de dos o tres mensajes. ¿Por qué es esto? El mensaje en el idioma conocido puede cubrir muchos dones. No todos estos dones pueden ser inmediatamente identificados y categorizados.

La evaluación también es necesaria porque los dones son de encarnación. Es decir, Dios no habla directamente: Él habla por medio de personas, y las personas son falibles. Por tanto, Grudem identifica dos niveles de profecía autoritativa: las "palabras en sí" y las "ideas principales". Por ejemplo, solamente la Escritura tiene autoridad hasta "la jota y la tilde" (Mateo 5:18).

Al mismo tiempo, las profecías de Hechos de los Apóstoles eran autorizadas en su contenido general. Los cristianos tuvieron que tomar sus propias decisiones después de que se predijo la hambruna (Hechos 11:27-30) o se sugirió cierta orientación (Hechos 21:4-14). Después de la visión que tuvo Pablo, se tomó la decisión colectiva de ir a Macedonia. "En seguida procuramos partir para Macedonia, dando por cierto que Dios nos llamaba para que les anunciásemos el evangelio" (Hechos 16:9,10).

La adecuada evaluación es importante para que continúe el ministerio de los dones. Por ejemplo, después de que se dé una profecía, "los demás juzguen", o "examinen con cuidado" (NVI), lo que se ha dicho (14:29). La frase "los demás" significa "otros de la misma clase". Esto podría significar a otros con una palabra profética similar o a la totalidad de una congregación llena del Espíritu. No es probable que se refiera a un grupo selecto llamado profetas. Al fin y al cabo, esta evaluación debe ser hecha por todos los creyentes. Aunque el liderazgo pueda temer que se evalúen los mensajes proféticos, ya que esto podría apagar el Espíritu o herir los sentimientos de alguien, la congregación debe hacerlo. Para evitar cualquier confusión o duda, los líderes deben tener valor y asumir su papel, conduciendo a la congregación en la evaluación responsable de las profecías.

La profecía debe ser evaluada a la luz de las Escrituras, la edificación de la iglesia, de vida de la persona que profetiza, y la confirmación de otros que han sido tocados de manera similar. Ninguna palabra debe ser ciegamente aceptada como autoritaria. La congregación debe ejercer juicio en asuntos espirituales. Dios no da revelaciones privadas solo para que una o dos personas iniciadas las expresen. Él habla a varias personas en el cuerpo de Cristo acerca de lo mismo. Juntos pueden confirmar la validez del mensaje profético. Aun cuando Dios habla a individuos sobre asuntos específicos, puede haber seguridad en la confirmación de respetados hermanos y hermanas maduros en la fe.

Parte del motivo de la evaluación es para animar a otros que están aprendiendo a profetizar. Si un profeta tenga que guardar silencio con el fin de que otras personas profeticen (v. 30), esto indica que las palabras no son tan importantes que tienen que ser dadas en una misma reunión; se puede esperar hasta otro momento. Además, el creyente más experimentado puede abstenerse de profetizar si detecta a otros que están desarrollando este don, o puede fungir en un papel de confirmación, que responda al mensaje en lugar de iniciarlo. Uno que está empezando a profetizar puede, por nerviosismo, cometer algún error de gramática, o puede dudar de que está siendo usado por Dios. La persona con experiencia puede decir su amén al ministerio del don. Después del culto, puede confirmarle al que profetizó que fue bendecido por su expresión del don.

Muchas veces Dios me ha impresionado a que tome el papel de respuesta, de manera que después pude confirmar públicamente lo que dijo el primero que profetizó. Esto anima a la primera persona que profetiza y refuerza la verdad a la congregación. Durante todo esto, los que no profetizaron pueden evaluar las impresiones de Dios en sus corazones para determinar si sintieron la misma palabra. El ministerio de los dones se convierte así en una creciente experiencia de aprendizaje para todos.

La sumisión mutua es el principio para que todos puedan ser instruidos y exhortados (14:31). La palabra "aprendan" –"reciban instrucción" (NVI)– da la idea de ser discipulado. El sustantivo *discípulo* proviene de esta palabra raíz básica. Somos discipulados a medida que aprendemos a escuchar al Espíritu y ministramos en el Espíritu. La mayoría de los programas de discipulado son eficaces hasta cierto punto. Para que la iglesia tenga la dinámica completa de la vida y el testimonio en el poder del Espíritu, tenemos que enseñar a nuestro pueblo a que responda al Espíritu y ejercite los dones.

La iglesia es una escuela del Espíritu. En el contexto de una congregación comprensiva, afirmativa y amorosa, aprendemos. Después salimos a ministrar a un mundo perdido. Las verdaderas expresiones del Espíritu unen a una congregación para que sus miembros puedan alcanzar la madurez. Es por ello que se ha de evitar la "confusión" (v. 33), el "desorden" (NVI). La palabra griega se refiere a "desorden civil" o "motín". Ese es un extremo. Dios es un Dios de paz. La paz significa "unir lo que ha sido separado". Esa es la tarea de la iglesia; buscar la reconciliación con Dios y entre sí. Esto se efectúa mejor en la plena operación de los dones por una congregación amorosa, que entiende los objetivos de los dones y también los principios para la operación de los mismos.

1 Corintios 14:33-35
Las mujeres y los dones

Como en todas las iglesias de los santos, vuestras mujeres callen en las congregaciones; porque no les es permitido hablar, sino que estén sujetas, como también la ley lo dice. Y si quieren aprender algo, pregunten en casa a sus maridos; porque es indecoroso que una mujer hable en la congregación.

Varios aspectos de este pasaje hacen compleja su interpretación. El Nuevo Testamento griego Nestle (como RVR y NVI) aplica 14:33b a 14:34 en lugar de aplicarlo a 14:33a. Otras traducciones, como de Knox y Mofatt (inglés), mantienen la forma tradicional del versículo, en que todo 14:33 concluye el debate sobre el orden en cada ministerio. El griego se puede leer en cualquiera de estas formas. Ninguna doctrina importante está en juego. Al conectar

14:33b y 14:34 Pablo puede estar estableciendo un principio que se aplica a todas las iglesias en lo referente a las mujeres en la iglesia. Pablo no muestra parcialidad en cuanto a la situación de la iglesia de Corinto. Lo que dice a una iglesia, lo dice a todas.[28]

En realidad, 14:33b parece fluir naturalmente en 14:36, como una conclusión adecuada a todo su argumento en 1 Corintios 14. Pablo entonces estaría diciendo: "Dios habla por medio de todo el cuerpo, a través de sus iglesias en todas partes. Ustedes no son los únicos que tienen revelación." Esta pregunta surge: en este punto, ¿pertenece 14:34,35 al final del capítulo, o no en absoluto? Algunos eruditos piensan que 14:34,35 no son parte de los manuscritos originales. Creen que estos versículos fueron una añadidura del primer siglo, insertados ya sea en este punto o al final del capítulo para contrarrestar los problemas de la liberación femenina.[29]

Debido a la estrecha relación de este pasaje con 1 Timoteo 2:11-15, algunos creen que un copista trajo esta enseñanza al pasaje de Corintios.[30] También ven conflicto aparente con 1 Corintios 11:5, donde habla de las mujeres que oran y profetizan. ¿Cómo puede Pablo aquí exhortar a las mujeres que se callen, si en 11:5 permite que adoren? ¿Cómo pueden ambos ser escritos de Pablo? Su conclusión, entonces, es que Pablo no escribió 14:34,35 como su propio punto de vista.[31]

Aunque esta opción se ve atractiva como respuesta a algunas de las dificultades del pasaje, la evidencia de los manuscritos pesa fuertemente en contra de ella.[32] Parece mejor suponer que estos versículos son inspirados y considerar sus posibles interpretaciones.

Estas perspectivas suponen asuntos pastorales. ¿Cuál era la situación en Corinto y cómo afecta a nuestra comprensión de los consejos de Pablo? ¿Se aplica su consejo a la iglesia de hoy? En referencia a la "ley", ¿se refería Pablo a una Escritura específica o simplemente a un principio generalmente aceptado? ¿En qué forma la referencia a la "ley" apoya su argumento? Hay dos categorías principales de interpretaciones de este pasaje y tres puntos de vista dentro de cada categoría.

La primera categoría tiene que ver con la aplicación cultural o local. El primer punto de vista dentro de esta categoría interpreta a Pablo como vinculado al judaísmo y a la cultura de su tiempo. No se sentía libre para entender lo que Dios pretendía en términos de la profecía de Joel del "Espíritu sobre toda carne".[33] Así que esta es simplemente la declaración de Pablo de cómo manejaría la situación, dadas las presiones de su época. No está diciendo que en todas las edades se debe hacerlo de esta manera. Las presuposiciones sobre la inspiración de las Escrituras relacionadas con este punto de vista no son aceptadas por la mayoría de los evangélicos.

El segundo punto de vista afirma que, aunque el problema tenía que ver con la cultura, Pablo no estaba ligado a ella. Les estaba mostrando a los corintios cómo ser eficaces dentro de ella. Las mujeres sin educación formal, algunas salvadas de la prostitución en el templo pagano y recién liberadas en Cristo, hacían alarde de su libertad de manera que avergonzaba a la causa cristiana. Por medio del Calvario, Cristo había establecido el estado y la dignidad de la mujer al mismo nivel que la del hombre. La gran proclama de emancipación de Pablo fue: "Ya no hay judío ni griego; no hay esclavo ni libre; no hay varón ni mujer; porque todos vosotros sois uno en Cristo Jesús" (Gálatas 3:28). Según F. F. Bruce, es la enseñanza de Pablo, de que "en lo que se refiere a la medida y la función religiosa, no hay ninguna diferencia entre el hombre y la mujer".[34]

Pero la maldad estaba muy extendida en Corinto. Las así llamadas mujeres liberadas del mundo vivían en inmoralidad, desafiando la autoridad y haciendo caso omiso de la estructura familiar. Si el problema fuera de usurpar autoridad, de mujeres que conversaban y dominaban una reunión o que simplemente hacían preguntas de distracción, los incrédulos fácilmente asociarían estas actividades con la vida pecaminosa de Corinto.[35]

La comunicación debe ser vista dentro del entorno cultural. En los días de Pablo, las mujeres eran consideradas inferiores a los hombres, tanto en la cultura griega como entre los judíos. Aun en la edad de oro de Sócrates, Platón y Aristóteles la mujer tenía un puesto subordinado. Los fariseos daban gracias a Dios regularmente de que no eran mujeres. Los rabinos no consideraban la sinagoga como un lugar para las mujeres. ¿Qué debía hacer la mujer cristiana en ese entorno? Ella debía ser consciente de cómo sus acciones serían interpretadas por su cultura y buscar formas de comunicación aceptables. La dignidad y el honor de la mujer debían verse en la mujer cristiana.[36]

Al menos parte del problema puede haber sido que hacían preguntas en los cultos (14:35).[37] En la libertad de una reunión de adoración extemporánea, las mujeres sentían libertad para hacer preguntas. Otros veían estas preguntas como distracción, como tontería, y como falta de control personal. Primera a los Corintios 14:34,35 o se centra en el aprendizaje o es la forma en que Pablo reprende severamente a las mujeres profetas en Corinto.[38] En cualquier caso, sin embargo, no se niega a las mujeres el ministerio de los dones espirituales. Ya sea que se trate del aprendizaje o de las mujeres habladoras que interrumpen el culto, Pablo les dice a estas mujeres que aprendan en casa. Su comportamiento no contribuía al servicio de adoración.

Una tercera opinión sostiene que las mujeres eran un grupo específico de maestras inclinadas hacia el gnosticismo que se jactaba de las lenguas angélicas, las revelaciones, y tal logro espiritual en la era presente hacía innecesaria una resurrección futura.

Una segunda categoría de interpretación tiene que ver con la autoridad bíblica. Si Pablo basa sus puntos acerca de las mujeres en la iglesia en principios bíblicos universales, ¿cuáles son esos principios y cómo deben ser obedecidos? Además, es obvio que deben ser obligatorios para todos. ¿Se refiere Pablo a Génesis 3:16, parte de la maldición que Dios declaró sobre la humanidad? Parece extraño cambiar una maldición en un mandato y aplicarlo como lo hace 1 Corintios 14:34,35.[39]

La primera interpretación que apela a la autoridad bíblica enseña que a partir de la creación Dios ordenó que las funciones masculinas y femeninas sean diferentes. ¿En qué medida pueden las mujeres participar en ministerios públicos? Los que sostienen esta posición no creen que las mujeres pueden tener ministerios de enseñanza en la congregación ni tampoco puestos de autoridad.[40] Clark Pinnock, no está de acuerdo con los que creen que las mujeres pueden tener cualquier ministerio, y sin limitaciones, y cree que el único punto de vista bíblico válido es un jerarquismo modificado que pone a los hombres en puestos dominantes de liderazgo.[41]

Archibald Robertson se pregunta por qué tantos maestros de escuela dominical son mujeres, si todos los maestros deben ser hombres.[42] James Hurley responde diciendo que las mujeres están autorizadas como tales por los ancianos, o que cumplen funciones docentes que no tienen autoridad formal o que están respaldadas por la disciplina de la iglesia. La instrucción sistemática autorizada de la congregación debe ser responsabilidad de los ancianos.[43] F. W. Grosheide dice que las mujeres pueden ejercer los dones del Espíritu en reuniones privadas.[44] Grudem permite a las mujeres que participen en el ministerio de los dones, pero que no pueden enseñar ni tampoco tener puestos de liderazgo.[45]

Al responder, debemos señalar el contexto de 1 Corintios 14, de que todos pueden ejercer todos los dones, pero en orden y con disciplina. El argumento de Pablo sería contraproducente si afirmara que a las mujeres (¡más de la mitad de la iglesia!) no se les permite el ministerio de los dones. Algunas de las sugerencias acerca del porqué las mujeres pueden enseñar pero no ejercer autoridad ni disciplina, o por qué las mujeres pueden ejercer los dones, pero no en los cultos públicos, parece contraproducente.

Hurley revela enorme conocimiento cuando muestra que el problema no es una situación de sí o no.[46] ¿En qué momento lo privado se hace público? ¿De cuántas personas consta un grupo que se considera como reunión privada? Si las mujeres pueden enseñar sobre la base de la autoridad delegada, ¿no es posible que la autoridad de disciplinar y de dirigir un grupo también puede ser delegada? ¿No puede una iglesia enviar a una mujer a abrir una nueva obra, a discipular a los nuevos creyentes, y a comenzar un centro de evangelización, todo bajo la jurisdicción de los ancianos?[47] Si esto se puede hacer, el tema de papeles se vuelve relativo.

El punto es que la actitud y la metodología de la mujer deben manifestar un estilo que no impida la proclamación del evangelio y el testimonio de la iglesia.

Un segundo argumento de la autoridad bíblica mantiene las diferencias entre los papeles del hombre y de la mujer, pero sugiere que el problema no es la mujer y el ministerio de dones, sino la mujer en relación con la evaluación oral de los dones. Grudem ve 1 Corintios 14:29-36 como una unidad que específicamente trata la evaluación de profecías.

El aspecto evaluativo está unido en forma paralela por el derivado del verbo "callar" (*sigato*) en los versículos 28, 30, y 34. Antes de que una persona dé un mensaje en lenguas, debe determinar si está presente alguien que lo interprete, y si no lo hay debe callar (14:28); mientras una persona está profetizando, debe reconocer a otra que está igualmente inspirada y callar para que ésta pueda hablar (14:30); y las mujeres, aunque pueden profetizar (11:5), deben callar durante la evaluación oral de las profecías (14:34).[48]

Para ilustrar mejor mi comprensión de la posición de Grudem, presento el siguiente diagrama:

Don	Situación evaluativa	Pauta	Opción
LENGUAS (v 28)	Si no hay intérprete	El que habla en lenguas calla	Habla en voz baja a Dios
PROFECÍA (v. 30)	Si otro profetiza	El primero calla	Profetiza en otro momento (implícito)
PROFECÍA (v. 34)	[Evaluación]	Las mujeres callan	Hablan en casa con su marido

Figura 4. Evaluación de la profecía; posición de Grudem

Su punto es que callen en la evaluación final de los dones. Las mujeres podían participar en los cantos y la oración, y profetizaban. Pero suponer que podían juzgar a los demás era darles en una función de autoridad.

¿Es el tema la función de los hombres y las mujeres en la iglesia? Los que entienden que las mujeres deben tener un papel de sumisión considerarán este pasaje como una afirmación de esa comprensión. Los que creen que cada creyente es un ministro pueden considerarlo como un problema del primer siglo y no uno del presente, si una mujer muestra madurez, disciplina y sabiduría.

La sugerencia de Grudem es atractiva, en que busca combinar ambas posiciones: permitir que las mujeres ejerzan los dones, y que al mismo tiempo acepten un papel de sumisión cuando se trata de procesos evaluativos. En lo teológico, parece que esto concuerda con las enseñanzas bíblicas sobre las funciones y responsabilidades de los hombres y las mujeres, y por lo visto se aplica a "todas las iglesias" como principio general de metodología.

Si se asume la posición de Grudem, sin embargo, quedan varias preguntas: ¿es este más que un principio del primer siglo? ¿Pueden las mujeres de la sociedad moderna, mejor educadas y familiarizadas con la adoración carismática, evaluar las profecías?

Debemos definir lo que se entiende por "evaluar". ¿Es alguna proclamación oficial y pública de la validez de una profecía? ¿Podría parte del proceso de evaluación ser en forma de una confirmación por medio de otra profecía? ¿Podría ser una respuesta positiva al ministerio por medio de la adoración? Y si la reunión es de mujeres, ¿elimina esto el ejercicio de los dones proféticos, ya que no hay hombre allí para evaluarlos? ¿Qué de algún lugar alejado y solitario de ministerio donde sólo una mujer se atreve a predicar el evangelio?

Las mujeres practican la evaluación todos los días. Toman decisiones comerciales; resuelven asuntos de educación, temas morales, aspectos familiares; y tratan asuntos políticos. Se hace evaluación, obviamente, en la iglesia, y las mujeres participan en el proceso. El problema no es si pueden o no hacerlo; en última instancia, tiene que ver con el método que se use.

Un tercer enfoque escritural considera que la palabra "cabeza", en 1 Corintio 11:3-16, se refiere a la fuente, no al control o una cadena de mando.[49] Como el hombre fue creado primero, después la mujer, entonces ésta ve al hombre como su fuente. Así también, Cristo es la fuente de toda la creación. La plena expresión de la mujer cristiana significaría la plena expresión de los ministerios y los dones.

Algunos piensan que en 14:34,35 Pablo cita las opiniones de un grupo judío que enseñaba la mínima participación de las mujeres, tal como decía la ley oral judía.[50] Es obvio que Pablo cita de la carta de ellos varias veces en esta epístola.[51] Él contrarresta su declaración con 14:36-37, diciendo que lo que escribe es un mandato del Señor. La palabra de Dios no vino sólo para los hombres. El problema con este punto de vista, no obstante, es que nada en el contexto alude a una cita de los corintios y presupone que algunos prohibían a las mujeres el derecho de hablar.

La literatura sobre este tema es amplia. Cada posición presupone una comprensión dada del problema en Corinto. Sabemos que tanto judíos como griegos tenían fuertes puntos de vista culturales sobre el lugar de la mujer. Las mujeres que tenían opiniones extremas sobre la libertad y los asuntos espirituales planteaban un problema al testimonio permanente de la iglesia a las familias y la comunidad de Corinto. Pablo no trataba de obstaculizar el ministerio de la mujer, sino que quería liberarlas para que cumplieran el llamado de Dios. Cada punto de vista tiene sus fortalezas y debilidades. En amor, hay que tratar de entender cada posición. Los problemas que hubo en Corinto pueden no volver a ocurrir en este siglo, pero los principios de disciplina, orden y edificación espiritual siempre serán importantes.

El tema de las mujeres en el ministerio, desde un punto de vista pentecostal, debe responderse con varias presuposiciones en mente. Primero, el Espíritu Santo ha sido derramado sobre todos para que sirvamos al Señor. Independientemente de la edad, el sexo o la capacidad, cada creyente es un sacerdote para Dios y sus semejantes. El Espíritu Santo ha ordenado a todos para su respectiva obra. La ordenación de alguno para el ministerio, por una iglesia o denominación, no es más que un reconocimiento de lo que Dios ya ha hecho. Apartamos para el ministerio a los que Dios ya ha llamado (Hechos 13:2).

Segundo, el Espíritu Santo reparte los dones de ministerio "como él quiere" (1 Corintios 12:11). La pregunta de qué ministerios están disponibles para las mujeres es respondida por los ministerios que Dios le da a cada mujer. Ana la profetisa, Débora la jueza, Dorcas la líder del grupo de mujeres, Febe la diaconisa, Priscila quien (junto con Aquila) enseñó a Apolos, las hijas de Felipe que eran profetisas, y las mujeres en Corinto que oraban o profetizaban (1 Corintios 11:5) son ejemplos de mujeres en diversas formas de ministerio.

Tercero, según 1 Corintios 14:34,35 y 1 Timoteo 2:11, las mujeres no debían perturbar el orden (como, por alguna razón, lo hacían las mujeres en Corinto y Éfeso). Una acción o pregunta inoportuna podía alterar o cambiar el ambiente general de la reunión. Esas preguntas serían mejor respondidas en casa o en un estudio bíblico en grupo pequeño.

En cuarto lugar, el corazón del tema de las mujeres en el ministerio no tiene que ver con qué ministerio, sino cómo se manifiestan. La mujer debe concentrarse en la *metodología* por la que comunica los ministerios que Dios le ha dado. Si lo hace de manera humilde, si consulta con otras personas y respeta el pensamiento de éstas (hombres y mujeres), si no asume una posición por prestigio propio o poder, o si no codicia un puesto que debe ser de otros, entonces Dios abre las puertas.

La forma de ministrar de una mujer puede ser una contribución única a la obra de Dios. Ella trata de descubrir lo mejor de otros sin buscar su propia gloria. Al mismo tiempo sabe que la sumisión no significa supresión. Es un deseo de compartir todo lo que Dios le ha dado. Una mujer sabia y piadosa sabe comunicarse de tal manera que sea bien recibida.

Al menos parte del problema en Corinto era que hacían preguntas en las reuniones. Si esto se debía simplemente a la ignorancia de procedimientos adecuados, mala doctrina, un deseo de autoridad, o la evaluación de las profecías, tales preguntas interrumpían el servicio.[52] El modo de enfoque estaba en cuestión. En la iglesia tenía que haber sumisión a la autoridad.

En quinto lugar, la responsabilidad primaria de la mujer es a su marido y a su familia. Ella es el corazón del hogar y él es la cabeza. Se da gran honor al papel de la mujer en el hogar por los posibles beneficios para el hogar y la sociedad. Las actitudes de reverencia y responsabilidad al Señor pueden hacer del hogar un refugio y lo más cercano al cielo en la tierra.

1 Corintios 14:36-40
Cada cosa en su debido lugar

¿Acaso ha salido de vosotros la palabra de Dios, o sólo a vosotros ha llegado? Si alguno se cree profeta, o espiritual, reconozca que lo que os escribo son mandamientos del Señor. Mas el que ignora, ignore. Así que, hermanos, procurad profetizar, y no impidáis el hablar lenguas; pero hágase todo decentemente y con orden.

Los comentaristas y traductores de la Biblia no están de acuerdo en cuanto al versículo 36, si corresponde con los versículos anteriores sobre las mujeres o si se refiere a todo el problema de 1 Corintios 14. ¿Se trata de una acusación de las mujeres en Corinto, que pensaban que tenían la verdad? En nada 14:34,35 insinúa que las mujeres hacían el reclamo de originar la verdad, a menos que el problema sea el de las maestras inclinadas al gnosticismo. No es inherente al texto en sí.[53] Este versículo suena como el orgullo de cualquier grupo que pensaba que era más espiritual y más conocedor que otros.

Aquí se pone de manifiesto el significado de los verbos griegos en 14:36. El verbo *exelthen* es un aoristo inceptivo que enfatiza el comienzo de una acción;

por lo cual, la traducción "salido". El verbo *katentesen* es un aoristo culminativo, "ha llegado", que enfatiza el punto final de una acción. La verdad de Dios no debía comenzar y terminar con unos pocos elegidos en Corinto. Ellos no representaban la suma total del conocimiento en asuntos espirituales. Las preguntas de Pablo son retóricas, lo cual hacía parecer ridículo su orgullo. Al mismo tiempo, Pablo no dice que eran falsos maestros ni insinúa que la verdad no había llegado a ellos. Parece probable que eran creyentes.

El evangelio se originó con Jesucristo. Ya había tocado gran parte del mundo. Pablo enfatiza "vosotros" en 14:36, para contrastar su sabiduría mundana y carnal con su testimonio apostólico, claro y autoritario. Sin duda, en 14:37 él afirma su autoridad.

La frase "profeta, o espiritual" (14:37) se refiere claramente a personas, no a dones.[54] Algunos profetas pensaban que ellos eran los que tenían revelaciones especiales y dones que trascendían a la generalidad de los creyentes en Cristo. Las palabras para "profeta" y "espiritual" son singulares, así que puede estar confrontando a personas específicas.

Nótese que Pablo en 14:36-40 enfoca los asuntos clave de 1 Corintios 12–14 (véase la tabla en la página siguiente).

Pablo comienza su comentario diciendo que no quiere que los creyentes corintios ignoren acerca de los dones (véase 1 Corintios 10:1). El genuino conocimiento espiritual conduce a la humildad y al respeto mutuo. El conocimiento humano puede producir orgullo indebido (1 Corintios 8:1). Ahora, en 14:38, Pablo finaliza su argumento, resignado al hecho de que algunos endurecerán su corazón a la verdad. La traducción de la NVI traduce mejor la idea del verbo griego: "Si no lo reconoce, tampoco él será reconocido." ¡Qué irónico! El que dice tener conocimiento especial (*gnosis*) debería ser escuchado, si es que tiene el conocimiento que dice tener. Pero en lugar de conocer la verdad, esta persona ignoraba la verdad y no la reconocía.

Pablo también comenzó este discurso sobre los dones con la confesión del señorío de Jesús (12:3). Ahora, al cerrar su comentario, les advierte que no nieguen su señorío, ignorando sus instrucciones. ("Señor" está en posición enfática en la oración gramatical.)

La comunicación clara está en juego. Por eso, la iglesia debe anhelar los dones proféticos, hablados en el lenguaje conocido. Al mismo tiempo, Pablo advierte a los que despreciaban las lenguas y prohibían que otros hablaran en lenguas.[55] Necesitaban poner los dones en su debida perspectiva (14:40). Al enfatizar ciertos dones, olvidaron al Dador de los dones y el propósito de éstos. Cuando la atención se centra en Cristo, todo se compone en el patrón, sin confusión, orgullo, carnalidad ni divisionismo. Así, otros verán que Dios está presente. La palabra "decentemente", "apropiado" (NVI), se refiere a lo atractivo y bello, que causa una grata impresión en todos. Las palabras "con orden" contrastan con el desorden de una muchedumbre rebelde o un motín, representado en 14:33. Muestra un ejército bien ordenado; soldados creyentes en Cristo que marchan en un escala completa y gloriosa.

Comparación de asuntos clave

14:36-40   12 al 14

14:36	¿Revelaciones especiales a ciertas personas?	12:6,11	Dios opera todos los dones en todos los hombres
		12:12	Somos parte del cuerpo
		13:9	"en parte" profetizamos...
14:37	Personas dotadas espiritualmente	12:4-11, 28-30; 13:1-3	Listas de dones
14:37-38	Conocimiento e ignorancia de los dones contrastados y sometidos al señorío de Jesucristo en el ejercicio del don	12:1	*Ignorancia* con respecto a los dones, no deseable
		12:3	Pablo les *hace saber* que los dones espirituales deben ejercerse bajo el señorío de Jesucristo.[56]
14:39	Mandatos concernientes a la profecía y las lenguas	14:1-33a	La profecía y las lenguas comparadas en cuanto a la función
14:40	Debido orden	14:33	Dios es un Dios de orden y paz

5

La iglesia viviente

R omanos 12, 1 Corintios 12 al 14 y Efesios 4 contienen algunos de los mejores reflexiones de Pablo sobre la iglesia. La iglesia del primer siglo fue carismática desde el día de Pentecostés. Sobre la base de lo que leemos en Hechos de los Apóstoles y la terminología y las enseñanzas de la literatura paulina, está claro que las iglesias que Pablo estableció se iniciaron por una gran obra del Espíritu de Dios en situaciones difíciles.

Pablo enseñó a estas iglesias a que siguieran en el poder y la manifestación del Espíritu de Dios. ¿Quién más podría haberles enseñado, y cómo podrían haber sabido en qué forma operar en los dones espirituales? La teología integral de Pablo sobre la iglesia es una comprensión completa de los dones. Un estudio cuidadoso revela que prácticamente todas sus epístolas ponen de manifiesto, en diversos grados, algún aspecto de esto. Por tanto, la iglesia de Corinto no era única por su operación de los dones del Espíritu, sino por su mayor abuso de ellos.

Aunque Romanos, 1 Corintios y Efesios están dirigidos a tres iglesias de diferentes culturas, problemas e historias, los capítulos antes mencionados de estos libros contienen un mensaje pertinente a la iglesia universal. Los tres pasajes contienen un esquema común; abundan las similitudes. Aunque muchos versículos representan la enseñanza única de la epístola que los contiene, otros versículos de los tres pasajes están relacionados integralmente aunque expresados de manera diferente. Algunos son casi textuales al de los otros pasajes. Romanos 1 al 11 establece una declaración doctrinal completa sobre la salvación y la santificación. Luego, en Romanos 12, comienza la aplicación práctica, pasando de la doctrina a las debidas relaciones y ministerios.

En 1 Corintios 12 al 14, Pablo confronta las afirmaciones y actitudes corintias sobre los dones, dando principios positivos para el ejercicio de ellos. Desde su fundación de la iglesia, les había enseñado a acerca de los dones.

Mientras que en otras epístolas la doctrina conduce a la forma de vida, en Efesios la adoración (capítulos 1 al 3) conduce a la forma de vida (capítulos 4 al 6). Tanto la doctrina como la adoración son necesarias. La vida del creyente es la expresión de su doctrina y adoración. En Efesios 4 y 5, Pablo trata los principios del ministerio mutuo por medio de los dones.

Los comentaristas han notado puntos de correlación en estos capítulos, en la analogía del cuerpo y las listas de dones. Su énfasis, sin embargo, ha sido dejar que Romanos 12 proceda como el argumento principal sobre la santificación práctica y el comportamiento ético. Los dones parecen ser incidentalmente puestos en Romanos 12:6-8. Efesios 4:1-16 no se relacionaba con 4:17-32, ni se estableció una conexión con Romanos y Corintios, excepto para mencionar los dones. Los estudios eruditos del presente sacan a la luz una nueva dimensión de interpretación, que muestra cuán estrechamente interconectados están los tres pasajes.

Estos pasajes revelan lo que es la iglesia por medio del ejercicio de los dones. Enseñan el contexto, las condiciones previas y las comprensiones que pueden liberar a una iglesia para que ejerza los dones. En lugar de enfatizar sólo los dones espectaculares, se debe ver la naturaleza esencial de todos los dones y su ejercicio regular.

Estos pasajes están escritos en un contexto ético para mostrar cómo deben vivir los creyentes. Los creyentes viven en el Reino que ha venido pero aún esperan el día de su final redención. Este día se menciona como "la ira de Dios" (Romanos 12:19); "mas cuando venga lo perfecto... entonces conoceré como fui conocido" (1 Corintios 13:10,12); "hasta que todos lleguemos a la unidad de la fe... a la medida de la estatura de la plenitud de Cristo... para el día de la redención" (Efesios 4:13,30). Las interrelaciones de la eclesiología (el estudio de la iglesia), la ética (nuestra conducta) y la escatología (la venida de Cristo) son claras e inseparables.

Ernst Käsemann cree que todo Romanos 12 está relacionado con la comunidad carismática. Lo describe de la siguiente manera:

Romanos 12:1,2	Adoración en el mundo
Romanos 12:3-8	Consejos para los carismáticos que se destacan
Romanos 12:9-21	La comunidad carismática[1]

Markus Barth entiende Efesios 4 como relacionado con el pueblo carismático de Dios, que anticipa el juicio escatológico de Dios. Aunque la palabra "iglesia" no se usa aquí, a través de declaraciones imperativas, confesionales, exegéticas, narrativas, escatológicas y polémicas, está claramente enfocado el contexto de la iglesia en adoración y acción.[2] Hablando de la relación entre Efesios 4:1-16 y 4:17-32, él dice:

Mientras que la primera parte pone más énfasis en el orden, el propósito y la vida de la iglesia como un todo, la segunda parte enfatiza sobre todo las cosas que constituyen la conducta y la motivación de cada creyente. Pero las dos secciones no son exclusivas; la eclesiología es ética, y la ética es eclesiología... ambas se basan en la venida y la proclamación de Cristo.[3]

Max Turner ve cuatro razones para correlacionar Romanos 12 y 1 Corintios 12:

1. "Pablo basa *charisma* (dones) en *charis* (gracia)" (Romanos 12:3,6; 15:15; 1 Corintios 1:4-7).
2. *Charismata* se discute dentro de una estructura ética (Romanos 12:1-3,9ss).
3. "La unidad y la diversidad en un cuerpo es la ilustración principal."
4. "Pablo enfatiza la necesidad... de comprender el papel de cada uno como contribuyente al todo... de conocer los límites y las funciones de nuestro *charisma(ta)* y usarlos completamente a la luz del hecho de que son mensajes proféticos individuales de la *charis* (gracia) de Dios."[4]

El siguiente esquema nos guiará en los comentarios de los puntos de paralelismo.

Pasajes paralelos

Puntos principales	Romanos	1 Corintios	Efesios
La naturaleza de encarnación	**12:1**	**12:1-2**	**4:1-3**
Exhortación	12:1	12:1	4:1
El cuerpo	12:1	12:2	
La mente renovada	12:2	12:3; 13:1	4:2-3, 17-24
Humildad	12:3	13:4,5	4:2
¿Mansedumbre o pérdida de control	12:1-2	12:2,3;3:4-7	4:2, 14,15
Unidad y diversidad en la Trinidad		**12:4-6**	**4:4-6**
Espíritu		12:4	4:4
Señor		12:5	4:5
Padre		12:6	4:6

Pasajes paralelos / continuación

Puntos principales	Romanos	1 Corintios	Efesios
La lista de dones/ la diversidad de ministerios (véase 1 Pedro 4:9-11)	**12:6-8**	**12:7-11, 28-31** 13:1-3	**4:7-12**
La naturaleza funcional	12:6-8	12:1, 29,30	4:7,11
Lineamientos	12:6-8	12:7,12,19, 24,25; 13:1-13	4:11,12
Un cuerpo, muchos miembros	**12:4,5**	**12:12-27**	**4:15,16, 25-29**
Edificación	12:6-16	12:7; 14:3-6, 12,16,17,26	4:12,13, 15,16, 25-32
Empatía	12:10,15	12:25,26	4:16
El amor sincero	**12:9-21**	**13:1-13**	**4:25–5:2**
Aborreced lo malo, seguid lo bueno	12:9	13:6	4:25
La bondad	12:10	13:4,5	4:32
La diligencia	12:11	13:6	4:1, 23,24
Gozo, constancia, oración	12:12	13:7,8	
Comunión con los necesitados	12:8,13	13:3	4:28
Ninguna palabra corrompida	12:14	13:11	4:26-29
Humilde modo de pensar	12:16	12:25; 13:4	4:2,23
No nos venguemos	12:17	13:5	4:31
Estar en paz	12:18	13:5,6	
El manejo de la ira	12:17		4:26,31
La justicia de Dios	**12:19-21**	**13:10,12**	**4:13,15,30**

La naturaleza de encarnación
de los dones

Exhortación

> **Así que, hermanos, os ruego por las misericordias de Dios, que presentéis vuestros cuerpos en sacrificio vivo, santo, agradable a Dios, que es vuestro culto racional (Romanos 12:1).**

> **No quiero, hermanos, que ignoréis acerca de los dones espirituales (1 Corintios 12:1).**

> **Yo pues, preso en el Señor, os ruego que andéis como es digno de la vocación con que fuisteis llamados (Efesios 4:1).**

Porque los dones son de encarnación, la responsabilidad humana entra en juego. Pablo exhorta fervientemente:

"Os ruego" (Romanos 12:1; Efesios 4:1).
"No quiero, hermanos, que ignoréis" (1 Corintios 12:1).

El llamado está dirigido a cada creyente para que en vista de la venida del Señor viva todo su potencial. Los mandamientos de Dios y su llamado a nosotros no son gravosos, sino que nos liberan para que irradiemos el evangelio. Debemos reflejar en nuestra vida quiénes somos en Cristo.

El uso de imperativos refleja el carácter, la dicción y el contenido de las amonestaciones de los maestros sabios de Israel. Markus Barth siente que Pablo habló de la iglesia como una escuela mesiánica donde somos discipulados para llegar a ser como Jesús y para aprender a ministrar en su poder. La escuela no era sólo un lugar para aprender sobre Cristo, sino para aprender a asumir su vida, poder y visión. Pablo no entrenó a sus colaboradores en la obra acerca de las misiones, sino que los entrenó en misiones.

La vida como miembro del cuerpo de Cristo debe conducir naturalmente al discipulado. Es claro que el enfoque de Pablo fue práctico y ético. La rica herencia de Pablo dentro del judaísmo no le permitía estar tan orientado hacia lo celestial que no fuera bueno para vivir en la tierra. En realidad, cada declaración de Pablo de una verdad teológica es seguida por un mandato profético sobre cómo vivir hoy.[5] Es obvio que en su ministerio y sus escritos fue influenciado por el movimiento de sabiduría del Antiguo Testamento.

El cuerpo

> **Así que, hermanos, os ruego por las misericordias de Dios, que presentéis vuestros cuerpos en sacrificio vivo, santo, agradable a Dios, que es vuestro culto racional (Romanos 12:1).**

Sabéis que cuando erais gentiles, se os extraviaba llevándoos, como se os llevaba, a los ídolos mudos (1 Corintios 12:2).

Los primeros tres versículos de cada pasaje (Romanos 12, 1 Corintios 12, y Efesios 4) muestran que los creyentes en Cristo deben someter al Señor cuerpo, mente, conducta y actitudes. El cuerpo humano no es, como dicen los griegos, "un receptáculo para el alma", sino que es la extensión de la personalidad y la vida. No podemos conocer a nadie si no está en su cuerpo. El cuerpo no es malo, sino integral a un verdadero sacrificio a Dios. Pablo usó analogías relacionadas con sacrificio y ofrendas para mostrar la totalidad de la vida como una adoración a Dios. La NVI traduce apropiadamente *latreia* como "adoración espiritual" (Romanos 12:1). Debemos establecerlo en nuestra mente y ofrecer nuestro cuerpo como sacrificio vivo.

La mente renovada

No os conforméis a este siglo, sino transformaos por medio de la renovación de vuestro entendimiento, para que comprobéis cuál sea la buena voluntad de Dios, agradable y perfecta (Romanos 12:2).

Por tanto, os hago saber que nadie que hable por el Espíritu de Dios llama anatema a Jesús; y nadie puede llamar a Jesús Señor, sino por el Espíritu Santo (1 Corintios 12:3).

Cuando yo era niño, hablaba como niño, pensaba como niño, juzgaba como niño; mas cuando ya fui hombre, dejé lo que era de niño (1 Corintios 13:11).

Hermanos, no seáis niños en el modo de pensar, sino sed niños en la malicia, pero maduros en el modo de pensar (1 Corintios 14:20).

Con toda humildad y mansedumbre, soportándoos con paciencia los unos a los otros en amor, solícitos en guardar la unidad del Espíritu en el vínculo de la paz (Efesios 4:2,3).

Esto, pues, digo y requiero en el Señor: que ya no andéis como los otros gentiles, que andan en la vanidad de su mente, teniendo el entendimiento entenebrecido, ajenos de la vida de Dios por la ignorancia que en ellos hay, por la dureza de su corazón; los cuales, después que perdieron toda sensibilidad, se entregaron a la lascivia para cometer con avidez toda clase de impureza.

Mas vosotros no habéis aprendido así a Cristo, si en verdad le habéis oído, y habéis sido por él enseñados, conforme a la verdad que está en Jesús. En cuanto a la pasada manera de vivir, despojaos del viejo hombre, que está viciado conforme a los deseos

engañosos, y renovaos en el espíritu de vuestra mente, y vestíos
del nuevo hombre, creado según Dios en la justicia y santidad de la
verdad (Efesios 4:17-24).

Pablo advierte a los creyentes romanos acerca de una mala y arrogante
actitud que pudieran tener hacia los demás. Él quiere que se contenten con el
ministerio de los dones que Dios les ha dado. Aunque no sabemos de ningún
gran problema en Roma al momento de la escritura de Pablo, la situación en
Corinto estaba en drástica necesidad de ser sanada. A pesar de estos contextos contrastantes, los principios para resolver la situación eran los mismos.

La mente debe ser transformada y renovada. Aun ahora Dios nos está
transformando de gloria en gloria (2 Corintios 3:18). Así que los creyentes deben pensar como personas maduras, renovadas en espíritu. Se necesita una
nueva perspectiva y calidad de pensamiento. La mente santificada discierne la
doctrina equivocada ("nadie que hable por el Espíritu de Dios llama anatema
a Jesús") y se somete al señorío de Jesucristo ("nadie puede llamar a Jesús
Señor, sino por el Espíritu Santo", 1 Corintios 12:3). Pablo, alegremente, dice:
"Yo pues, preso en el Señor" (Efesios 4:1). No hay un llamado mayor que ser
un esclavo de amor de Jesucristo.

Dos palabras para "nuevo" son *neos* (nuevo en el tiempo, como una prenda
recién hecha) y *kainos* (nuevo en calidad y carácter, como cristiano nacido
de nuevo).[6] El cristiano es nuevo en ambos sentidos. Hay un a.C., antes de
Cristo, y d.C., después de Cristo. Hay un momento en el que se da nueva
vida; vida eterna y diferente en carácter de cualquier cosa anterior. Debido a
que la mente terrenal busca seguridad en su propia perspectiva y cosmovisión,
no puede comprender esta nueva mentalidad.

La vida cristiana no es simplemente una vida mejor, sino una forma de vida
radicalmente diferente y superior, que sólo la gracia de Dios hace posible. Una
vez eran gentiles (1 Corintios 12:2; Efesios 4:17-19); pero no debían conformar-
se más "a este siglo" (Romanos 12:2). El pasaje de Efesios es específico sobre
este patrón: robos, mentiras, peleas, chismes, enojos, amargura (4:17-32).

Humildad

Digo, pues, por la gracia que me es dada, a cada cual que está entre
vosotros, que no tenga más alto concepto de sí que el que debe
tener, sino que piense de sí con cordura, conforme a la medida de
fe que Dios repartió a cada uno (Romanos 12:3).

El amor es sufrido, es benigno; el amor no tiene envidia, el amor no
es jactancioso, no se envanece; no hace nada indebido, no busca
lo suyo, no se irrita, no guarda rencor (1 Corintios 13:4,5).

Con toda humildad y mansedumbre, soportándoos con paciencia los unos a los otros en amor (Efesios 4:2).

Para Pablo, toda bendición se basa en la gracia de Dios. La salvación, la elección, el llamado de Dios, el ministerio, la iglesia, los dones del Espíritu... Dios nos da todos por su generosidad, por su gracia.[7] Como alguien ha observado: "Para Pablo, la teología es gracia, y la ética es gratitud." El ministerio, la vida y la ética del creyente no son más que una respuesta agradecida a Dios. Nadie debe jactarse, sino pensar de sí con cordura (Romanos 12:3).

Las misericordias de Dios motivaron nuestra redención: "Mientras que los paganos o gentiles son propensos al sacrificio para obtener misericordia, la fe bíblica enseña que la misericordia divina da la base para el sacrificio como la respuesta adecuada."[8]

Así como los israelitas necesitaban maná diariamente, nosotros dependemos a diario de Dios. Los dones que recibimos son parciales, incompletos (por ejemplo, una "medida" de fe, Romanos 12:3; "en parte" profetizamos, 1 Corintios 13:9; hay "diversidad" de dones, 1 Corintios 12:4; gracia "conforme a la medida del don" de Cristo, Efesios 4:7). Dios coloca a los miembros del cuerpo donde Él quiere, y luego reparte los dones de acuerdo con su gracia.[9] Esta es obra de Dios y Dios recibirá toda la gloria.

Debido a esta gracia, Pablo con gusto sufrió críticas, maltrato, injusticia, chismes, difamación y persecución. Usó términos como "preso del Señor", "andar digno de su llamado" y "con toda humildad" para describir esta forma de pensar. Una mirada a la gracia infinita de Dios, a su llamado santo, a su plan para nuestra vida, y a su amor con que reconcilia a la humanidad perdida deberían ayudarnos a reconocer cuán inmerecido es su favor.

Jesús mismo llegó a ser el ejemplo perfecto de humildad al dejar las glorias del cielo para morir en el Calvario. Esta debe ser nuestra mentalidad. No se trata de nuestros sentimientos, ni de la igualdad y los derechos. La gloria de Cristo es lo único que vale. Si deseamos un fluir continuo del Espíritu, es indispensable que tengamos una actitud de siervo.

Los griegos no consideraban la humildad como una virtud; pero los creyentes le daban un alto valor. Debemos acercarnos a Dios pobres en espíritu, con la certeza de que somos pecadores que necesitamos la gracia de Dios. Entonces Dios puede derramar sus bendiciones sobre nosotros. Efesios 4:1-3 reflexiona sobre estas tres bienaventuranzas (Mateo 5:3,5,9):

- ser pobres en espíritu
- ser mansos
- ser pacificadores

La verdadera humildad sabe que Dios está al mando. Él lucha por nosotros.

¿Mansedumbre o pérdida de control?

Así que, hermanos, os ruego por las misericordias de Dios, que presentéis vuestros cuerpos en sacrificio vivo, santo, agradable a Dios, que es vuestro culto racional. No os conforméis a este siglo, sino transformaos por medio de la renovación de vuestro entendimiento, para que comprobéis cuál sea la buena voluntad de Dios, agradable y perfecta (Romanos 12:1,2).

Sabéis que cuando erais gentiles, se os extraviaba llevándoos, como se os llevaba, a los ídolos mudos. Por tanto, os hago saber que nadie que hable por el Espíritu de Dios llama anatema a Jesús; y nadie puede llamar a Jesús Señor, sino por el Espíritu Santo (1 Corintios 12:2,3).

El amor es sufrido, es benigno; el amor no tiene envidia, el amor no es jactancioso, no se envanece; no hace nada indebido, no busca lo suyo, no se irrita, no guarda rencor; no se goza de la injusticia, mas se goza de la verdad. Todo lo sufre, todo lo cree, todo lo espera, todo lo soporta (1 Corintios 13:4-7).

Con toda humildad y mansedumbre, soportándoos con paciencia los unos a los otros en amor (Efesios 4:2).

Para que ya no seamos niños fluctuantes, llevados por doquiera de todo viento de doctrina, por estratagema de hombres que para engañar emplean con astucia las artimañas del error, sino que siguiendo la verdad en amor, crezcamos en todo en aquel que es la cabeza, esto es, Cristo (Efesios 4:14,15).

No por recibir dos dones espirituales una persona pierde el control de sus facultades. Por el contrario, a medida que se rinde completamente al control del Espíritu Santo, descubre que puede más efectivamente ejercitar los dones espirituales así como la gama completa de sus habilidades naturales. El verdadero control viene cuando el Espíritu guía, aconseja y moldea nuestro pensamiento y nuestras acciones, y cuando Jesús es Señor.

La mansedumbre y la humildad son parte del modo de vida del cristiano. La "mansedumbre" habla de un animal salvaje que ha sido disciplinado y domesticado, cuyo temperamento ha sido controlado. El animal tiene potencial para el mal o el bien, pero lo usa para el bien. Se habla de Moisés y Jesús que fueron mansos (humildes). Jesús dijo: "Bienaventurados los mansos" (Mateo 5:5). Con mansedumbre ejercitamos los dones según la medida de la fe. En lugar de perder el control, "los espíritus de los profetas están sujetos a los profetas" (1 Corintios 14:32). Si tenemos conocimiento y actitudes adecuados, el Espíritu puede obrar más efectivamente en nuestros aspectos de ministerio. Dios nos da no solo fe salvadora, sino fe efectiva para cumplir con nuestras responsabilidades (Romanos 12:3).

Parte de la mansedumbre es paciencia. Efesios 4:2 relaciona la palabra *makrothumia* con la paciencia al prójimo. Esto es primero. Tener paciencia en acontecimientos y pruebas no sirve de nada si no somos pacientes con las personas. En 1 Corintios 13:4-7, Pablo comienza con *makrothumia*, paciencia con la gente, y termina con *hupomone*, paciencia en las circunstancias. En Romanos 12:12-21, Pablo enfoca ambos tipos de paciencia (v. 12, *hupomones*, y vv. 17 al 21, *makrothumia*). Cuando vemos a los demás como Dios los ve, confiaremos en que Dios se encargará de las circunstancias y resolverá todo para bien. La paciencia de Dios no es fatalista. Es una actitud activa y positiva acerca de la persona y/o sobre la situación y Dios.

Efesios 4 extiende el argumento de la mansedumbre desde las dimensiones personales a las corporativas. No sólo los individuos deben desarrollar dominio propio, sino que todo el cuerpo de Cristo debe dejar de lado los prejuicios, las heridas y las estrechas perspectivas para ver el mayor bien en servir al reino de Dios. La mansedumbre (Efesios 4:1,2) conducirá a la unidad (vv. 3-6), de modo que la iglesia llegue a la madurez, alcanzando toda la medida de la plenitud de Cristo (Efesios 4:13).

Pablo apela a que sean solícitos en guardar la unidad (vv. 1-3), describiendo su base bíblica como la forma en que Dios mismo obra (vv. 4-6), su diversidad en dones (vv. 7-12), y cómo se puede perfeccionar para que refleje la unidad de Dios (vv. 13-32). En el contexto de esta unidad, la iglesia puede ser más efectiva. Un estudio del sacerdocio en la Tierra Santa, en la era entre ambos Testamentos, revelará corrupción, avaricia y búsqueda de poder político a expensas de los demás. La gente común sufrió como resultado. El pueblo anhelaba tener un maestro de justicia que les mostrara el camino a la verdadera religión. Ese sacerdocio es un ejemplo clásico de la falta de poder espiritual.

Los hombres hambrientos de poder destruyeron la unidad. Sin embargo, cuando la iglesia primitiva fue amenazada por una disputa sobre las viudas helenísticas (Hechos 6), los líderes pidieron a Dios sabiduría y resolvieron la situación pacíficamente. La oración de Jesús en Juan 17 fue por unidad, de que sus discípulos reconocieran su gloria y que el mundo entendiera el amor del Padre por la humanidad. Una vista de la gloria de Dios nos permitirá trascender las diferencias humanas.

Pablo se basa en el sentido activo de la paciencia y exhorta a los creyentes a ser "solícitos en guardar la unidad del Espíritu mediante el vínculo de la paz" (Efesios 4:3). Debemos esperar resultados positivos. En nuestra posición con Cristo tenemos paz, pero en la práctica debemos guardarla y preservarla en relación con los demás. La palabra paz en griego, *eirene*, significa reunir lo que se ha separado. El uso de la paz por parte de Pablo también incluye el sentido hebreo de *shalom*, que significa plenitud o bienestar. El propósito de la Cruz es la reconciliación con Dios primero, luego el uno con el otro. Esto produce la sensación de totalidad y unión.

La paz bíblica no fuerza un acuerdo entre dos partes, sino que busca restaurar las relaciones. Hay grandes diferencias entre las personas. La personalidad, las perspectivas y el entendimiento difieren. Pablo es realista: "Si es posible, en cuanto dependa de vosotros, estad en paz con todos los hombres" (Romanos 12:18). Debemos hacer nuestra parte. No podemos obligar a nadie a responder de cierta manera.[10]

Al operar los dones, al organizar la iglesia, al reunir una congregación multicultural, al tratar disputas personales, debemos buscar la paz. Esto no es la paz a cualquier costa o la lealtad ciega a un líder. No es paz porque tenemos la misma perspectiva cultural o teológica. Es la paz bíblica, basada en la gracia de Dios revelada en el Calvario.

No debemos ceder el control. Los siguientes verbos son pasivos, que indican la acción realizada a una persona: ser conformado al patrón de este mundo (Romanos 12:2), ser extraviado a ídolos mudos (1 Corintios 12:2), o ser llevado por todo viento de doctrina (Efesios 4:14). En la frase "llevado por todo viento", Pablo usa la imagen de una tormenta para hacer ver cómo los falsos maestros manipulaban la comprensión inmadura de los creyentes y sacudían su sentido de estabilidad.[11] Fíjese en los paralelos de estos tres capítulos.

Romanos: presenten su cuerpo y su mente para la adoración espiritual; comprueben cuál es la buena, aceptable y perfecta voluntad de Dios.

1 Corintios: no pierdan el control de su cuerpo; no acepten la falsa doctrina, sino dejen que Cristo sea el Señor.

Efesios: vivan dignos del llamado de Dios; tengan la debida actitud; sean renovados en el espíritu de su mente.

Estos primeros versículos de cada pasaje muestran la importancia de nuestro papel en el ejercicio de los dones. El enfoque está en quiénes somos más bien que en lo que hacemos. Dios quiere ver una personalidad santa en los que hacen su voluntad. Podemos ver cuán completa es esta verdad al observar cinco palabras fundamentales de ministerio en el Nuevo Testamento: compañerismo, adoración, enseñanza, proclamación y servicio. Estas palabras pueden agruparse en dos categorías:

- bajo "hacer": enseñanza, proclamación, servicio.
- bajo "ser": compañerismo, adoración (figura 5).

Todos los ministerios deben ser equilibrados en estas dos categorías. La mayoría de los creyentes se centran en "hacer" por Dios y se han conformado con una versión distorsionada del "ser", o simplemente han descuidado por completo ese aspecto de su vida. Para "hacer" con integridad, debemos "ser". Por ejemplo, el Espíritu Santo nos da poder para que "seamos" testigos (Hechos 1:8).

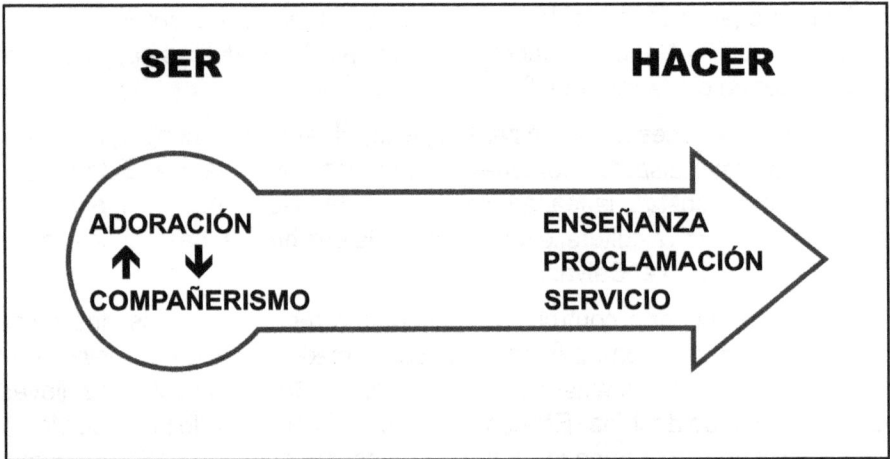

Figura 5. Ministerio equilibrado

La iglesia en Antioquía es un excelente ejemplo. Sus líderes provenían de diversos lugares, entre ellos África, Cirene, Chipre, Israel y Tarso. "Ministrando éstos al Señor, y ayunando" (Hechos 13:2), el Espíritu confirmó la dirección de Dios para Bernabé y Saulo. El movimiento misionero de esta iglesia nació en la adoración y la comunión multicultural (Hechos 13:1-3).

La adoración nos libera de una fijación en circunstancias adversas. Refleja nuestro deseo de vivir diariamente para la gloria de Dios. La verdadera adoración conduce a una comunión más profunda. No podemos decir que amamos a Dios si odiamos a nuestro hermano (1 Juan 4:19-21). Nuestro hermano es el don de Dios a nosotros, miembro del cuerpo de creyentes, alguien por quien Cristo murió, y una persona que puede ser usada por Dios para ministrar dones.

Es así como, la verdadera adoración debe conducir a la comprensión, la interacción y el amor en la familia de Dios. Marchamos a Sión juntos. A su vez, ese compañerismo más profundo nos lleva a amar más a Dios. Mientras otros ministran dones del Espíritu, agradecemos a Dios por el don y por la persona que los comparte. Nos valoramos mutuamente como personas, buscando proteger la dignidad y el orgullo de cada uno.

Al centrarnos primero en la categoría de "hacer", ponemos los objetivos por encima de las personas, desafiamos en lugar de nutrir, y experimentamos agotamiento y fatiga en lugar de fuerza e inspiración. El secreto del movimiento pentecostal ha sido la categoría de "ser".[12] En la adoración, vemos a Dios como nuestra fuente de fortaleza. Evangelizamos gracias al derramamiento de sus bendiciones. Es este amor ferviente, el testimonio, y la amistad lo que atrae a los demás.

La categoría de "ser" está en el contexto de la iglesia reunida. Aquí aprendemos a ejercer los dones y a ministrarnos unos a otros. Aprendemos sobre los caminos de Dios. Aceptamos las diferencias, aprendemos de nuestros errores, reímos y lloramos juntos. Aprendemos a ser el pueblo de Dios. La categoría de "hacer" está en el contexto de la iglesia dispersa en el mundo, para ser sal y luz, para ministrar en el poder del Espíritu. Pero ¿cómo podemos ir de lleno al mundo como pueblo de Dios a menos que vengamos de una reunión en un ambiente de aceptación, compromiso, amor, paz y estímulo para aprender sobre los dones? Es por esto que son tan importantes la humildad, la mansedumbre, la paciencia y el esfuerzo de mantener la unidad. Aprendemos juntos. Ganamos confianza en el ejercicio de los dones. Nuestra identidad y fuerza están en el cuerpo de Cristo.

La categoría "ser" sin la de "hacer" se convierte en una preocupación absorbente con uno mismo. La categoría de "hacer" sin la de "ser" se convierte en una preocupación agotadora de cumplir la tarea. El ejercicio de los dones solamente en el entorno de la iglesia no tiene sentido. En la iglesia somos "instruidos", discipulados (1 Corintios 14:31; *manthano* es la forma verbal en relación con el sustantivo *mathetes*, de discípulo). Según lo que se entiende del Nuevo Testamento, de lo que son y hacen los discípulos, está claro que estos discípulos deben ir y discipular a las naciones en el poder de Dios (Mateo 28:18-20 y todo el libro de Hechos).

Confundimos la intención de Pablo en 1 Corintios 12 al 14 infiriendo que los dones pertenecen principalmente dentro de la iglesia. Debido a que él trata cuestiones problemáticas, se centra en resolver los problemas dentro de la iglesia. En Romanos, la debida doctrina (capítulos 1 al 11) conduce a prácticas de la vida cristiana (capítulos 12 al 16). En Efesios, la adoración (capítulos 1 al 3) conduce a testimonio y conducta (capítulos 4 al 6). Todo esto debe ser puesto en el contexto de la visión de Pablo para evangelizar a los no alcanzados (Romanos 15:18-24; 16:26; Efesios 6:19,20). Tome nota especial de 1 Corintios 14:21-25 y el enfoque de Pablo sobre las oportunidades evangelísticas en las reuniones de adoración.

Pablo no ha hablado de las normas de santidad, vida espiritual más profunda y grandes revelaciones, sino de las responsabilidades básicas de los creyentes en Cristo en el ejercicio de la encarnación de los dones. Los asuntos son diferentes para cada iglesia, pero los principios son los mismos a lo largo de estos capítulos paralelos. Debemos ser bíblicos, amorosos, humildes, mutuamente sumisos, aceptar el señorío de Cristo, y asumir responsabilidad por la forma en que los dones se ejercen para edificación de la iglesia; en fin, expresamos en nuestra vida la mente de Cristo.

Unidad y diversidad en la Trinidad

La Trinidad es una diversidad en unidad. "Debido a que Dios es tres personas en una, es una unidad. Un Dios que es una persona nunca podría estar unido. A menos que Dios sea tres en uno, no sería gran cosa llamarlo 'uno'."[13] Este pensamiento forma el fundamento teológico para lo que sigue. La función de la iglesia es reflejar la naturaleza de Dios. Efesios 1 al 3 enseña que los creyentes en Cristo han de ser para su gloriosa alabanza y que deben manifestar las riquezas de su gracia. En Efesios 4 la iglesia, por la forma en que actúa, revela cómo Dios hace su obra. Los tres primeros versículos enseñan nuestra parte en los dones.

Este asunto de la unidad y la diversidad divina es también el eje para los pasajes de Corintios y Efesios. Ambas epístolas presentan al Padre, al Hijo y al Espíritu Santo como totalmente participantes en el plan de redención, que trabajan para el mismo ministerio y la misma meta. En Romanos 12 no se incluye el pasaje sobre la Trinidad; pero tanto estilísticamente y de contenido este pasaje enseña la unidad y la diversidad en el cuerpo de Cristo.

Efesios 4:4-6 puede haber sido un himno o una declaración de credo de la iglesia primitiva. Las similitudes entre 1 Corintios 12:4-6 y este pasaje son notables. El orden es el mismo: Espíritu, Señor, Dios.[14] En 1 Corintios 12 Pablo identifica a la Trinidad con "el Espíritu es el mismo", "el Señor es el mismo", Dios... es el mismo". En Efesios 4:4-6 se describe siete veces una unidad perfecta, por medio de siete usos de "un/una". Hay un Espíritu, un Señor, y un Dios y Padre.

Mediante la comparación de estos pasajes vemos qué actividades se atribuyen al Espíritu, al Señor, y al Padre en el asunto de la *charismata* y todo el plan redentor de Dios.

Espíritu

Ahora bien, hay diversidad de dones, pero el Espíritu es el mismo (1 Corintios 12:4).

Un cuerpo, y un Espíritu, como fuisteis también llamados en una misma esperanza de vuestra vocación (Efesios 4:4).

El Espíritu Santo, convenciéndonos y llamándonos a la salvación, nos coloca en el cuerpo de Cristo (1 Corintios 12:13), lo que nos permite vivir en la esperanza de su llamado (Efesios 4:4). El Espíritu reparte los dones conforme a su propia voluntad (1 Corintios 12:4,11). Los dones son manifestaciones del Espíritu (1 Corintios 12:7). Ministrados correctamente, los dones revelan hermosamente la coordinación, el mosaico, la unidad creativa en la diversidad, y la sabiduría y el poder que el Espíritu combina a la perfección. Los dones son expresiones de la personalidad del Espíritu Santo. Al mismo tiempo, los dones tienen un aspecto futuro, porque los dones manifestados ahora son solamente un cumplimiento parcial.

El Espíritu Santo se menciona como el Espíritu Santo prometido (Lucas 24:49; Efesios 1:13). Él es el cumplimiento de las promesas del Antiguo Testamento y de la promesa de Cristo acerca del poder que recibirían los discípulos. Efesios 1:13 lee: "Espíritu Santo de la promesa". No sólo la venida del Espíritu cumple la profecía, sino que el Espíritu trae consigo promesas del poder de Dios, su protección, su guía, y bendición hasta el día de la redención. Por medio del Espíritu, el creyente se fortalece, es edificada la iglesia, y el mundo es transformado.

Señor

Y hay diversidad de ministerios, pero el Señor es el mismo (1 Corintios 12:5).

. . . un Señor, una fe, un bautismo (Efesios 4:5).

Jesús es central en ambas listas de dones: 1 Corintios y Efesios. Él es el Señor y Maestro de nuestra vida. Venimos a Él con fe para recibir nuestra salvación, para formar parte del cuerpo de Cristo, y para identificarnos con Él en su sufrimiento, muerte y resurrección. Además, Él es el que da los dones a la iglesia.

El bautismo se refiere a la incorporación en el cuerpo de Cristo (Efesios 4:5; 1 Corintios 12:13). Los rituales no unen al cuerpo de Cristo. De hecho, a veces ocasionan desacuerdos, a tal punto de causar división. Hay referencia en las Escrituras a muchos bautismos; pero el contexto aquí es el de unirse al cuerpo de Cristo.[15]

La mayoría de los comentaristas se refieren a este bautismo como el bautismo en agua. La iglesia primitiva no conocía nada de largos intervalos entre la salvación y el bautismo en agua. El bautismo era una declaración pública pronto después de que alguien se había convertido a Cristo y renunciaba a su vida anterior. Al convertirse en cristiano, era bautizado y se unía a la iglesia.[16]

Cristo da dones y ministerios; Él nos llama para el servicio (Efesios 4:8,12).[17] La diversidad de funciones de los miembros del cuerpo revelan su creatividad en suplir sus necesidades (1 Corintios 12:12ss). Reflejamos su imagen.

La cita en Efesios 4:8 es del Salmo 68, un salmo de entronización. Este pasaje podría haberse referido a un rey o líder triunfante, que regresaba a Jerusalén después de haber vencido a los enemigos de Israel y que recibía dones tanto de sus enemigos como de la multitud que lo admiraba. O, al hablar de la coronación de un rey terrenal, este salmo pudiera ser profético de un Mesías justo y salvador.[18] La iglesia primitiva lo vio cumplido en Cristo, el héroe celestial. En lugar de recibir dones, Él los da. Murió y resucitó, ascendiendo sobre todo principado y poder, por la iglesia, no en favor de sí mismo.[19]

Curiosamente, el Salmo 68:18 se asociaba con el Pentecostés en el leccionario de la sinagoga.[20] ¡Qué apropiado que el Señor resucitado derramara su Espíritu en el día de Pentecostés! Por cierto, Él merece y recibirá dones de los hombres, pero se preocupa en primer lugar por la iglesia. Jesús siguió siendo siervo, incluso después de su resurrección y ascensión. Él ya es vencedor. Jesucristo ha sido exaltado a la diestra del Padre y, por tanto, ha derramado el Espíritu (Hechos 2:33). Esta victoria significa que un día toda rodilla se doblará y toda lengua confesará que Jesús es Señor. Pero antes de ese día, y en preparación para él, instituyó a la iglesia y equipó a su pueblo con dones del Espíritu.

Padre

Y hay diversidad de operaciones, pero Dios, que hace todas las cosas en todos, es el mismo (1 Corintios 12:6).

...un Dios y Padre de todos, el cual es sobre todos, y por todos, y en todos (Efesios 4:6).

Dios es "sobre todos". Él es soberano; supervisa toda la creación. No venimos a un Dios limitado en poder. Él trasciende todas las circunstancias, las necesidades y los prejuicios. Sus metas y planes son mucho mayores que todo lo que podamos imaginar.

Sin embargo, a pesar de su soberanía, entre su pueblo actúa como padre con sus hijos: Dios obra "por todos, y en todos". "Por todos" podría significar que usa los antecedentes de cada persona, sus talentos, su personalidad, y la situación de su vida. Dios supervisa hermosamente, entrelazando el flujo de los dones para cumplir sus propósitos. "En todos" enfatiza la elección personal del Padre de cada persona. Nuestras personalidades no son sumergidas sino mejoradas y ubicadas en un puesto de dignidad.

Sólo Dios es trascendente y absoluto. Sin embargo, es inherente en cada creyente. Cualquier persona que ejerza un don debe sentirse humillado por esto. ¡Qué privilegio y responsabilidad impresionante que el soberano Padre nos llame para glorificarlo!

El Padre nos escogió desde antes de la fundación del mundo (Efesios 1:4,5). Él nos coloca en el cuerpo conforme a su soberana e incuestionable voluntad (1 Corintios 12:18). Él manifiesta todos los dones para provecho (v. 7). Es sobre todos, por todos, y en todos (Efesios 4:6). La conclusión es que Él cuida de nuestros ministerios desde el principio hasta el resultado final.

Las listas de dones; la diversidad de ministerios

Hay mucha interrelación de dones en las diversas listas de dones. En 1 Corintios 14, la profecía es representante de todos los dones orales ministrados en el lenguaje entendido. No siempre es instantánea la identificación de los dones proféticos. Lo que aparece como una expresión profética puede inicialmente verse como uno de los otros dones, o una combinación de varios. El don de repartir puede revelarse al mostrar misericordia, como don de servicio, en exhortación o incluso martirio. La fe, las sanidades y los milagros están interrelacionados. Es fácil ver una posible correlación del don de enseñanza en Romanos 12 y las palabras de sabiduría y de ciencia en 1 Corintios. De hecho, no es difícil ver que los dones en una lista complementan los de otra lista.[21]

Toda la gama de dones se puede aplicar a los ministerios individuales. Como en el Capítulo 1 ya hemos tratado los dones en 1 Corintios y Efesios, tomemos como ejemplo la lista de dones en Romanos 12:7,8 y apliquémosla al ministerio de consejería. En alguna etapa del proceso de consejería, puede ser necesaria una palabra ungida que enfrente al pecado; en otra etapa, el estímulo puede venir por medio de servicio, enseñanza bíblica, exhortación, ofrenda de bienes materiales, o simplemente a través de una manifestación de la gracia y misericordia de Dios.

Sin embargo, la mayoría de estos dones en este contexto podrían identificarse como exhortación, misericordia o enseñanza. Una identificación más específica puede venir sólo después de evaluar los efectos del ministerio en el cuerpo de Cristo y en las almas perdidas. Los creyentes no pueden esperar hasta saber exactamente qué dones tienen antes de ejercer el don. Deben estar preparados para atender a las necesidades cuando surjan. Después, en un entorno adecuado de aprendizaje, el pastor puede ayudar a la congregación a evaluar cómo ejercer el don de manera eficaz y afinar el enfoque en la manifestación del don.

Los escritos del Nuevo Testamento sobre los dones espirituales dan una idea de su naturaleza funcional, así como pautas para su operación.

La naturaleza funcional

De manera que, teniendo diferentes dones, según la gracia que nos es dada, si el de profecía, úsese conforme a la medida de la fe; o si de servicio, en servir; o el que enseña, en la enseñanza; el que exhorta, en la exhortación; el que reparte, con liberalidad; el que preside, con solicitud; el que hace misericordia, con alegría (Romanos 12:6-8).

Pero todas estas cosas las hace uno y el mismo Espíritu, repartiendo a cada uno en particular como él quiere (1 Corintios 12:11).

¿Son todos apóstoles? ¿son todos profetas? ¿todos maestros? ¿hacen todos milagros? ¿Tienen todos dones de sanidad? ¿hablan todos lenguas? ¿interpretan todos? (1 Corintios 12:29,30).

Pero a cada uno de nosotros fue dada la gracia conforme a la medida del don de Cristo (Efesios 4:7).

Y él mismo constituyó a unos, apóstoles; a otros, profetas; a otros, evangelistas; a otros, pastores y maestros (Efesios 4:11).

La lista de Efesios habla de los dones de Cristo a la iglesia; las personas que tienen un ministerio de liderazgo especial y también los debidos dones para cumplir con su llamado. Estas personas pueden tener una combinación de los dones que aparecen en las listas de Romanos y 1 Corintios. Peter Wagner comenta sobre la "combinación de dones" que conducen al crecimiento de la iglesia. Los líderes que manifiestan cierta combinación de dones tienden a ayudar a una iglesia, en varias etapas de su historia, para que alcancen su potencial.[22]

Algunos ven tres categorías de dones: (1) dones de motivación (Romanos 12:6-8); (2) dones de poder (más sobrenaturales que los otros sólo en apariencia, no de hecho; 1 Corintios 12:7-11); y (3) dones de liderazgo (Efesios 4:11-13). Debido a la falta de apoyo bíblico decisivo para estas categorías y debido a la superposición de funciones dentro de cada lista de dones, es difícil ser dogmático en esto. Es encomiable todo esfuerzo para producir un funcionamiento práctico de los dones. Cualquier categorización de los dones debe ser hecho en vista de su función.[23]

Sin duda, más importante que tener en vista la categorización de los dones es ser sensible a la forma en que el Espíritu Santo usa a los individuos. La cuestión no es tanto de la teología bíblica como de la dinámica de la iglesia.

¿Qué está haciendo Dios de forma única en este punto de la historia de la iglesia y en las vidas individuales?

Romanos 12:6,7 describe los ministerios de profecía y enseñanza. El Nuevo Testamento parece distinguir claramente entre el ministerio de enseñanza y el de profecía. El profeta era más espontáneo; daba una palabra inmediata de Dios. El maestro edificaba su enseñanza sobre las Escrituras del Antiguo Testamento, las enseñanzas de Jesús, y el material a disposición de la comunidad cristiana en ese momento.[24]

El don de servicio (*diaconian*, Romanos 12:7) se exalta en el Nuevo Testamento. De inmediato, representa la actitud debida hacia el ministerio general, así como el servicio específico. Aunque la palabra se usa para representar todos los ministerios, el enfoque aquí es de ministrar a las necesidades materiales. De hecho, las últimas tres funciones en Romanos 12:8 también pueden relacionarse con la ayuda práctica: contribuir a las necesidades de otros, liderazgo administrativo y mostrar misericordia.

El término *diaconia* puede aplicarse a diáconos (que bien describe a los diáconos de Hechos 6), pero no debe limitarse a eso. El don de exhortación (*parakalon*, 12:8) puede significar una serie de cosas. La palabra griega significa literalmente "llamar a su lado". La expresión de este don nos exhorta a reclamar victoria y las bendiciones de la Palabra de Dios para nuestras situaciones específicas.

La iglesia primitiva aceptó la responsabilidad de ministrar a las necesidades de los pobres, las viudas, los enfermos y los abandonados. Este ministerio, sin duda, se extendía más allá de la comunión cristiana. En realidad, la palabra del Nuevo Testamento traducida generalmente como "hospitalidad", *philoxenoi*, literalmente significa "amor por los forasteros [o huéspedes]". Al observar a los creyentes, los de afuera probablemente veían un amor que no podían comprender.

La práctica de la hospitalidad fue especialmente importante en el primer siglo, ya que las iglesias no tenían edificios y las posadas eran lugares desacreditados. Los creyentes itinerantes dependían de la misericordia de sus hermanos en la fe en todas partes. Aunque los creyentes no necesitan practicar la hospitalidad indiscriminadamente, deben recordar su estado de extranjeros en este mundo y hacer todo lo posible para expresar amor unos a otros.

Lineamientos

De manera que, teniendo diferentes dones, según la gracia que nos es dada, si el de profecía, úsese conforme a la medida de la fe; o si de servicio, en servir; o el que enseña, en la enseñanza; el

que exhorta, en la exhortación; el que reparte, con liberalidad; el que preside, con solicitud; el que hace misericordia, con alegría (Romanos 12:6-8).

Pero a cada uno le es dada la manifestación del Espíritu para provecho (1 Corintios 12:7).

Porque así como el cuerpo es uno, y tiene muchos miembros, pero todos los miembros del cuerpo, siendo muchos, son un solo cuerpo, así también Cristo... Porque si todos fueran un solo miembro, ¿dónde estaría el cuerpo? (1 Corintios 12:12,19).

Porque los que en nosotros son más decorosos, no tienen necesidad; pero Dios ordenó el cuerpo, dando más abundante honor al que le faltaba, para que no haya desavenencia en el cuerpo, sino que los miembros todos se preocupen los unos por los otros (1 Corintios 12:24,25).

Si yo hablase lenguas humanas y angélicas, y no tengo amor, vengo a ser como metal que resuena, o címbalo que retiñe. Y si tuviese profecía, y entendiese todos los misterios y toda ciencia, y si tuviese toda la fe, de tal manera que trasladase los montes, y no tengo amor, nada soy. Y si repartiese todos mis bienes para dar de comer a los pobres, y si entregase mi cuerpo para ser quemado, y no tengo amor, de nada me sirve (1 Corintios 13:1-3).

Y él mismo constituyó a unos, apóstoles; a otros, profetas; a otros, evangelistas; a otros, pastores y maestros, a fin de perfeccionar a los santos para la obra del ministerio, para la edificación del cuerpo de Cristo (Efesios 4:11,12).

Hospedaos los unos a los otros sin murmuraciones. Cada uno según el don que ha recibido, minístrelo a los otros, como buenos administradores de la multiforme gracia de Dios. Si alguno habla, hable conforme a las palabras de Dios; si alguno ministra, ministre conforme al poder que Dios da, para que en todo sea Dios glorificado por Jesucristo, a quien pertenecen la gloria y el imperio por los siglos de los siglos. Amén (1 Pedro 4:9-11).

Aunque Romanos 12, 1 Corintios 12 y 13, Efesios 4, y 1 Pedro 4 parecen tener un énfasis diferente, al menos trece lineamentos se aplican a los dones.

Romanos 12:

1. Debemos ejercer nuestro ministerio en proporción a la fe.[25]

2. Debemos concentrarnos en nuestros ministerios conocidos y desarrollarlos.

3. Debemos mantener la debida actitud: dar generosamente, dirigir con esmero, mostrar misericordia con alegría.

1 Corintios 12:

4. Todos tenemos diferentes funciones en el cuerpo de Cristo y debemos entender nuestra conexión y relación con todo el cuerpo.

5. Debemos ejercer los dones para la edificación de todos, no sólo para la edificación propia.

6. Uno no debe tener ningún sentido de superioridad o inferioridad, ya que cada miembro es igualmente importante. Pablo afirma, además, en 1 Corintios 12:28-31, que debemos concentrarnos en los ministerios que sabemos que Dios nos ha dado.

7. Los dones nos son dados; no los ganamos. La voluntad y soberanía de Dios determinan cómo los reparte. El hecho de que Dios coloca estos dones en la iglesia lo vemos por los siguientes verbos: "dada" (Romanos 12:6), "puso" (1 Corintios 12:28), "constituyó" (Efesios 4:11).

8. Al mismo tiempo, estas son manifestaciones dadas por Dios, no talentos humanos. Dios puede otorgar dones cómo Él quiere. Debemos estar abiertos a todos ellos. Podemos saber qué parte del cuerpo somos y cuáles son nuestros ministerios y así expresar los dones en el ámbito práctico y eficaz.

1 Corintios 13:

9. Aunque podemos manifestar un don a la perfección, si es hecho sin amor nuestra presentación es hueca. Aunque sea hecho con amor, los dones son sólo una presentación parcial; aun percibimos las cosas celestiales indirectamente. Al mismo tiempo, los dones están continuamente disponibles (en lugar de una vez por todas), según la medida de fe que tengamos. Pero deben ser probados, porque se expresan humanamente. Caen bajo las órdenes de nuestro Señor. Lo que implica Pablo es la madurez en el ejercicio de un don y no la grandeza del mismo. Tales verdades deben llevarnos a la humildad, a una apreciación de Dios y los demás, y a un afán de obedecerle.

Efesios 4:

10. Los ministerios públicos de capacitación tienen la función especial de liberar a otros para que cumplan su ministerio personal y desarrollen madurez en ello. Los apóstoles, profetas, evangelistas y pastores-maestros (que parecen tener aquí un orden histórico, similar a 1 Corintios 12:28) son tales dones para capacitar a la iglesia.

1 Pedro 4:

11. Primera de Pedro 1:6 sugiere que los creyentes a quienes Pedro escribía posiblemente estaban afligidos por "diversas pruebas". Sea como sea, les asegura que Dios tiene una gracia especial para ayudarnos en cada prueba y dolor. Esa gracia, sin embargo, fluye de personas a personas. En consecuencia, el creyente tiene que estar alerta para entender el mejor momento, lugar y método para ministrar la gracia de Dios en sus "diversas formas" a quienes pasan por "diversas pruebas".[26]

12. No debemos ser tímidos en cuanto a nuestro ministerio ni tener demasiada confianza en nuestra propia fuerza. Más bien, debemos ministrar con confianza en la fuerza del Señor. Esto es similar a Romanos 12:6, donde dice que ministremos "según la gracia que nos es dada", "conforme a la medida de [nuestra] fe". Por ejemplo, "Si alguno habla", dice Pedro, debe ser como quien expresa las "palabras de Dios" (1 Pedro 4:11), no las palabras del mundo (compárese Hechos 7:38 y Romanos 3:2).

13. Por último, la gloria es Dios. Los dones y ministerios son obras de la gracia de Dios con que Él ha bendecido a su iglesia.

Un cuerpo, muchos miembros

Porque de la manera que en un cuerpo tenemos muchos miembros, pero no todos los miembros tienen la misma función, así nosotros, siendo muchos, somos un cuerpo en Cristo, y todos miembros los unos de los otros (Romanos 12:4,5).

Porque así como el cuerpo es uno, y tiene muchos miembros, pero todos los miembros del cuerpo, siendo muchos, son un solo cuerpo, así también Cristo. Porque por un solo Espíritu fuimos todos bautizados en un cuerpo, sean judíos o griegos, sean esclavos o libres; y a todos se nos dio a beber de un mismo Espíritu.

Además, el cuerpo no es un solo miembro, sino muchos. Si dijere el pie: Porque no soy mano, no soy del cuerpo, ¿por eso no será del cuerpo? Y si dijere la oreja: Porque no soy ojo, no soy del cuerpo, ¿por eso no será del cuerpo? Si todo el cuerpo fuese ojo, ¿dónde estaría el oído? Si todo fuese oído, ¿dónde estaría el olfato?

Mas ahora Dios ha colocado los miembros cada uno de ellos en el cuerpo, como él quiso. Porque si todos fueran un solo miembro, ¿dónde estaría el cuerpo? Pero ahora son muchos los miembros, pero el cuerpo es uno solo. Ni el ojo puede decir a la mano: No te necesito, ni tampoco la cabeza a los pies: No tengo necesidad de vosotros.

Antes bien los miembros del cuerpo que parecen más débiles, son los más necesarios; y a aquellos del cuerpo que nos parecen menos dignos, a éstos vestimos más dignamente; y los que en nosotros son menos decorosos, se tratan con más decoro. Porque los que en nosotros son más decorosos, no tienen necesidad; pero Dios ordenó el cuerpo, dando más abundante honor al que le faltaba, para que no haya desavenencia en el cuerpo, sino que los miembros todos se preocupen los unos por los otros.

De manera que si un miembro padece, todos los miembros se duelen con él, y si un miembro recibe honra, todos los miembros con él se gozan. Vosotros, pues, sois el cuerpo de Cristo, y miembros cada uno en particular (1 Corintios 12:12-27).

Sino que siguiendo la verdad en amor, crezcamos en todo en aquel que es la cabeza, esto es, Cristo, de quien todo el cuerpo, bien concertado y unido entre sí por todas las coyunturas que se ayudan mutuamente, según la actividad propia de cada miembro, recibe su crecimiento para ir edificándose en amor (Efesios 4:15,16).

Por lo cual, desechando la mentira, hablad verdad cada uno con su prójimo; porque somos miembros los unos de los otros. Airaos, pero no pequéis; no se ponga el sol sobre vuestro enojo, ni deis lugar al diablo. El que hurtaba, no hurte más, sino trabaje, haciendo con sus manos lo que es bueno, para que tenga qué compartir con el que padece necesidad. Ninguna palabra corrompida salga de vuestra boca, sino la que sea buena para la necesaria edificación, a fin de dar gracia a los oyentes (Efesios 4:25-29).

Somos un solo cuerpo, porque todos hemos tenido la misma experiencia de salvación. La analogía de Pablo, en que compara a la iglesia con el cuerpo físico, puede haber sido muy terrenal para algunos corintios de mente más espiritual. Sin embargo, no hay idea más clara de la interacción e interdependencia de la iglesia. Tenemos la obligación de edificarnos unos a otros.

Cada miembro debe ayudar a los demás en su función. Buscamos el bien de todos por medio de una comunicación clara, por la buena voluntad de ministrar los dones, a través del compromiso unos con otros, al compartir amor con los demás en su momento de necesidad, y al dar libertad a nuestros hermanos para que ejerzan sus ministerios (Romanos 12:6,10,13; 1 Corintios 12:7; Efesios 4:12,15,16,29).

Edificación

De manera que, teniendo diferentes dones, según la gracia que nos es dada, si el de profecía, úsese conforme a la medida de la fe; o si de servicio, en servir; o el que enseña, en la enseñanza; el que exhorta, en la exhortación; el que reparte, con liberalidad; el que preside, con solicitud; el que hace misericordia, con alegría. El amor sea sin fingimiento. Aborreced lo malo, seguid lo bueno. Amaos los unos a los otros con amor fraternal; en cuanto a honra, prefiriéndoos los unos a los otros. En lo que requiere diligencia, no perezosos; fervientes en espíritu, sirviendo al Señor; gozosos en la esperanza; sufridos en la tribulación; constantes en la oración; compartiendo para las necesidades de los santos; practicando la hospitalidad.

Bendecid a los que os persiguen; bendecid, y no maldigáis. Gozaos con los que se gozan; llorad con los que lloran. Unánimes entre vosotros; no altivos, sino asociándoos con los humildes. No seáis sabios en vuestra propia opinión (Romanos 12:6-16).

Pero a cada uno le es dada la manifestación del Espíritu para provecho (1 Corintios 12:7).

Pero el que profetiza habla a los hombres para edificación, exhortación y consolación. El que habla en lengua extraña, a sí mismo se edifica; pero el que profetiza, edifica a la iglesia. Así que, quisiera que todos vosotros hablaseis en lenguas, pero más que profetizaseis; porque mayor es el que profetiza que el que habla en lenguas, a no ser que las interprete para que la iglesia reciba edificación.

Ahora pues, hermanos, si yo voy a vosotros hablando en lenguas, ¿qué os aprovechará, si no os hablare con revelación, o con ciencia, o con profecía, o con doctrina? ... Así también vosotros; pues que anheláis dones espirituales, procurad abundar en ellos para edificación de la iglesia (1 Corintios 14:3-6,12).

... a fin de perfeccionar a los santos para la obra del ministerio, para la edificación del cuerpo de Cristo, hasta que todos lleguemos a la unidad de la fe y del conocimiento del Hijo de Dios, a un varón perfecto, a la medida de la estatura de la plenitud de Cristo (Efesios 4:12,13).

Sino que siguiendo la verdad en amor, crezcamos en todo en aquel que es la cabeza, esto es, Cristo, de quien todo el cuerpo, bien concertado y unido entre sí por todas las coyunturas que se ayudan mutuamente, según la actividad propia de cada miembro, recibe su crecimiento para ir edificándose en amor (Efesios 4:15,16).

Por lo cual, desechando la mentira, hablad verdad cada uno con su prójimo; porque somos miembros los unos de los otros. Airaos, pero no pequéis; no se ponga el sol sobre vuestro enojo, ni deis lugar al diablo. El que hurtaba, no hurte más, sino trabaje, haciendo con sus manos lo que es bueno, para que tenga qué compartir con el que padece necesidad.

Ninguna palabra corrompida salga de vuestra boca, sino la que sea buena para la necesaria edificación, a fin de dar gracia a los oyentes. Y no contristéis al Espíritu Santo de Dios, con el cual fuisteis sellados para el día de la redención. Quítense de vosotros toda amargura, enojo, ira, gritería y maledicencia, y toda malicia. Antes sed benignos unos con otros, misericordiosos, perdonándoos unos a otros, como Dios también os perdonó a vosotros en Cristo (Efesios 4:25-32).

Los creyentes deben primeramente edificarse a sí mismos, para que puedan edificar a otros. La mayor parte del uso de las lenguas debe ser en la vida devocional personal en la preparación para el ministerio. Judas dice: "Pero vosotros, amados, edificándoos sobre vuestra santísima fe, orando en el Espíritu Santo" (Judas 1:20). Pablo dice: "el que habla en lengua extraña, a sí mismo se edifica; pero el que profetiza, edifica a la iglesia" (1 Corintios 14:4); "porque si yo oro en lengua desconocida, mi espíritu ora, pero mi entendimiento queda sin fruto" (1 Corintios 14:14).

El asunto no es la edificación personal en contraposición con la edificación de la iglesia. Es la edificación personal con el objetivo de edificar a la iglesia. Los que buscan solamente bendición personal pueden llegar a ser esponjas espirituales. Aunque puedan sentirse más espirituales, también se vuelven más susceptibles a criticar a otros por no ser lo suficientemente espirituales. Por otro lado, los que sólo buscan edificar a la iglesia pueden ser susceptibles al agotamiento emocional y espiritual.

La cosa es clara: los creyentes no deben derribar sino edificar. "Ninguna palabra corrompida salga de vuestra boca, sino la que sea buena para la necesaria edificación, a fin de dar gracia a los oyentes" (Efesios 4:29). Un cuerpo sano se edifica; es capaz de curar sus propias heridas.

Este mundo pecaminoso gime con dolor. Las personas necesitan aliento. El objetivo principal de una iglesia debiera ser la edificación. El amor edifica. El propósito de los dones es la edificación. Una congregación debe ser abierta y perdonadora, debe ayudar y evangelizar. ¡Qué gran ejemplo puede ser una iglesia así para las familias y el mundo!

Empatía

Amaos los unos a los otros con amor fraternal; en cuanto a honra, ...prefiriéndoos los unos a los otros... Gozaos con los que se gozan; llorad con los que lloran (Romanos 12:10,15).

> ...para que no haya desavenencia en el cuerpo, sino que los miembros todos se preocupen los unos por los otros. De manera que si un miembro padece, todos los miembros se duelen con él, y si un miembro recibe honra, todos los miembros con él se gozan (1 Corintios 12:25,26).

> De quien todo el cuerpo, bien concertado y unido entre sí por todas las coyunturas que se ayudan mutuamente, según la actividad propia de cada miembro, recibe su crecimiento para ir edificándose en amor (Efesios 4:16).

La verdadera comunión se basa en la sincera empatía. Como humanos, es más fácil ver las desgracias de los demás como el juicio de Dios en lugar de llorar con ellos. Más bien, necesitamos ir más allá de las actitudes críticas para comprender las perspectivas y necesidades de los demás. Romanos 12:5 describe un cuerpo en el que cada miembro interactúa con los demás y es interdependiente de los otros miembros de modo que parece una sola unidad. ¡Por eso puede decir "miembros unos de otros"![27]

El paralelo en 1 Corintios 12:26 nos dice que si un miembro sufre, todos padecen. Si un miembro recibe honra, todos se regocijan. Cuando un creyente en Cristo madura, desarrolla sus ministerios, vive victorioso para el Señor, y gana a otros para Cristo; toda la iglesia recibe estímulo y es fortalecida. Algunos ejemplos destacados que fácilmente vienen a la mente son Lillian Trasher y su labor con el orfanato en Egipto, David du Plessis y su construcción de puentes a través de las fronteras denominacionales para compartir el mensaje pentecostal, Mark Buntain y su gran ministerio en Calcuta, y David Wilkerson y su obra pionera de *Teen Challenge* [Desafío Juvenil].

Por otro lado, si uno es víctima de las artimañas del diablo, es derrotado, desarrolla amargura, o comete inmoralidad, toda la iglesia sufre como resultado. No vivimos independientemente el uno del otro. Cualquier cosa que hagamos afectará al resto del cuerpo de Cristo para bien o para mal.

El paralelo de Efesios muestra el punto culminante de empatía. El cuerpo se edifica a sí mismo. Todas las coyunturas se ayudan mutuamente. La palabra "ayudan" es *epichoregeias*. Se usa en la literatura griega para describir al director de un coro, que es responsable de las necesidades de su grupo; de un capitán que suministra lo que necesita su ejército; o de un marido que cuida de su esposa. Si cada uno cumple con su responsabilidad, habrá salud y vitalidad.

¡Qué gran liberación de energía puede haber en esa clase de comunión! En tal ambiente fácilmente puede haber milagros y sanidades. La capacidad de identificarse con los demás y apoyar abiertamente a los hermanos en Cristo da libertad para buscar las soluciones de Dios.

Por otra parte, la empatía nos da el respeto necesario por las personas cuyas personalidades, temperamentos y ministerios son diferentes. Comienza con el compromiso de servirnos el uno al otro. Los creyentes no sólo deben asistir a la iglesia para adorar a Dios, sino también para aprender a entender las necesidades de los demás y para animarlos a usar sus dones.[28] Esto lleva tiempo. A medida que aprendemos acerca de los demás empezamos a apreciarlos, a crecer con ellos en compañerismo, y a honrarlos más que a nosotros mismos (Romanos 12:10).

La empatía por sí misma, sin embargo, no garantiza poder espiritual. Hacemos nuestra parte; el Espíritu Santo hace su parte; fluyen los dones. El mundo verá que Cristo realmente está entre nosotros.

El amor sincero

Después de sus exposiciones de los dones en Romanos 12:1-8; 1 Corintios 12; y Efesios 4:1-16, Pablo bellamente saca tres mensajes de un bosquejo sobre el amor. La similitud no es exacta en todos los puntos; el Espíritu a través de Pablo era creativo. Sin embargo, el tenor, el flujo y los puntos esenciales de los pasajes sobre el amor cristiano son similares e inconfundibles. Nygren dice de Romanos 12: "Sólo hay que hacer del 'amor' el tema a lo largo de los versículos 9-21 para ver cuánto se asemeja el contenido de esta sección con 1 Corintios 13."[29] El contexto de ministerio es el mismo.

En estilo y contenido Romanos 12:1-8 y 9-21 son una unidad: estos pasajes no se refieren a dos temas no relacionados (es decir, dones y ética). Interpretados como una unidad, la implicación de Pablo es que los creyentes deben tomar en serio su responsabilidad de ejercer los dones y de validar esos dones en la vida práctica.[30] El contexto de Romanos 12 es la urgencia de la hora y la vida a la luz del regreso de Cristo. El pueblo de Dios debe vivir en buenas relaciones.

En 1 Corintios 13 el tema es amor y contiene verbos activos. El amor de Dios no es pasivo sino que toma la iniciativa. Los dones deben ejercerse en amor. Los dones son sólo herramientas temporales, pero el amor perdura por la eternidad. Un día todo se verá a la luz del perfecto conocimiento de nuestro Dios. Hasta entonces, el amor tiene que ser paciente con las personas y las circunstancias (*makrothumia* y *hupomones*). Aunque nadie manifiesta todos los dones, todos pueden amar. Por sus elementos hímnicos algunos llaman a 1 Corintios 13 una canción de amor.[31]

En el pasaje de Efesios, la verdad y el amor tienen una sorprendente interrelación. Decir la verdad sin amor puede ser legalista, mortal e inadecuado. La verdad en amor busca comunicarse de una forma que puede ser bien recibida. Apela a nuestras más altas motivaciones. Es práctico. La gracia y la verdad son dos caras de la misma moneda (véase Juan 1:14). También lo son la verdad y el amor.

Pablo aplica este principio en su contraste entre la vida presente y la antigua del creyente. Anteriormente eran ignorantes y se dejaban arrastrar a los ídolos (1 Corintios 12:1,2), se conformaban a este mundo (Romanos 12:2), y tenían el entendimiento oscurecido por negarse a conocer a Dios y por endurecer sus corazones (Efesios 4:1 8). En Romanos 1:18-32, se ve un pensamiento similar sobre el estado depravado de la humanidad.

Los tres pasajes desarrollan temas separados. Sin embargo, el bien sobre el mal, el amor en el ejercicio de los dones, y la verdad en amor son tres expresiones dinámicas del amor. El ejército del Mesías tiene una metodología diferente en su marcha.

Romanos 12:9-21 da doce pensamientos adicionales sobre el amor. (Tratamos Romanos 12:15 en la sección anterior sobre la empatía y no volveremos a considerarlo aquí, y Romanos 12:20,21 se tratará en la siguiente sección, sobre la justicia de Dios.) Nótese ahora las similitudes con sus paralelos en 1 Corintios y Efesios.

Aborreced lo malo; seguid lo bueno

> **El amor sea sin fingimiento. Aborreced lo malo, seguid lo bueno (Romanos 12:9).**

> **[El amor] no se goza de la injusticia, mas se goza de la verdad (1 Corintios 13:6).**

> **Por lo cual, desechando la mentira, hablad verdad cada uno con su prójimo; porque somos miembros los unos de los otros (Efesios 4:25).**

El amor sincero es el tema; es sin hipocresía. (¿Es esta una reflexión sobre el estado de la religión de los fariseos en los días de Pablo?) 1 Juan 3:1 describe este amor como algo que el mundo no entiende. Es, literalmente, un amor extraño para este mundo. Comienza con odio del mal (lo repele completamente), y sigue con amor a los hermanos en la fe y bendición para los enemigos. Se basa en la premisa de que Dios está al mando. Por eso podemos amar y no maldecir. Dios va a hacer justicia en nuestro nombre.

En Romanos, se habla de la maldad. Sea lo que sea, los creyentes deben odiar lo malo con la más profunda intensidad. William Barclay dice: "Nuestra seguridad contra el pecado está en que nos choque totalmente."[32] Lo "bueno", *agato*, es instrumental al caso, en Romanos 12:9 y 12:21. Se vence el mal a través del instrumento del bien. La forma humana es usar el mal para combatir el mal. La confianza del cristiano está en el bien. El bien supremo es Dios. Resiste al diablo en el poder de Cristo, y huirá. "[El amor] no se goza de la injusticia, mas se goza de la verdad" (1 Corintios 13:6). El paralelo en Efesios 4:25 es: "desechando la mentira".

La gran mentira es la forma en que el diablo engaña a la humanidad. Pablo da dos razones para decir la verdad; esto responde al engaño y edifica al cuerpo de Cristo (Efesios 4:17-25). La ética de Pablo no simplemente gira en torno a lo bueno o lo malo, o lo conveniente. Nosotros no somos honestos simplemente porque es la mejor norma, porque algún día puede parecernos que no es la mejor norma. Tampoco la honestidad es simplemente obediencia a un mandato. No es simplemente la búsqueda de la verdad. ¡Es vivir como Cristo!

La bondad

> **Amaos los unos a los otros con amor fraternal; en cuanto a honra, prefiriéndoos los unos a los otros (Romanos 12:10).**

> **El amor es sufrido, es benigno; el amor no tiene envidia, el amor no es jactancioso, no se envanece; no hace nada indebido, no busca lo suyo, no se irrita, no guarda rencor (1 Corintios 13:4,5).**

> **Antes sed benignos unos con otros, misericordiosos, perdonándoos unos a otros, como Dios también os perdonó a vosotros en Cristo (Efesios 4:32).**

El amor de Dios se revela por medio de su pueblo. Sus hijos deben exhibir gentileza, bondad y compasión. Para hablar de las relaciones el pasaje de Romanos usa las palabras para amor fraternal (*philadelphia*) y afecto familiar (*storge*). En Efesios, Pablo usa una palabra poco común para el perdón (*carizomenoi*), un participio presente del verbo raíz que significa "dar libremente o amablemente como un favor".[33] Uno puede traducirlo literalmente como "gentileza". Pablo dice que debemos ser gentiles continuamente, así como Cristo fue gentil al punto de ir al Calvario, una vez por todas. No es una manifestación de vez en cuando, sino una forma de vida. ¡Qué fundamento y contexto de ministerio!

No perdonamos porque somos nobles o porque otros lo merecen. Perdonamos porque Cristo nos perdonó. ¡Estas son buenas nuevas! Este amor busca lo mejor para el prójimo. Dejamos los mecanismos normales de defensa y protección del ego para satisfacer las necesidades de los demás y desarrollar su potencial. Es una fuerza necesaria, que sana, motiva y unifica.

El paralelo en Corintios se centra en la naturaleza del amor ágape y las actitudes y acciones personales de los creyentes en la manifestación del amor. La gracia del amor no rechazará a la gente. Se comunicará en tal humildad y sensibilidad que uno puede concentrarse en el otro y no en sí mismo.

La diligencia

> **En lo que requiere diligencia, no perezosos; fervientes en espíritu, sirviendo al Señor[34] (Romanos 12:11).**

> **[El amor] ... se goza de la verdad (1 Corintios 13:6).**

> **Os ruego que andéis como es digno de la vocación con que fuisteis llamados ... y vestíos del nuevo hombre, creado según Dios en la justicia y santidad de la verdad (Efesios 4:1,24).**

El amor sincero es activo. Debemos ser diligentes, no hacer las cosas a medias. "Fervientes en espíritu" hace pensar en el hervor de una fuente termal. ¡Qué contraste con la tibieza de la iglesia en Laodicea! Si somos nuevas criaturas en Cristo, si hemos recibido su llamado, y nos hemos vestido del nuevo hombre, entonces nuestra disposición es glorificar a Dios. Seguiremos la justicia y la santidad. Nos gozaremos con la verdad y no con el mal.

Mientras que muchas filosofías orientales reflejan un pasivo y protector: "No hagas a los demás lo que no quieres que te hagan a ti", el cristianismo nos desafía a seguir al Señor en un ministerio agresivo y redentor. Tal postura no es automática; tenemos que dejar que Dios renueve nuestra lealtad.

La diligencia puede apagarse por distracción, autocompasión, pecado, peleas, pérdida de visión, o pereza. Pablo dice: "Andad como es digno..." Su actitud era un poderoso ejemplo; se gozaba de ser prisionero del Señor. Su diligencia no se basaba en la emoción, sino en la gracia de Dios de la salvación y el llamado. El gozo del Señor era su fuerza; la respuesta de Pablo a la gracia de Dios era gratitud.

Gozo, constancia, oración

> **Gozosos en la esperanza; sufridos en la tribulación; constantes en la oración (Romanos 12:12).**

> **[El amor] todo lo sufre, todo lo cree, todo lo espera, todo lo soporta (1 Corintios 13:7).**

Romanos 12:12 presenta una tríada –gozo, paciencia, oración– que tiene algunos paralelismos en 1 Corintios 13. Esta tríada es una teología de esperanza basada en la obra de Jesús en el Calvario. Porque Él murió y resucitó tenemos bendición presente y esperanza futura. El gozo viene de la esperanza de que veremos al Señor cara a cara y conoceremos plenamente como somos conocidos (1 Corintios 13:11,12).

Una palabra clave para "sufridos" (paciencia, NVI) es *hupomones*, que significa "soportar según las circunstancias". Es la misma palabra usada en Romanos 12:12, "sufridos en la tribulación", y en 1 Corintios 13:7, "todo lo sufre". En estos dos versículos Pablo habla, al mismo tiempo, de que nos gocemos en la esperanza y de que seamos sufridos en la tribulación. La tribulación puede ser una herramienta útil para edificar el carácter. Pero la tribulación sin esperanza nos hace los más abatidos de todos. En este punto, la idea de los dos versículos diverge: en lugar de constancia en la oración, como se subraya en Romanos, 1 Corintios enseña sobre el amor que nunca deja de ser.

Así como la fe, la esperanza y el amor están relacionados entre sí, también se relacionan el gozo (literalmente, "regocijo"), la constancia y la oración. (Fíjese en las fórmulas.) Si nos regocijamos (R) en la esperanza y somos sufridos (S) en la tribulación, pero no somos fieles en la oración (O), entonces no podemos usar el poder de Dios para vencer al enemigo. En ese caso, dependemos sólo de una actitud mental de gozo y tratamos de tener éxito en nuestra propia fuerza. Muchos creyentes en Cristo descuidan el refugio que proporciona la oración. Sin embargo, es la cuerda salvavidas a la gracia de Dios y la solución para lo que enfrentamos. La oración es importante para mantener la constancia y el gozo.

R + S - O = Impotencia

Si nos regocijamos en la esperanza y perseveramos en la oración, pero no somos sufridos en la tribulación, nos damos por vencidos muy fácilmente y nos frustramos. Nuestras oraciones se convierten en buenos deseos para una vida victoriosa que no tiene que pagar el precio. Como creyentes en Cristo debemos agradecer a Dios por todas las circunstancias, porque Dios las usará para el bien.

R + O - S = Ánimo abatido

La perseverancia en la oración y la constancia en la tribulación sin regocijo en la esperanza resulta en una actitud fatalista de "apretar los dientes y aguantar". Entonces la atención se centra en el sufrimiento por Jesús en lugar del gozo del Señor. Perdemos nuestra ventaja cada vez mayor para seguir adelante con fe. Tomamos una postura defensiva y nos convertimos en ejemplos de abatimiento, mientras tratamos de aparecer espirituales.

O + S - R = Mentalidad de mártir

Comunión con los necesitados

> El que exhorta, en la exhortación; el que reparte, con liberalidad; el que preside, con solicitud; el que hace misericordia, con alegría... compartiendo para las necesidades de los santos; practicando la hospitalidad (Romanos 12:8,13).

> Y si repartiese todos mis bienes para dar de comer a los pobres, y si entregase mi cuerpo para ser quemado, y no tengo amor, de nada me sirve (1 Corintios 13:3).

> El que hurtaba, no hurte más... para que tenga qué compartir con el que padece necesidad (Efesios 4:28).

Bíblicamente, la "comunión" se puede referir a la común salvación, los sufrimientos, la interacción con otros creyentes, la participación en el evangelio, las ofrendas, y compartir para las necesidades de los santos. No despreciamos a otros por sus necesidades, sino con especial alegría les ministramos en amor para satisfacer sus necesidades. El ministerio comprende el método y la motivación, tanto como la acción. El amor no fingido significa compartir (*koinonountes*) para las necesidades de los santos y practicar la hospitalidad (Romanos 12:13).

Al ladrón que se convierte a Cristo se le da una razón única para trabajar (Efesios 4:28). No es para que se justifique, para que gane una buena reputación, para que pague a los que les robó, o simplemente para su mantenimiento. Aunque estos motivos pueden ser apropiados, Pablo levanta el antiguo ladrón más allá del egoísmo a la mayor motivación de servicio: que trabaje para ayudar a los necesitados.

La hospitalidad y la generosidad eran características de la iglesia primitiva.[35] Fue especialmente importante en tiempos de persecución.

Ninguna palabra corrompida

> Bendecid a los que os persiguen; bendecid, y no maldigáis (Romanos 12:14).

> Cuando yo era niño, hablaba como niño, pensaba como niño, juzgaba como niño; mas cuando ya fui hombre, dejé lo que era de niño (1 Corintios 13:11).

> Airaos, pero no pequéis; no se ponga el sol sobre vuestro enojo... Ninguna palabra corrompida salga de vuestra boca, sino la que sea buena para la necesaria edificación, a fin de dar gracia a los oyentes (Efesios 4:26,29).

Romanos 12:13-16 habla de tender la mano desinteresadamente no sólo a los santos, no sólo a los de condición humilde, sino a nuestros enemigos. Debemos bendecir y no maldecir. Algunos manuscritos dicen "bendecid a los que os persiguen", y otros leen simplemente "bendecid a los que persiguen". Ya sea que seamos víctimas de persecución o no, debemos bendecir a nuestros enemigos. Aquí notamos las exigencias radicales de Jesús como se expresan en el Sermón del Monte (Mateo 5:11). Los creyentes en Cristo deben ser diferentes. Alguien ha dicho: "Es mejor encender una vela que maldecir la oscuridad." Los creyentes somos la luz del mundo.

Los que nos persiguen revelan su propia ignorancia, sus heridas, y sus inseguridades. No importa lo difícil que sea, nos toca proclamarles las buenas nuevas, no para mostrar nuestra sabiduría, sino para atender a sus necesidades. No tenemos que defendernos porque Dios es nuestro defensor. La tendencia humana es decirle a la otra persona lo que se merece, pero de la boca puede salir veneno mortal. Pablo dice que ninguna "palabra corrompida" debe salir de nuestra boca.

El pensamiento y las reacciones infantiles (1 Corintios 13:11; 14:20) pueden ser causa de que busquemos venganza. La madurez nos ayuda a ver a Dios en control de nuestra vida. No necesitamos reaccionar a cada comentario o acción de los demás. Por el contrario, podemos responder a la justicia y a la provisión de Dios para nuestra vida.

La adecuada motivación es necesaria para lograr la plena efectividad de los dones. Primera a los Corintios 13 muestra el amor como la motivación adecuada. Efesios 4:28 refina nuestra motivación, centrándose no en la realización personal, sino en la realización de otros. Es decir, no es suficiente el simple hecho de ser amable, de sentir que amamos. El amor que es general y superior puede no satisfacer las necesidades específicas de las personas. Debe ser dirigido. Es aquí donde el fruto y los dones del Espíritu obran juntos. El fruto desarrolla el carácter y la sensibilidad de los creyentes para que sean usados por Dios para satisfacer las más profundas necesidades de los demás. El fruto en Gálatas 5:22,23 no se refiere simplemente a un estado personal e interno de satisfacción, sino a una manifestación de Cristo por la que nuestro prójimo se sentirá atraído a Dios. Por tanto, en Efesios 4:28, se hace hincapié en la personalidad, la motivación y el fruto. El fruto refleja lo que somos. Los dones reflejan lo que hacemos en el poder del Espíritu. Sin embargo, fácilmente se puede ver la superposición de ambos.

Humilde modo de pensar

Unánimes entre vosotros; no altivos, sino asociándoos con los humildes. No seáis sabios en vuestra propia opinión (Romanos 12:16).

> **... para que no haya desavenencia en el cuerpo, sino que los miembros todos se preocupen los unos por los otros (1 Corintios 12:25).**

> **El amor es sufrido, es benigno; el amor no tiene envidia, el amor no es jactancioso, no se envanece (1 Corintios 13:4).**

> **Con toda humildad y mansedumbre, soportándoos con paciencia los unos a los otros en amor (Efesios 4:2).**

> **... renovaos en el espíritu de vuestra mente (Efesios 4:23).**

La humildad es un tema importante para Pablo. En Filipenses 2:2,5, exhorta a sus compañeros de trabajo a que sientan una misma cosa y que haya en ellos el mismo sentir que en Cristo. Voluntariamente, Jesucristo se despojó de la gloria personal para la mayor gloria del plan de Dios. Su sentir era de humildad y servicio. Evodia y Síntique habían contendido juntamente con Pablo por el evangelio (Filipenses 4:2,3, *synethlesan*: literalmente: "co-atletas"). No eran creyentes débiles, sin opiniones. Ellas ayudaron a Pablo en los difíciles primeros días de desarrollo de la iglesia en Filipos. No debe sorprendernos que las personalidades fuertes puedan tener grandes desacuerdos; pero siempre con motivo de glorificar a Dios. Pablo no habla mal de ellas, sino las felicita por su gran contribución a la obra de Dios. Para que estas mujeres sean de un mismo sentir se requeriría humildad y espíritu de servicio.

La envidia, el orgullo y la jactancia no son parte de la humildad o el amor (1 Corintios 13:4). Dios desea que tengamos una mentalidad que exprese completamente la humildad (Efesios 4:2,23); esto debe ser nuestra motivación y nuestro objetivo. La humildad ofrece un excelente contexto para el ejercicio de los dones. Si todos ejercieran los dones humildemente, todos podría aprender juntos, habría menos críticas, y Dios sería exaltado. El cristianismo no sólo nos hace mejores, sino que nos hace diferentes.

Romanos 12 habla de una mente transformada. Pablo ora que los creyentes en Cristo tengan un mismo sentir (Romanos 15:5). El campo de batalla espiritual está en la mente. En nuestros pensamientos ganamos o perdemos la batalla. En la mente Dios usa artillería pesada para derribar fortalezas (2 Corintios 10:4,5).

Pero la clave del poder está en la unidad. Los cristianos tienen demasiadas diferentes perspectivas para estar unidos en todos los temas. La humildad ayuda a los creyentes a no exagerar su propia importancia, sino ver los puntos fuertes de los demás y ayudarles a desarrollar sus ministerios. Hay que dejar las ambiciones personales por el bien de todos.

Una historia popular china cuenta de un padre moribundo que tenía diez hijos que se peleaban. Antes de morir quería enseñarles acerca de la unidad.

Reunió a sus hijos alrededor de su cama y les pidió, uno por uno, que rompieran un palo. Cada hijo, deseoso de mostrar su fuerza, rompió con facilidad su palo. Después el padre sacó palos envueltos juntos. Por más que se esforzaron, los hijos no pudieron romper esos palos envueltos. El padre dijo a sus hijos: "Si van por el mundo, uno por uno, las circunstancias los quebrarán. Pero si salen unidos como un solo hombre, ¡nada podrá vencerlos!"

¡Qué poder en la unidad! Dios había prometido a Israel: "Cinco de vosotros perseguirán a ciento, y ciento de vosotros perseguirán a diez mil, y vuestros enemigos caerán a filo de espada delante de vosotros" (Levítico 26:8). ¡Cómo necesitamos aprender esta lección! En la mayoría de los casos, la justicia no es tan importante como la unidad.

No nos venguemos

No paguéis a nadie mal por mal; procurad lo bueno delante de todos los hombres (Romanos 12:17).

[El amor] no hace nada indebido, no busca lo suyo, no se irrita, no guarda rencor (1 Corintios 13:5).

Quítense de vosotros toda amargura, enojo, ira, gritería y maledicencia, y toda malicia (Efesios 4:31).

Romanos 12:17-21 establece los principios básicos de las relaciones, especialmente aquellas con los que nos hacen daño. Debemos hacer lo bueno constantemente ante todos los hombres. No somos expertos en ética de situación. No debemos mantener un registro de los errores ni devolver mal por mal. La norma de Moisés de "ojo por ojo, diente por diente", contrariamente a la creencia popular de que respalda la venganza, buscaba limitar la retribución, y ofrecía una medida objetiva de la justicia. Por ejemplo, en lugar de permitir que una parte ofendida diera rienda suelta a la ira, exponiendo castigo fuera de proporción por el delito, Dios estableció pautas por medio de Moisés que reflejaban la dignidad y el valor de todos los individuos. Pero la gracia cristiana va más allá de la Ley. Añade misericordia a la justicia; trata de beneficiar al prójimo.

Sin embargo, hacer lo bueno y mostrar compasión se obstaculizan por los pecados que están dentro de nosotros: amargura, enojo, ira, peleas, calumnias y malicia. Las peleas, las calumnias y la malicia provienen de motivos egoístas y malvados. Estos pertenecen al viejo hombre, a la naturaleza de pecado. La amargura proviene de la falta de perdón.

No logramos perdonar por muchas razones. En primer lugar, y lo más importante, es que no entendemos el perdón de Dios por nosotros. Perdonamos no porque nos sentimos generosos y amorosos, sino porque es la naturaleza de

Dios perdonar. Si no perdonamos a los hombres sus ofensas, tampoco nuestro Padre nos perdonará (Mateo 6:14,15).

Segundo: no perdonamos porque nos olvidamos de la perspectiva de José del mal: "Vosotros pensasteis mal contra mí, mas Dios lo encaminó a bien" (Génesis 50:20). Dios redime los acontecimientos difíciles de nuestra vida.

Tercero: la vieja naturaleza siente la necesidad de justificarse para demostrar que tiene razón y que la otra persona está equivocada. Pero Dios es el juez justo y quien retribuye.

Cuarto: no creemos que otros merecen justificación. Pero Cristo vino a redimirlos y a hacerlos parte del cuerpo de Cristo. Nuestro espíritu implacable puede incluso causar que otros desprecien el evangelio y sean heridos espiritualmente. Una raíz amarga puede causar problemas y contaminar a muchos (Hebreos 12:15). Entonces buscamos la venganza.

Quinto: no perdonamos porque no nos damos cuenta de cuánto mal nos hace no perdonar. A Pablo le preocupaba que disminuyera nuestro potencial. Las heridas de la vida nos pueden hacer personas de poco corazón. No hay que dar lugar al diablo.

Un proverbio chino dice: "Es preferible pecar contra un gran hombre que contra uno pequeño." La gente de poca personalidad fácilmente se sentirá herida y guardará rencor por mucho tiempo. Las personas de gran corazón serán magnánimas y generosas. Seamos gente de gran corazón. Al llevar una vida perdonadora, llena de gracia, desactivamos la ira; se vuelve menos violenta. Vemos las cosas desde otra perspectiva; desarrollamos un corazón grande, como el de Dios.

Estar en paz

Si es posible, en cuanto dependa de vosotros, estad en paz con todos los hombres (Romanos 12:18).

Solícitos en guardar la unidad del Espíritu en el vínculo de la paz (Efesios 4:3).

La paz no es sólo un estado de ánimo; es una metodología (Efesios 4:3). Busca unir lo que se ha separado, hasta alcanzar una sensación de plenitud y bienestar. (El vínculo es la paz [genitivo de aposición].) Literalmente, debemos "hacer la paz" con todos los hombres (Romanos 12:18). Sin embargo, el amor es realista. No podemos obligar a nadie a amarnos o a estar en paz con nosotros. Pero no debemos ser los escollos. Hemos de buscar la reconciliación y desarrollar la forma de construir puentes. Si la otra persona rechaza nuestros continuos intentos de reconciliación, entonces hemos hecho nuestra parte.

El manejo de la ira

No os venguéis vosotros mismos, amados míos, sino dejad lugar a la ira de Dios; porque escrito está: Mía es la venganza, yo pagaré, dice el Señor (Romanos 12:19).

[El amor] no se irrita, no guarda rencor; no se goza de la injusticia, mas se goza de la verdad (1 Corintios 13:5,6).

Airaos, pero no pequéis; no se ponga el sol sobre vuestro enojo... Quítense de vosotros toda... malicia (Efesios 4:26,31).

La ira no es mala en sí. Por ejemplo, es bueno estar enojado con el pecado y la injusticia. La ira de Dios se expresa en el juicio final.

Pero la ira en los seres humanos puede convertirse en la oportunidad del diablo. Así que Pablo advierte: "Airaos, pero no pequéis" (Efesios 4:26). La ira debe ser resuelta rápidamente, antes de que se produzcan daños permanentes. La solución de Dios no se encuentra en la represión, sino en el control de la ira o el enojo. Al ver la vida a través del lente de su gracia, paz y perdón, aprendemos a confiar en que Él se encargará de nuestras preocupaciones.

Tanto la ira como la depresión pueden manifestar un mal manejo de las emociones. La ira exterioriza la emoción y a menudo hace daño al prójimo. La depresión interioriza la emoción y nos hace daño a nosotros mismos. Pero la ira también nos hace daño. Guardar rencor y gozarse de la desgracia de otra persona (1 Corintios 13:5,6) nos degrada y nos hace menos considerados de lo que podríamos ser.

Peor aún, este comportamiento afecta nuestra relación con Dios. La tentación de la ira es que por un momento sintamos gratificación. Consideramos que la ira es justificada y que demuestra que la otra persona está equivocada. Pero sólo estamos tratando con el problema en un ámbito emocional, no con la raíz misma. El problema que causó la ira no desaparece; por lo general, se intensifica. Al contrario, el amor controla la ira, para que se pueda encontrar una solución adecuada.

En cuanto a la delicada cuestión de amar a los enemigos, Pablo se dirige a los romanos con afecto y ternura. Les dice "amados míos" (Romanos 12:19). Esta cita sobre la ira de Dios es de Deuteronomio 32:35. La Ley hablaba en contra de la venganza porque la justicia final es de Dios. La razón de que podemos amar a nuestros enemigos es porque Dios es justo. No le decimos a Dios cómo resolver un asunto, ni tratamos de resolver los problemas en nombre de Dios. Simplemente nos sometemos a Él, que todo lo hace bien. Podemos volver la otra mejilla a quien nos hiere y amar a nuestros enemigos.

La justicia de Dios

No os venguéis vosotros mismos, amados míos, sino dejad lugar a la ira de Dios; porque escrito está: Mía es la venganza, yo pagaré, dice el Señor. Así que, si tu enemigo tuviere hambre, dale de comer; si tuviere sed, dale de beber; pues haciendo esto, ascuas de fuego amontonarás sobre su cabeza. No seas vencido de lo malo, sino vence con el bien el mal (Romanos 12:19-21).

Cuando venga lo perfecto, entonces lo que es en parte se acabará... Ahora vemos por espejo, oscuramente; mas entonces veremos cara a cara. Ahora conozco en parte; pero entonces conoceré como fui conocido (1 Corintios 13:10,12).

...hasta que todos lleguemos a la unidad de la fe... a la medida de la estatura de la plenitud de Cristo... crezcamos en todo en aquel que es la cabeza, esto es, Cristo... Y no contristéis al Espíritu Santo de Dios, con el cual fuisteis sellados para el día de la redención (Efesios 4:13,15,30).

Los tres pasajes sobre el amor se han escrito en el contexto de la conducta cristiana a la luz de la venida del Señor. Los teólogos llaman a esto la vida del Reino o conducta escatológica.[36] No fundamos nuestra ética en torno a filosofía, cultura o conveniencia, sino alrededor de la justicia de Dios y en vista de su juicio final. Debido a la importancia en estos pasajes, he dado a este tema una sección aparte, en lugar de incluirlo bajo "amor sincero".

La cita en Romanos 12:20 es de la literatura de sabiduría del Antiguo Testamento (Proverbios 25:21,22), En estos pasajes sobre el amor, Pablo ha citado a Jesús, la Ley y la literatura de sabiduría, y ha compartido una preocupación profética por los pobres y necesitados. Esta es la sabiduría de Dios.

Las ascuas de fuego pueden ser una imagen de una práctica egipcia que indicaba penitencia, cuando una persona ponía una fuente de carbón ardiente sobre la cabeza. Si es así, Pablo está diciendo que por medio del amor podemos llevar a una persona al arrepentimiento (véase también 1 Pedro 3:1,2), Sea cual sea el significado de esta referencia, aun tenemos la orden de dar comida y bebida al enemigo; que éste se dé cuenta de que está luchando con Dios y no con nosotros. No queremos derrotar a nuestros enemigos. Más bien, queremos ganarlos para Cristo. No tenemos que sucumbir a las presiones del diablo. La lucha es entre el bien y el mal. Podemos vencer el mal sólo con el bien.

Primera a los Corintios apunta hacia un tiempo de total claridad, cuando veremos cara a cara y conoceremos plenamente, tal como somos conocidos. Es el día de la venida del Señor. Es el día del juicio. Todas nuestras obras serán juzgadas por sus normas.

En Efesios, hay muchas referencias escatológicas. Pablo habla del futuro, cuando alcanzaremos plena madurez, y del día de la redención.

- Hemos sido sellados por el Espíritu hasta ese día (4:13,15,30).

- Los dones estarán en operación hasta que Jesús venga; se cumplirán los tiempos (1:10).

- El Espíritu garantiza nuestra herencia hasta la redención de la posesión adquirida por Dios (1:14).

- Los mandatos que aparecen en Efesios indican que es necesario un cambio urgente, dramático y radical; hay que redimir el tiempo (5:16).

- Cristo busca presentar para sí una iglesia gloriosa (5:27).

- Los esclavos y los amos tienen un Amo en el cielo al cual responden (6:9).

En los últimos años, los evangélicos se han centrado en una u otra de dos perspectivas. La primera es de una salvación en que todo se ha logrado, lo cual incluye ser sellado por el Espíritu. Su atención se centra en la posesión de justificación, santificación, redención y seguridad eterna.

Lamentablemente, este punto de vista pierde la teología de Pablo orientada en las misiones. No entra debidamente en detalles de las presentes implicaciones prácticas de estos pasajes para la victoria personal, una vida en el poder del Espíritu, los dones para la edificación de la iglesia, y la evangelización del mundo.

La segunda perspectiva se centra en el futuro.

- ¿Cuándo va a volver Cristo?

- ¿Será antes, durante, o después de la Gran Tribulación?

- ¿Cuáles son las señales de su venida?

- ¿Cómo puedo prepararme para la venida de Cristo?

Las preguntas de Pablo trascienden ambas perspectivas.

- ¿Qué es la iglesia?

- ¿Quiénes son el pueblo de Dios?

- ¿Cuáles son sus propósitos y su llamado?

- ¿Cómo debería vivir ahora el cuerpo de creyentes a la luz del juicio final de Dios?

Reclamemos el poder, elevémonos por encima de nuestras pequeñas disputas e inseguridades, vivamos a la altura de nuestra herencia como hijos de Dios, y hagamos la obra del Señor. Es a la luz de la venida de Cristo que deben operar los dones para edificar al creyente y penetrar las tinieblas. Todo lo que hacen los creyentes en Cristo debe ser en vista de su Reino, tanto presente como futuro. Por eso debemos ser fervientes en Espíritu, atender a los pobres, amar a nuestros enemigos, luchar por la unidad, y cumplir nuestro llamado.[37] Somos testigos de la naturaleza y el poder del reino de Cristo en un mundo malo.

Parte 2

Exhortación

Introducción

Para fomentar una vida de adoración como medio para el ministerio de dones, he incluido resúmenes de tres prédicas.

El primer mensaje establece los principios fundamentales de Romanos para una vida de adoración y ministerio.

El segundo mensaje es acerca de cómo comenzar a ministrar los dones.

El tercer mensaje es un estudio de Efesios, que muestra cómo la adoración abre el camino a las misiones.

6

Ejercite los dones

Los dones deben ser parte de nuestra vida, no algo meramente ocasional. Romanos 12 revela siete principios para un continuo ejercicio de los dones.

La vida es adoración

Los primeros once capítulos de Romanos detallan la rica gracia de Dios en la vida del cristiano: el llamado, la salvación, la santificación y la vida victoriosa. En 12:1, las palabras "así que" se refieren a todos esos privilegios. Un privilegio implica responsabilidad. Nuestra responsabilidad es ser un sacrificio vivo de adoración a Dios. Cuando tenemos esta perspectiva, vemos fácilmente que Dios puede manifestar un don a través de nosotros en cualquier momento y en cualquier situación. Si ejercitamos los dones sólo en los cultos de la iglesia perdemos las posibilidades más amplias. La iglesia debe ser un sacrificio vivo a Dios, que irradia su amor y su gloria en el mundo. Este énfasis en la adoración no está sólo en Romanos, sino también en Tesalonicenses, Corintios, Filipenses, Colosenses y Efesios.

Así oró Pablo por los tesalonicenses: "Y el mismo Dios de paz os santifique por completo; y todo vuestro ser, espíritu, alma y cuerpo, sea guardado irreprensible para la venida de nuestro Señor Jesucristo" (1 Tesalonicenses 5:23). Las palabras "santifique" e "irreprensible" se usan al ofrecer sacrificios. La generosidad de los corintios en una ofrenda de amor hizo que Pablo señalara las dimensiones horizontales y verticales del culto a Dios: "Porque la ministración de este servicio no solamente suple lo que a los santos falta, sino que también abunda en muchas acciones de gracias a Dios" (2 Corintios 9:12).

Pablo dijo a los Filipenses: "El que comenzó en vosotros la buena obra, la perfeccionará hasta el día de Jesucristo" (Filipenses 1:6). La oración de Pablo por los colosenses era que ellos anduvieran "como es digno del Señor, agradándole en todo, llevando fruto en toda buena obra, y creciendo en el conocimiento de Dios" (Colosenses 1:10).

Las epístolas de Pablo normalmente comienzan con doctrina y pasan luego a los aspectos prácticos de la vida del creyente. La forma de vida se construye sobre la base sólida de la verdad eterna. La Epístola a los Efesios, sin embargo, muestra cómo la genuina adoración conduce a una poderosa práctica de las verdades eternas y a una dinámica vida cristiana.

La transformación de nuestra mente nos permite reconocer y aceptar la buena, agradable y perfecta voluntad de Dios. La voluntad de Dios es que lleguemos a ser más como Cristo y que proclamemos las buenas nuevas a todos. Sólo la justicia de Cristo en nuestra vida cumplirá la norma de "lo bueno". En el Antiguo Testamento los sacrificios (las ofrendas) eran o aceptables o inaceptables. No eran sólo pasables. Las ofrendas, o eran sin mancha y presentadas con un debido espíritu que agradaba a Dios, o eran una abominación. La voluntad de Dios es perfecta. Él quiere que nuestra vida, de principio a fin, sea ofrecida como sacrificio a Él.

Pablo nos exhorta a pensar de nosotros mismos con moderación, a despojarnos del orgullo. Creo que la mayoría de los creyentes llenos del Espíritu desean ejercer tal juicio también sobre todas las enseñanzas. Aprecio el elemento profético y el desafío de avanzar en la fe. Algunas profecías y enseñanzas, sin embargo, contienen un elemento autodestructivo. Por ejemplo, la fe ciega y las obras presuntuosas pueden devastar a otros creyentes. Los extremos en la doctrina conducen al abandono del resto de las Escrituras, haciendo caso omiso de las posibles consecuencias de tal abandono.

No podemos ministrar los dones basados en emociones, dogmatismos o afirmaciones absurdas. Algunos pueden decir: "Dios me dijo que hiciera esto", o "la iglesia tiene que hacer esto ahora o saldrá de la voluntad de Dios". Tenemos que comprobar cuál es la voluntad de Dios. En la década de 1960 no era raro escuchar a algunos decir: "¡Hipoteca tus propiedades y déjale la deuda al diablo, porque el Señor viene pronto!" Los pastores tienen una gran responsabilidad de pensar en lo que desean enseñar y deben decirlo con claridad para que no sean malinterpretados.

La estima en Cristo libera

En Romanos 12:3 Pablo dice: "Digo, pues, por la gracia que me es dada, a cada cual que está entre vosotros, que no tenga más alto concepto de sí que el que debe tener, sino que piense de sí con cordura, conforme a la medida de fe que Dios repartió a cada uno." La forma en que nos vemos determina cómo proyectamos nuestro propio ministerio. El orgullo distorsiona el ministerio; es el pecado básico de toda la humanidad.

La serpiente tentó a Adán y a Eva con la posibilidad de que fueran como Dios. La humanidad trata de hacer su propio camino. Incluso la plaga de inferioridad que ha infectado a personas en todo el mundo es básicamente una manifestación de orgullo a la inversa, a consecuencia de la Caída. La gente, al tratar de ser como Dios, descubre que ni siquiera puede ser lo que quiere ser. Jesús vino para liberarnos de nuestro pecado, de la carnalidad, del orgullo y de la baja autoestima. La identidad humana, una mentalidad saludable, y una vida íntegra están en Cristo.

Juan describe nuestro problema como "los deseos de la carne, los deseos de los ojos, y la vanagloria de la vida" (1 Juan 2:16). Hay un paralelo de esto en Génesis 3:6. Adán y Eva, aunque todavía no habían caído, vieron que el fruto:

- era bueno para comer: "los deseos de la carne"
- era agradable a la vista: "los deseos de los ojos"
- era deseable para alcanzar sabiduría: "la vanagloria de la vida"

Así también, Jesús fue tentado a:

- convertir las piedras en pan: "los deseos de la carne"
- ver y reclamar los reinos del mundo: "los deseos de los ojos"
- echarse abajo desde el pináculo del templo: "la vanagloria de la vida"

Pero se negó a aceptar las opciones de Satanás, porque debía revelar el plan de redención de Dios.

La figura 6 (en la siguiente página) aclara las diferencias entre una forma bíblica y saludable de verse uno mismo y la manera en que nos vemos por la influencia del orgullo o baja autoestima. Tanto el orgullo como la baja autoestima son destructivos, así como improductivos en los valores eternos y el ejercicio de los dones. El orgullo nos limita a nuestras habilidades; la baja autoestima nos limita a nuestras incapacidades percibidas. La fe en la suficiencia de Dios nos libera para perseguir nuestro potencial. Tanto el orgullo como el perfeccionismo son obstáculos para el cumplimiento de la Gran Comisión. Sólo los creyentes llenos del Espíritu pueden cumplir esa misión.

Los creyentes en Cristo maduros son libres. Pablo era tal cristiano. Se levantó por encima de las opiniones de los demás, el legalismo, la justicia propia, el temor, y la necesidad de realización de su ego personal. Había muerto a sí mismo y estaba vivo en el Espíritu. F. F. Bruce, al comentar sobre 2 Corintios 3:17, llama a Pablo el "apóstol del espíritu libre".[1]

La verdadera salud mental y la humildad no se encuentran en la auto-degradación. La jactancia orgullosa no honra a Dios, tampoco lo hacen las declaraciones despectivas de uno mismo. En el contexto de Romanos 12, la cordura se relaciona con el juicio final y el día de la ira de Dios. Ante el tribunal

El orgullo promueve:	La Biblia promueve:	La baja autoestima promueve:
Autosuficiencia	Dependencia de Dios	Autocondenación
Autoconfianza	Vida guiada por el Espíritu	Apocamiento
Búsqueda de realización personal	Contentamiento	Culpabilidad falsa
Justificación por obras	Justificación por gracia mediante la fe	Justificación por las obras
Habilidades personales y éxitos	Opinión sobria de uno mismo	Inferioridad
Glorificación del "yo"	La gloria de Dios	Inadecuación a la luz de normas perfeccionistas
Legalismo o licencia	Libertad en Cristo	Legalismo o licencia

Figura 6. Opiniones del "yo"

de Cristo, muchas de las declaraciones hechas acerca de nosotros mismos parecerán absurdas. La pregunta no es: ¿quién soy? sino: ¿qué está haciendo Cristo en mi vida? Nuestra identidad está en Cristo, no en nuestros logros. No se encuentra en la autorrealización sino en que tengamos satisfacción en Dios, en el servicio a Él y al prójimo. No está en la autojustificación, sino en la justificación recibida de Cristo. La debida forma de vernos conducirá a una verdadera libertad de ministerio. No estamos aquí para impresionarnos a nosotros mismos ni a los demás. Dios es quien debe ser glorificado.

Diferentes funciones desarrollan diversos ministerios

Nadie puede, ni debe, hacer todas las funciones en la iglesia. Todos tenemos fortalezas y debilidades. Saber reconocer nuestro lugar en el cuerpo de Cristo, sentir satisfacción en nuestro lugar de ministerio, es sumamente importante. Esto permite que cada creyente se concentre en su ministerio (o ministerios), que crezca en el ejercicio del mismo, y que esté abierto a lo que el Espíritu puede hacer por medio de él. Encontrar y aceptar nuestro lugar en el cuerpo de creyentes nos libera para que reconozcamos los ministerios de otros y alentemos a nuestros hermanos en la fe. El Espíritu toca creativamente a los creyentes de maneras agradablemente diferentes.

La iglesia primitiva es un ejemplo sorprendente de este principio. María era una persona meditativa que aprendía a los pies de Cristo. Marta estaba ocupada con su hospitalidad. Tomás sabía hacer preguntas; buscaba pruebas. Pedro era impulsivo, dado a la acción, con muchas cualidades de liderazgo. Bernabé era un reconciliador, que buscaba desarrollar los ministerios de otros, aun de los rechazados. Pablo era emocional, orientado a los objetivos, inteligente, un gran motivador. Aquila y Priscilla eran un destacado equipo de maestros, un ejemplo para todas las iglesias de los gentiles.

Las iglesias del primer siglo a menudo eran pastoreadas por más de una persona. Un equipo de líderes ejemplificaba la unidad en la diversidad. Un problema de los enfoques actuales del liderazgo individual es que los pastores no suelen basarse en la diversidad sino en la igualdad. Los expertos en administración muestran que una organización basada en la igualdad tiene un potencial limitado de crecimiento.

Cuando los creyentes básicamente buscan ayudar al pastor a cumplir su ministerio, el orden bíblico se invierte. El pastor debe tratar de ayudar a los creyentes a cumplir sus ministerios. Esto permite un crecimiento telescópico, tanto espiritual como numérico. Debemos apreciar y usar las diferencias en personalidad y habilidades.

Algunos temen la diversidad porque anticipan el conflicto. La diversidad significa que habrá diferentes opiniones. Una perspectiva de Hechos de los Apóstoles sobre los conflictos considera que el manejo adecuado del conflicto es uno de los métodos clave de crecimiento en la iglesia. La iglesia primitiva tuvo problemas que podrían haberla destrozado. Pero la mano de Dios estaba en medio de cada situación.

Nuestra identidad es individual, pero integral al cuerpo de creyentes

Romanos 12:5 dice: "Así nosotros, siendo muchos, somos un cuerpo en Cristo, y todos miembros los unos de los otros." El humanismo secular dice que el hombre es central. Algunas formas autoritarias de gobierno dicen que el estado es central. Bíblicamente, somos individuos; sin embargo, también somos parte de la iglesia. Somos el uno del otro. La identidad se encuentra en saber quiénes somos en Cristo y en la relación con los demás miembros del cuerpo.

Al ministrar dones, debemos considerar el bien de todos. Aunque se nos haya lastimado personalmente o nuestras ideas parecen ser rechazadas, no debemos perder de vista la importancia de edificar a la iglesia para que cumpla su plan en este mundo. Debemos esforzarnos para no hacer nada que dañe la causa de Cristo.

La pregunta no es: ¿cuáles son mis dones? La pregunta es: ¿cómo pueden mis dones y ministerios servir a los propósitos, la dirección y la edificación de la iglesia? Soñemos juntos por el bien de la iglesia de Jesucristo. Cuando ejercitamos dones y ministerios, comenzamos a crecer y descubrimos quiénes somos en el cuerpo de Cristo. Al animar a nuestros hermanos en la fe para que ministren sus dones, ellos también descubrirán que son miembros valiosos y ungidos del mismo cuerpo. Todavía no hemos llegado a nuestro destino. Somos un pueblo de peregrinos que van marchando juntos a la ciudad celestial.

La insuficiencia personal conduce a la interdependencia

Romanos 12:6 dice: "De manera que, teniendo diferentes dones, según la gracia que nos es dada, si el de profecía, úsese conforme a la medida de la fe." Todo lo que como creyentes en Cristo tenemos es por la gracia de Dios. El talento humano nunca cambiará al mundo para Cristo. Nos sentimos totalmente inadecuados frente a la misión que tenemos que cumplir. Jesús "nos salvó y llamó con llamamiento santo, no conforme a nuestras obras, sino según el propósito suyo y la gracia que nos fue dada en Cristo Jesús" (2 Timoteo 1:9).

Si Dios da dones a otros, no podemos reclamar derechos exclusivos de escuchar a Dios. Si usted es uno de los miembros del cuerpo de Cristo, significa que no es todo el cuerpo. Pablo describe lo absurdo de que un ojo o un oído diga: "Yo soy el cuerpo de Cristo" (1 Corintios 12:17). Nos necesitamos mutuamente. Usted tiene un énfasis y una habilidad que yo no tengo. Usted ministra dones que yo no ministro. Aun si ministra el mismo don, lo hace de una manera diferente. Somos hechos completos por todos los demás creyentes.

Nuestro ministerio de dones es parcial, imperfecto. Romanos 12:6-8 enfatiza el crecimiento. Tendemos a profetizar en proporción a nuestra fe. Nos concentramos en los aspectos en que sabemos que Dios puede usarnos. Si recibiéramos los dones de forma completa, no sería necesaria ninguna exhortación sobre su uso. Pero Pedro tiene que aconsejar: "Si alguno habla, hable conforme a las palabras de Dios" (1 Pedro 4:11). Pablo le insta a Timoteo: "Por lo cual te aconsejo que avives el fuego del don de Dios que está en ti por la imposición de mis manos" (2 Timoteo 1:6).

Además, los dones deben ser examinados. Hay la posibilidad de que, por debilidad humana, un don sea mal usado; es posible que sea malentendido. El amor nos ayuda a crecer en medio de estas dificultades; cubre multitud de pecados. El amor no oculta el pecado, pero nos da lugar para crecer. Cometeremos errores; somos inadecuados. Pero Dios es misericordioso. Él nos hace libres para el servicio en su reino.

El servicio libera toda clase de dones

Romanos 12:6-8 enumera siete dones. Cuatro parecen ser los dones menos notorios: servir, exhortar, repartir, hacer misericordia. Entre ellos hay tres ministerios públicos: profetizar, enseñar, presidir.

Pablo hace algo similar en 1 Corintios 12:28-31, combinando los dones de capacitación de apóstoles, profetas y maestros con los dones de obras milagrosas, sanidades, ayudas, administración, lenguas e interpretación. De manera limitada, la administración puede ser también un don capacitador, como el de apóstol, profeta o maestro. Hay mucha superposición en la operación e interacción, que es necesaria para que la iglesia funcione bien.

La soberanía, personalidad y creatividad de Dios se ven claramente en el reparto de los dones. Nuestra interdependencia como creyentes y nuestra dependencia de la gracia de Dios son inherentes a estas listas. Sabemos quién somos en Cristo. Romanos 1 al 11 ha aclarado esto. Ahora, como nuestro sacrificio de amor a Dios, debemos servirnos unos a otros. En Romanos 12, como en 1 Corintios 12 y 13, todo lo dicho sobre esta adoración espiritual tiene que ver con la edificación de nuestro prójimo. Procuremos desarrollarnos al máximo para Dios. Permitamos que los dones del Espíritu fluyan a través de nosotros.

Los dones llegan más allá de la iglesia

Romanos 12:14-21 muestra una vida de ministerio que aun bendecirá a nuestros enemigos con la gracia de Dios. La iglesia debería ser una estructura de "ir". Muchas iglesias se han convertido en estructuras de "venir". El pastor establece el programa y, si los miembros son fieles y espirituales, vendrán al programa. Si solo vienen unos pocos, hay frustración y se abre una brecha entre los que vienen (los "espirituales") y los que no llegan. La obra de Dios se reduce a los programas de la iglesia, generalmente dentro de los límites de las instalaciones, y el apoyo disponible.

Bíblicamente, nos reunimos para ir a cumplir nuestra misión. El pastor capacitador busca desarrollar a los creyentes para sus ministerios. Se centra en personas en lugar de centrarse en programas. Muestra a los miembros cómo cumplir sus ministerios y les brinda oportunidades de ministerio apropiados para ellos, para que puedan ser usados por Dios conforme a sus capacidades. Elton Trueblood considera al pastor como el entrenador de un equipo.[2] Es una honra para él mostrar al equipo cómo ganar el partido. Ellos llevan la pelota.

El propósito del cuerpo es que sea la agencia de reconciliación de Dios para un mundo perdido. Según este pasaje, no debemos buscar la victoria sobre los enemigos humanos. Tenemos buenas noticias para ellos. Ellos pueden experimentar liberación por la gracia de Dios. Han estado luchando en vano por metas y proyectos que ellos mismos no entienden. Ahora pueden encontrar realización en Cristo. Ahora podemos llevarles el evangelio, llenos del poder del Espíritu, seguros de nuestra identidad, seguros de nuestra victoria, y seguros de la justicia final de Dios. La vida del Reino es extendernos en amor a los humildes, a los que sufren, a los perseguidores, al enemigo, abrumándolos con bendiciones, bondad y paz.

Estos siete principios de ejercicio de los dones unen los elementos clave sobre los propósitos y las perspectivas que debemos tener con respecto a los dones. Construyamos sobre esta base.

7
Comience a ministrar los dones

Cuando Israel estaba en el Sinaí, Dios ungió a setenta ancianos para que profetizaran. Dos de ellos, Eldad y Medad, se quedaron en el campamento y no salieron al tabernáculo de reunión donde estaban los otros. También comenzaron a profetizar. Josué temió que formaran una autoridad que rivalizara con Moisés, pero Moisés no se sintió amenazado. Él dijo: "¿Tienes tú celos por mí? Ojalá todo el pueblo de Jehová fuese profeta, y que Jehová pusiera su espíritu sobre ellos" (Números 11:29).

Este deseo, u oración, no se cumplió en los tiempos del Antiguo Testamento. La unción profética y el poder para el ministerio vino sólo a unas pocas personas. Israel creía que cuando viniera el Mesías, el Espíritu sería derramado sobre todas las personas (Joel 2:28,29). Cuando surgieron mensajes proféticos de María, Elisabet, Zacarías, Simeón y Ana (Lucas 1 al 4), Dios puso en claro que la era mesiánica había llegado. Todo el pueblo de Dios podía ser ungido con poder. Serían un pueblo profético. La oración de Moisés se cumpliría.

La profecía bíblica implica un Dios soberano que está sobre todo y lo sabe todo. Él es mayor que su creación. Él da órdenes y se cumplen (por ejemplo, Isaías 45:18-25). Las predicciones y su cumplimiento revelan su omnisciencia y omnipotencia. Él moldea el curso del universo, el destino de las naciones, y la dirección de las vidas individuales. Sin embargo, debido a que Dios habla a los hombres mediante profecías acerca de su pecado y la necesidad de arrepentimiento, acerca de la esperanza que Él ofrece en medio de la desesperación, acerca de restauración, aliento y bendición, vemos a Dios muy cercano y muy pendiente de nuestras vidas. Él es a la vez trascendente e inmanente.

Algunos dicen que Dios solamente nos habla de su Palabra escrita. Aunque la profecía debe estar sujeta a la enseñanza y la autoridad de las Escrituras,

Dios nunca ha dejado de hablar a su pueblo. Él puede irrumpir en medio de cualquier momento y situación con una palabra especial.

Todos los creyentes forman el pueblo profético de Dios (Hechos 2:17,18). Los ancianos no son la iglesia de ayer ni los jóvenes la iglesia del mañana. Todos debemos operar como el pueblo de Dios ahora. Cuando el pueblo de Dios se reúne para la adoración, debe ser en microcosmos lo que es cuando está disperso en un mundo pecaminoso. La verdadera adoración se reflejará en nuestras actitudes y acciones. La vida no debe compartimentarse en lo sagrado y lo secular. Nos reunimos para adorar y para renovar nuestras fuerzas, de modo que podamos tocar a los demás. Venimos a aprender cómo fluir en el Espíritu. Interactuamos y somos responsables unos a otros. Luego salimos con la confianza de que Dios obra sobrenaturalmente a través de nosotros.

Algunos creen que los dones se manifiestan principalmente en los cultos de la iglesia. Pero no se puede separar los dones que se manifiestan en los cultos de los dones en las misiones y el evangelismo. En 1 Corintios el contexto de los dones es obviamente la iglesia; pero Hechos nos lleva al mundo perdido. El Espíritu Santo puede obrar por medio de nosotros en cualquier momento. La evangelización se basa en el sacrificio redentor de Jesús y la Gran Comisión; pero el ímpetu del evangelismo cobra vida por medio del poder del Espíritu.

En el contexto de 1 Corintios 14, el don de profecía es representativo de todos los dones de expresión ungida que usan el lenguaje que entiende la congregación. Estos dones pueden ser examinados, animados y confirmados. Pablo dice: "Porque podéis profetizar todos uno por uno, para que todos aprendan, y todos sean exhortados... Así que, hermanos, procurad profetizar (1 Corintios 14:31,39). Al comprender los principios de Pablo para expresar el don de profecía, podemos comprender mejor todo el ámbito de los dones.

El principio de la encarnación

Samuel Shoemaker hace algunas observaciones interesantes sobre los creyentes del primer siglo, que implican los aspectos de encarnación de la profecía:

> ¿Cuál era el contenido de sus profecías? Entonces no había Nuevo Testamento que les hablara. Estos creyentes comunes apenas tenían educación suficiente para ofrecer instrucción teológica. La profecía debe haber sido su propio testimonio, la inspirada y pertinente palabra dada. Ellos estaban, creo profundamente, compartiendo con otros sus propias experiencias dadas por el Espíritu.[1]

Dios obra a través de las personas. Pero ¿cuán importante es la participación de una persona en el ejercicio de los dones? Tremendamente significativa. En cualquier expresión profética, el mensajero es parte inseparable del mensaje. Los antecedentes, la personalidad, el vocabulario, el nivel de madurez, las fortalezas y las debilidades, y las relaciones de una persona se vuelven parte del mensaje. Por ejemplo, Dios puede impresionar a varias personas a que den un mensaje sobre la Segunda Venida. Cada cual puede usar diferentes palabras y aun así comunicar la misma esencia del mensaje. Un cristiano dedicado a testificar puede incluir un énfasis en dar testimonio porque Cristo viene pronto. Una persona cuyo amado amigo acaba de morir puede comunicar el consuelo y la esperanza que tenemos en el regreso inminente de Jesucristo. Otro, que ha sido sensible a la falta de compromiso de la iglesia con el verdadero discipulado, podría exhortar a la santidad. Pero cada mensaje tendrá el énfasis único de la venida del Señor.

Si la vida de la persona que profetiza no coincide con sus palabras, el mensaje se opaca. No es coherente dar un mensaje de esperanza si la vida demuestra pesimismo y desesperación. Tampoco hay que dar un mensaje que aparezca artificial en lenguaje y tono. Debe surgir naturalmente. Cuando entregamos todo a Dios, Él nos equipa sobrenaturalmente.

En vista de esta verdad sobre la naturaleza de encarnación de los dones, los creyentes necesitan aprender a escucharse unos a otros. En lugar de escuchar, estamos prestos a juzgar, aislar y condenar. Debemos escuchar con amor, también enseñarnos unos a otros, exhortarnos, y afirmarnos mutuamente.

El principio del proceso

En la profecía, muchos creyentes se centran solo en las palabras pronunciadas. El proceso incluye al menos cuatro elementos: el que profetiza, la iglesia, el mensaje y los resultados.

Considere la vida y los antecedentes del profeta. ¿Está creciendo en el Señor? ¿Qué está experimentando ahora? El cristiano ministra tanto de la debilidad como de la fortaleza. Tal vez él necesita que otros también le ministren. Es necesario tener un espíritu dispuesto a aprender. Los dones se expresan imperfectamente. Dado que todos pueden profetizar, hacer esto no es señal de profunda espiritualidad. Pablo les dijo a los corintios carismáticos que el conocimiento no comenzó ni terminó con ellos. No importa cuán expertos seamos, podemos aprender de nuestro hermano en la fe más sencillo. Maduramos en efectividad conforme aprendemos a ejercer los dones. Debemos estar dispuestos a aprender de los líderes y de nuestros hermanos en la fe.

Comprenda lo que Dios está haciendo en la iglesia. A menos que una iglesia se haya desviado del curso previsto por Dios, los mensajes proféticos generalmente concuerdan con lo que Dios está haciendo en esa iglesia y con el nivel de desarrollo de la congregación. Esta profecía, ¿unificará a los hermanos? El propósito de los dones es edificar una fraternidad fuerte e interactiva.

La profecía debe ser evaluada. Algunas declaraciones son bíblicas y útiles. A veces debemos escuchar con amor y pasar por alto cosas que reflejan peculiaridades de la personalidad o sentimientos heridos. Otras declaraciones deben reservarse para su posterior consideración. El rechazo inmediato de una profecía debe reservarse para las situaciones que puedan dañar al cuerpo de Cristo o promover doctrina herética.

Recuerdo a un nuevo converso que dio un mensaje profético en una clase de escuela dominical. No habló de forma enérgica como tradicionalmente hacen los pentecostales. Alguien me preguntó después si yo sentía que era de Dios. Respondí que todo lo que él había dicho era bíblico. El nuevo converso estaba dispuesto a profetizar. Ningún daño había sido hecho al cuerpo de Cristo. Necesitamos alentar las manifestaciones, no apagarlas. No debemos volvernos demasiado críticos. Los dones pueden manifestarse en cualquiera de nuestras formas de adoración; sea lecturas bíblicas, canciones, testimonios, sermones, así como a través de cualquiera de nuestros hermanos en la fe.

Debe decirse algo sobre la evaluación de las profecías. En algunos círculos, el examen de la profecía supuestamente indica falta de fe. Pero, debido a que "los espíritus de los profetas están sujetos a los profetas" (1 Corintios 14:32), quienquiera que ejerza tal don debe reconocer el factor incorporado de responsabilidad a la iglesia, particularmente si no ejerce tal control. Deberíamos recibir la enseñanza, si es debida.

"Así dice el Señor" puede ser una afirmación presuntuosa. Los creyentes necesitamos que Dios nos dé sabiduría para discernir la verdad; la profecía tiene que estar bajo el escrutinio de las Escrituras. Las pautas subjetivas (por ejemplo, "no fue un mensaje ungido" o "no fue lo suficientemente espiritual") son insuficientes. Además, la espera del cumplimiento profético tiene sus peligros. Para entonces, es posible que el cuerpo de Cristo haya sufrido daño.

La evaluación se realiza mejor en el contexto de una iglesia local donde cada persona es responsable ante todos. Observe las pautas de Pedro:

1. ¿Fueron las profecías iniciadas por voluntad del hombre, sin referencia al impulso del Espíritu Santo? (2 Pedro 1:21)

2. ¿Se enseñaron herejías que negaban el señorío de Cristo? (2 Pedro 2:1)

3. ¿Fueron motivadas por avaricia? (2 Pedro 2:3)

4. ¿Son audaces y arrogantes los que profetizan? ¿Siguen los deseos de la naturaleza pecaminosa? (2 Pedro 2:10)

5. ¿Carece de contenido su vida y su mensaje? (2 Pedro 2:17)

6. ¿Conducen a otros a un comportamiento inmoral? (1 Pedro 2:19)

El proceso apunta a los resultados finales.

¿Hubo vidas tocadas?
¿Fue edificada la iglesia?
¿Están creciendo los hermanos en sus capacidades de ministerio?

Un problema en las iglesias pentecostales es la incapacidad y el temor de los creyentes con respecto a la evaluación de la profecía y sus resultados. Hay familias e iglesias divididas, porque se ha dejado de lado la lógica; por falta de discernimiento se ha aceptado cualquier palabra profética como la infalible palabra de Dios. El asunto no es acerca de cuál don es, o si es un don, sino si edifica al cuerpo de Cristo. ¿Pueden todos ser instruidos y exhortados (1 Corintios 14:31)? Los dones no se otorgan para nuestra gloria personal ni para que los demás nos admiren. Aun el incrédulo puede responder a un mensaje profético (1 Corintios 14:24,25). Los dones deben ser evaluados en cuanto a la verdad de las Escrituras, la aplicación a los oyentes, el flujo de la reunión, el discernimiento de los líderes, y la sensibilidad de los demás al Espíritu.

El principio de preparación y confirmación

El don de la profecía no está destinado a iniciar una dirección personal. Para ilustrar esto, examinemos tres episodios del libro de Hechos. Primero, el profeta Agabo predijo una gran hambruna. Luego, en oración por la sabiduría, cada uno determinó dar socorro según lo que tenía (Hechos 11:27-30). No se ordenó ninguna respuesta; compartieron voluntariamente con los hermanos de Jerusalén que tenían necesidad. La profecía fue preparatoria.

Segundo, mientras la iglesia de Antioquía ministraba al Señor y ayunaba, el Espíritu Santo confirmó la misión de Saulo y Bernabé mediante una palabra profética. "Ministrando éstos al Señor, y ayunando, dijo el Espíritu Santo: Apartadme a Bernabé y a Saulo para la obra a que los he llamado" (Hechos 13:2). La profecía no inició el llamado; ellos ya habían sido llamados.

Un tercer ejemplo tiene que ver con el viaje de Pablo a Jerusalén. Él sabía en el espíritu que debía ir. "Ahora, he aquí, ligado yo en espíritu [literalmente, "en E/espíritu"], voy a Jerusalén, sin saber lo que allá me ha de acontecer; salvo que el Espíritu Santo por todas las ciudades me da testimonio, diciendo que me esperan prisiones y tribulaciones. Pero de ninguna cosa hago caso, ni estimo preciosa mi vida para mí mismo, con tal que acabe mi carrera con gozo, y el ministerio que recibí del Señor Jesús, para dar testimonio del evangelio de la gracia de Dios" (Hechos 20:22-24; véase también Hechos 19:21).

Las profecías confirmaron que a Pablo le esperaban prisiones, y lo prepararon a él y a la iglesia para la crisis. Pablo conocía la voluntad de Dios. Sin embargo, nótese una diferente declaración profética de los discípulos en

Cesarea: "Ellos decían a Pablo por el Espíritu, que no subiese a Jerusalén" (Hechos 21:4). Algunos piensan que Pablo estaba fuera de la voluntad de Dios al ir a Jerusalén. Sigamos viendo más y luego regresemos a este versículo. Cuando Agabo profetizó que Pablo sería atado, no dio instrucciones (Hechos 21:11). Los hermanos en Cesarea le suplicaron que no fuera (Hechos 21:12). Contraste la declaración del profeta experimentado y el deseo de los hermanos creyentes en Cesarea.

Cuando Pablo reafirmó que estaba dispuesto a sufrir y morir por Cristo, concluyeron: "Hágase la voluntad del Señor" (Hechos 21:13,14). Es seguro concluir que la voluntad de Dios era que Pablo fuera a Jerusalén. El gran apóstol de los gentiles, que fundó muchas iglesias y escribió muchas epístolas, no estaba equivocado. De hecho, desde una prisión romana su influencia afectó la casa de César, Roma y el mundo. Luego fue puesto en libertad para que continuara su ministerio.

¿Cómo, entonces, explicamos la aparente contradicción de Hechos 21:4? ¿Fue esta profecía del diablo? Lucas enfáticamente dice que los discípulos le decían a Pablo "por el Espíritu". En este contexto, la palabra "Espíritu" no podría significar espíritu humano. Al mismo tiempo, Pablo no entendió lo que estaban diciendo como un mandato de Dios para él. De lo contrario, los habría reprendido por oír algo equivocado de parte de Dios o habría aceptado la orden. Él no hizo ni uno ni lo otro.

La explicación, por supuesto, está en la naturaleza de encarnación de los dones. Era Dios que hablaba por medio de las personas. Estos discípulos amaban a Pablo. No soportaban el pensamiento de que Pablo fuera arrestado y, posiblemente, ejecutado; querían advertirle de un posible peligro. Dios había hablado a través de muchos otros que Pablo sería atado. Pero estos hombres sentían que Dios no quería que fuera a Jerusalén. Pero Pablo no reconoció la profecía como guía inicial. En el Nuevo Testamento la profecía nunca es la guía inicial. Además, en los pocos casos en que era una directiva en el Antiguo Testamento, tenía que ser examinada. La verdad es que un profeta murió por desobedecer y no evaluar lo que se le dijo (1 Reyes 13). Los creyentes necesitamos sabiduría para discernir un problema y saber qué pasos prácticos dar.

Un ejemplo desde antes del Pentecostés, de la evaluación de profecías, lo vemos en el encuentro entre Jesús y Pedro. Pedro tuvo, en un momento, la revelación de que Jesús era el Cristo, el Hijo del Dios viviente. Esa fue la primera vez que Jesús permitió que se hiciera una declaración pública de quién era.

Seguidamente, Pedro reprendió a Jesús por decir que sufriría y moriría. Jesús reprendió a Pedro duramente con casi las mismas palabras que usó para reprender a Satanás cuando éste lo tentó en el desierto (Mateo 4:10; 16:23).

Algunos dicen que Pedro fue inspirado por un demonio al reprender a Jesús, porque piensan que aquí la palabra *satana* (Mateo 16:23) se refiere al diablo. Debería traducirse como "oponente". Jesús dijo que las palabras de Pedro no eran de Dios sino de una fuente humana (*ton anthropon*). Pedro, sin darse cuenta de ello, había asumido un papel antagónico en la misión de Jesús. Pedro, que amaba mucho a Jesús, lo había instado a seguir una senda más fácil.

En el desierto, Satanás había instado a Jesús a seguir un sendero más fácil para obtener los reinos de este mundo. Lo tentó a que se inclinara ante él en lugar de seguir el camino de la Cruz. Jesús se enfrentó a esa misma tentación a lo largo de su ministerio, porque muchos querían que fuera su mesías político, no un siervo sufriente. Esto habría deshecho la misión por la cual Jesús había venido al mundo.

El principio de interdependencia

Porque en parte conocemos y en parte profetizamos, dependemos de que otros también escuchen a Dios. Todos pueden venir a la reunión preparados para ministrar dones. Escuche usted lo que el Espíritu Santo le dice a su espíritu mientras otros ejercitan sus dones. Usted puede sentir una confirmación de que Dios realmente está diciendo eso al cuerpo de Cristo, porque sintió lo mismo. El Señor no se revela solamente a uno o dos. La revelación no viene por la propia interpretación del profeta.

Pablo dice: "Y si algo le fuere revelado a otro que estuviere sentado, calle el primero" (1 Corintios 14:30). El objetivo de este versículo es doble. Primero, porque Dios nos dice algo no significa que debemos expresarlo en ese momento. En la hora debida será lo mejor para la iglesia. En segundo lugar, es importante permitir a otros la oportunidad de ministrar dones. A menudo, los más agresivos entre nosotros dominan en este aspecto, de modo que los más tímidos retroceden por completo de este ministerio. Algunos profetizan; otros responden a la profecía o confirman lo que se profetiza. Una vez usted puede profetizar, la próxima vez puede confirmar. Todos deberían tener la oportunidad de crecer mediante este ministerio (1 Corintios 14:29-31).

Escuche todo lo que pasa en el culto. Cada parte del servicio puede ser parte de toda la obra que Dios está tratando de hacer entre su pueblo. Si lo que usted desea profetizar está de acuerdo con lo que Dios está haciendo en el servicio, Dios puede querer que ministre una palabra profética.

Recuerdo una reunión en que me pidieron que predicara momentos antes del servicio. Como deseaba instar "a tiempo y fuera de tiempo", acepté, sin tener ningún bosquejo de sermón en mi Biblia. Prediqué un mensaje que había usado antes, con el sentir de que era el mensaje de Dios para esta congregación. Derramé mi corazón en total dependencia de Dios. Sin embargo, al sentarme, me sentí abatido porque me había olvidado incluir tres puntos clave del sermón. Pero el Espíritu estaba obrando. Tres personas se sintieron impulsadas a profetizar, y cada una habló sobre uno de los puntos que yo no había dado en la prédica. Dios me enseñó algo de esa experiencia; no era sólo por mi predicación que el Señor hablaba. Él estaba usando todo el servicio, todo el cuerpo de Cristo, para transmitir su mensaje.

Usted puede haber dado un mensaje profético en un culto de testimonios, una palabra de sabiduría en una reunión de la junta, o una palabra de ciencia en una clase de la escuela dominical y no haber sido plenamente consciente de ello. Sin embargo, se cumplió la voluntad de Dios. Es posible que no sepa hasta después si fue un don del Espíritu. La confirmación por parte de otros y sus ministerios de dones pondrá su profecía en una perspectiva total. En parte conocemos y en parte profetizamos. "Asimismo, los profetas hablen dos o tres, y los demás juzguen" (1 Corintios 14:29). La evaluación se hará después de que varios han profetizado. Si en parte profetizamos significa que necesitamos que otros también lo hagan. No podemos actuar solos.

El don profético es fácil de iniciar. Si usted no está seguro de que sea un don, puede ofrecerlo humildemente a la congregación con una declaración, como: "Siento la impresión de que..." No necesita comenzar con un poderoso: "Así dice el Señor". El mensaje puede ser ministrado en quietud y como conversación, así como en voz alta y con ímpetu. Lo importante es que nos reunamos listos para escuchar y ministrar. La iglesia no debiera necesitar media hora para ganar impulso espiritual para ministrar. Pablo describe al pueblo de Dios como preparado. "¿Qué hay, pues, hermanos? Cuando os reunís, cada uno de vosotros tiene salmo, tiene doctrina, tiene lengua, tiene revelación, tiene interpretación" (1 Corintios 14:26).

El principio de la comunicación clara

Nunca ha sido mayor la necesidad de una comunicación clara entre los creyentes. Las profecías no necesitan ser misteriosas y difíciles de entender. Pablo usó el ejemplo de un toque de trompeta (1 Corintios 14:7-11) para expresar este punto: si el sonido es incierto, no se puede distinguir entre alguien que está practicando y alguien que reúne a las tropas para la batalla. En la guerra espiritual, el mensaje debe ser claro.

El modelo de comunicación *Shannon-Weaver* ilustra lo que queremos decir con comunicación clara. Los cinco elementos de comunicación incluyen:

- emisor o remitente
- codificación
- señal
- decodificación
- receptor

Incluyo un elemento más: el receptor debe convertirse en otro emisor.

El emisor es parte del mensaje. Debe ser obvio para todos los observadores que el medio (nuestra vida) coincide con el mensaje. El pecado oculto puede ser una afrenta al nombre de Cristo y apagar o distorsionar el ministerio del Espíritu.

La codificación implica las palabras de la comunicación. ¿Son claras y comprensibles? ¿Son bíblicas? ¿Edifican a los demás?

La señal es muy importante. En la comunicación radial hay dos ondas de frecuencia por las que se recibe un mensaje. La primera es la onda portadora, que tiene la fuerza de proyectar la señal. La segunda es la onda de señal; se monta sobre la onda portadora a la radio, dando la programación. En la comunicación normal, la señal puede incluir lenguaje corporal, gestos, o tono de voz. Para los dones, cosas como la unción, el amor, el tiempo apropiado, el compromiso de la vida con Cristo, una actitud comprensiva y afectuosa, la humildad, y la sumisión forman parte de una señal clara. Un sentido dominante, dureza, hipocresía, y egocentrismo dan una señal distorsionada. Si la señal es clara, el Espíritu Santo puede actuar como una onda transportadora para llevar el mensaje al oyente.

Mucha gente piensa que la comunicación tiene que ver solo con los primeros tres elementos: emisor, codificación y señal. Pero esta es una comunicación unidireccional. Para los cristianos, el mensaje no es efectivo a menos que se reciba con precisión.

La decodificación también es muy importante. ¿Oyó el receptor lo que realmente se decía? Muchas veces pensamos que hemos oído, pero en realidad hemos malentendido. El receptor debe tener un espíritu abierto y estar dispuesto a escuchar lo que el Espíritu Santo está diciendo. Puede tener un rol de confirmación, adición o evaluación. La decodificación debe hacerse con un espíritu de aceptación, no de crítica. Las personas que ministran dones pueden desalentarse por las actitudes críticas de los demás.

Por otro lado, la mayoría de los creyentes no toman tan en serio como debieran los ministerios del Espíritu. Necesitamos escuchar. **El receptor** debe venir al culto con todo su ser, abierto y receptivo a las enseñanzas de la Biblia. Debe aprender cómo asimilar la información, aplicarla a su vida, y ser discipulado en Cristo.

Casi todos piensan que la comunicación ha sido clara y completa cuando lo que el emisor transmite es lo que el receptor entiende. Aunque esta es una gran hazaña, no es lo que se espera de la comunicación cristiana. El objetivo final del emisor o remitente es que el receptor se convierta en otro emisor. El receptor a su vez puede transmitir el mensaje de una manera diferente y en el contexto de diferentes ministerios, pero él es, sin embargo, un emisor.

Tres componentes
del ministerio de dones

Hay tres componentes vitales para el efectivo ministerio de dones: la adoración, el que ejercita el don, y el que responde.

Primero, alguien debe estar dispuesto a ejercitar el don. Se necesita un ambiente de apertura y amor, no de crítica, perfeccionismo y reprensión. Un pastor sabio puede dar instrucciones para ubicar a cada persona en su lugar más efectivo de ministerio. En mis primeros años de ministerio, sin darme cuenta, impuse la tarea de hablar en muchos que nunca se convertirían en oradores. Quería encajarlos en mi molde. El Espíritu Santo pudiera más bien usar dones de ayuda, de administración o de servicio. Cuando buscamos encajar en nuestro molde más efectivo en el cuerpo de Cristo, Dios puede otorgar dones a través de nosotros.

En segundo lugar, debe haber quienes respondan. Algunas iglesias parecen ser trasplantes de la Antártida: si se enciende un fósforo, se congela. Si se han de manifestar dones, debe ser evidente un ambiente apropiado de apertura y receptividad. El ejercicio de un don no es una señal de santidad. La iglesia de Corinto manifestó dones y carnalidad al mismo tiempo. Algunos desean expulsar los dones con la carnalidad; pero los creyentes sabios conocen la diferencia. Si somos un cuerpo, entonces debemos permitir que cada miembro nos ministre. Algunos ministran desde fortaleza y otros desde debilidad. La verdadera fuerza refleja madurez, una vida santa y la preocupación por edificar a los demás. Necesitamos más de esta clase de personas. Los débiles luchan con su fe, tienen muchos altos y bajos espirituales, y a veces no aplican bien la Biblia. Siempre tendremos a estos hermanos en nuestras congregaciones. ¿Los rechazaremos?

La misión de la iglesia es evocar el don. En Hebreos 10:24 dice: "Y considerémonos unos a otros para estimularnos al amor y a las buenas obras." Uno de nuestros mayores ministerios es hacer que alguien se sienta libre de expresar su don. Pablo escribe: "Te aconsejo que avives el fuego del don de Dios que está en ti" (2 Timoteo 1:6). El don debe ser ejercido o puede quedar oculto. Ahí radica el valor de las personas que honestamente conocen y expresan su sentir. Así pueden alentarse unos a otros a ejercer sus dones.

En tercer lugar, la iglesia debe aprender a adorar a Dios en medio del ministerio de los dones. Como parte de esta adoración, agradecemos a Dios por la persona que Él usa para ayudarnos. A veces, sin embargo, agradecemos a Dios por el don, pero preferiríamos que el Señor use a otra persona para expresarlo. Dios puede usar los instrumentos más improbables si se rinden a Él. Esto acerca más a los miembros de la iglesia en aceptación e interacción.

La iglesia nunca estará desactualizada o atrasada si enfatiza aceptar a las personas en su estado de desarrollo y las ayuda a desarrollar su vida. Doctores, maestros, obreros, estudiantes, hombres de negocios, amas de casa... diariamente enfrentan los avances y las complejidades de la vida moderna. Hablan el idioma de la actualidad. Cuando el evangelio y los ministerios de la iglesia tocan sus vidas, cuando sienten que son personas vitales y valoradas en el reino de Dios, y cuando aprenden a ministrar en el poder del Espíritu, entonces pueden afectar su mundo. Sus ministerios serán pertinentes; serán transformados conforme crezcan con los tiempos y maduren en Cristo. En lugar de que un clérigo profesional haga todos los ministerios, el cuerpo de Cristo en su totalidad estará participando.

Todo 1 Corintios 14 se centra en la comunicación clara de los dones. Pablo concluye este capítulo con: "procurad profetizar" (1 Corintios 14:39). Los tesalonicenses habían experimentado una doctrina falsa sobre la venida del Señor a través del uso indebido de la profecía. Pablo no buscó eliminar la profecía entre ellos, sino que los exhortó a examinarla y a atenerse a lo bueno (1 Tesalonicenses 5:20,21). Los creyentes no debemos evitar lo bueno por la posibilidad de un extremo en la práctica del don profético. Eso apaga el Espíritu. La seguridad en contra de excesos y extremos está en que la multitud sepa ejercitar los dones. Un sano y normal ejercicio de los dones evitará que las personas busquen los extremos.

Con demasiada frecuencia nos distraemos de la verdadera esencia de los mensajes proféticos. Nos enfocamos en pensar si es plenamente sobrenatural, o sobre cuán profundamente espiritual es el que ejerce el don. Entonces tendemos a rechazar la profecía como satánica, si no cumple con nuestras expectativas.

Vivimos en días de crisis. Necesitamos estar alertas y listos para servir a Dios. Debemos exhortarnos unos a otros mientras el día dura. Si sabemos que Dios puede usar a cualquiera de nuestros hermanos sobrenaturalmente, entonces la iglesia se reúne con la disposición de escuchar a Dios, con fe y expectativa de que Dios puede tocar nuestra situación humana. Esta es la vanguardia de la iglesia. Si estamos dispuestos a profetizar, si nuestro propósito es edificar, y si nos sometemos a examen y autoridad, entonces Dios con toda certeza nos usará para que profeticemos. No somos solo sacerdotes el uno para el otro. También somos un pueblo profético, tocado por Dios y ungido de poder, con un mensaje para un mundo perdido, al borde de la muerte.

Cuando Dios nos habla, el mundo sabrá que hemos estado con Jesús. Veremos a los enfermos sanados, vidas tocadas, unidad desarrollada en la iglesia, y hermanos en la fe que descubren sus ministerios. Entonces, después de que hemos aprendido sobre el *charismata* en el contexto de la iglesia, dejaremos que Dios nos use para servir a un mundo que sufre. W. I. Evans exhorta: "¡Esperemos nuestro ministerio! Creo que Dios está deseoso de echar mano de nuestra pobre y débil instrumentalidad humana para verter en ella corrientes de energía divina para la manifestación y revelación de sí mismo."[2]

8

Por qué enfocar
la adoración

El apóstol Pablo ha sido el misionero más poderoso de todos los tiempos. Los misionólogos modernos siguen explorando el significado de sus simples pero profundos principios de discipulado, fundación de iglesias y evangelismo. Un principio claro es inherente a la estructura de la mayoría de sus epístolas: la sana doctrina, debidamente enseñada, lleva a la sana práctica en la vida cristiana. Casi dos tercios de cada una de sus epístolas enfatiza la doctrina; el último tercio tiene que ver con la buena práctica. Por ejemplo, Romanos 1 al 11 es la porción doctrinal de la epístola, y 12 al 16 da instrucciones prácticas.

La Epístola a los Efesios da otro principio fundamental: la genuina adoración conduce a la visión de alcanzar al mundo para Cristo. Confinado en una prisión en Roma, encadenado a los guardias, ocupado con las necesidades de todas las iglesias, sintiendo que su propia vida podría estar llegando a su fin, Pablo encontró una liberación en su ministerio que lo levantó por encima de sus circunstancias adversas. En lugar de ver los problemas, vio a Dios, que está por encima de los problemas, obrando soberanamente todas las cosas para alabanza de su gloria.

Para Pablo, la verdadera adoración no era simplemente una expresión verbal o física en la iglesia, sino una dinámica que conducía a un cambio de vida que pudiera afectar al mundo. No predicaba ni enseñaba para impresionar a los demás o para satisfacer las necesidades de su ego; solamente buscaba complacer a Dios. La vida y el ministerio de Pablo debían ser un sacrificio de adoración a Dios. A pesar del entorno carcelario, la parte práctica de la Epístola a los Efesios indica que nuestra vida debe ser un sacrificio vivo a Dios. Esto es liberador. ¿Por qué Pablo se concentra en la adoración? Antes de examinar más sobre este tema en Efesios, veamos el propósito de Dios en el

Antiguo Testamento. Desde el Génesis en adelante, Dios ha estado buscando un pueblo que lo adore sinceramente. Los primeros once capítulos del Génesis describen la multiplicación y la degeneración de la humanidad y el deseo de Dios de rescatarla. El hombre es la cima de la creación de Dios, hecho con un propósito y una misión. Los seres humanos, creados a imagen de Dios, debían gobernar con Dios sobre su creación y andar en comunión con Él. Trágicamente, Adán pecó. Misericordiosamente, Dios proveyó un camino de redención para que su creación una vez más pudiera servirle.

Después, Caín mató a Abel. El primer asesinato fue el resultado de una disputa acerca de la adoración. La redención de Dios una vez más fue revelada en el juicio y la protección de Caín, después de que mató a Abel. La provisión de un arca en medio de la brutal maldad en los días de Noé muestra el deseo de Dios de salvar a su pueblo. Fueron salvados con este propósito: "Fructificad y multiplicaos, y llenad la tierra" (Génesis 9:1).

Génesis 10 y 11 proporcionan un clímax apropiado para el tema de estos capítulos. En orden, tenemos tres temas: la tabla de las naciones, la historia de Babel y la genealogía de Abraham. Cronológicamente, la historia de Babel, Génesis 11, debe preceder a la tabla de las naciones, de Génesis 10. El propósito de Dios en el cambio de orden es para mostrarnos dónde se originaron las naciones y cómo Dios dispersó a su pueblo entre ellas. Esta dispersión fue involuntaria, por la desobediencia del pueblo de Dios en Babel.

Luego viene el clímax de estos capítulos: el llamado de Abraham. De entre su pueblo, Dios escogió a Abraham para que dirigiera a los fieles, con el fin de que fuera el padre de Israel y de todo el pueblo de Dios. Por medio de Abraham y sus descendientes Dios bendeciría al mundo. Desde el principio Dios ha preparado un pueblo para enviarlo en una misión. Como Ralph Winter ha observado: "La Biblia no es la base para las misiones. Las misiones es la base de la Biblia."[1]

Cuando Israel se comenzó a desarrollar como nación en la península del Sinaí, Dios prometió muchas bendiciones si eran un pueblo santo para dar testimonio de la gloria de Dios. Pero Israel pronto olvidó su misión. Los israelitas se entregaron a la idolatría, se corrompieron, y convirtieron la adoración en un ritual. Aun las naciones vecinas sabían que los israelitas no eran fieles a su Dios. El Señor tuvo que juzgar a Israel. Primero, Asiria tomó cautivo al Reino del Norte. El Reino del Sur, sin embargo, no creía que Dios iba a permitir que fueran juzgados. Después de todo, eran el pueblo de Dios; un rey del linaje de David estaba en el trono, el templo estaba en Jerusalén, ellos estaban en la Tierra Prometida, no eran tan malos como sus vecinos del norte (así decían). En el año 586 a.C. fueron llevados cautivos a Babilonia.

Durante esos momentos críticos, los judíos pasaron por una gran crisis de identidad. La teología de la que habían dependido, los enfoques tradicionales del sacrificio, sus ideas preconcebidas de ser el pueblo elegido, se hicieron añicos. Estaban tan descarriados que pensaban que podían cometer fornicación, adorar ídolos, tratar injustamente al prójimo, e ignorar la santidad de Dios, y a la vez mantener los aspectos externos de la religión y ser aceptados por Dios.

Muchos profetas se levantaron para hablar de esta situación. Isaías proclamó una nueva esperanza. El Mesías vendría para formar un nuevo pueblo de Dios. El Espíritu de Dios se derramaría sobre Él sin medida. Sería un siervo sufriente, pero al fin prosperaría en su misión.

Aunque Jeremías no habló del Espíritu de Dios, hizo hincapié en el nuevo pacto que se escribiría en la mente y el corazón del pueblo de Dios, cuando todos conocieran al Señor, desde el más pequeño al más grande (Jeremías 31:31-34). Con toda claridad profetizó que Dios estaba usando a los babilonios para juzgarlos a ellos y sus rituales externos de rectitud. Jerusalén, y su magnífico templo, fue destruida. No obstante, durante esta hora oscura, Jeremías dijo que Dios aún amaba a su pueblo. El pacto era un nuevo pacto, pero totalmente basado en los principios eternos hallados en los pactos con Abraham y Moisés. Su religión necesitaba ser internalizada.

Ezequiel habló de esperanza. Él vio una visión de un valle de huesos secos y sólo pudo comentar que parecían muy secos. Dios le dijo que profetizara a los huesos. Los huesos revivieron cuando el espíritu (*ruach*), entró en ellos. Ezequiel habló de un día en que el pueblo de Dios tendría un corazón de carne y un nuevo espíritu de Dios (Ezequiel 36:26). Muchos en cautiverio anhelaban el día en que la verdadera fe fuera renovada en santidad y poder.

En la era entre ambos Testamentos se hicieron muchos esfuerzos para encontrar el verdadero maestro de justicia, establecer una comunidad santa del pueblo de Dios, y traer al Mesías.[2] Algunos israelitas creían que si el país en su conjunto simplemente observaba debidamente el día de reposo, el Mesías vendría. Aunque estos esfuerzos se centraban en obras, conocimientos especiales y logros personales, resultaron algunos efectos positivos: las Escrituras fueron cuidadosamente copiadas; el pueblo comenzó a anticipar la llegada del Mesías (fuera político o espiritual); se preparó el suelo.

Cuando Jesús comenzó su ministerio, estaba lleno del Espíritu. Sus seguidores fueron investidos por el mismo Espíritu. Ellos serían el nuevo pueblo de Dios, que testificaría de la gloria de Dios mediante adoración, el ejemplo de su vida, y la proclamación del evangelio. La iglesia del Nuevo Testamento creció por medio del poder del Espíritu a pesar de muchos obstáculos. El engaño de Ananías y Safira podría haber sacudido la fe sincera de la iglesia naciente. El problema con las viudas helenistas la podría haber dividido. El problema judío-gentil amenazaba con impedir el crecimiento de la iglesia desde su comienzo. En cambio, todos estos problemas se convirtieron en oportunidades para que el pueblo de Dios revelara amor, fe y sabiduría. Hubo crecimiento explosivo. Los creyentes servían a un Dios que estaba por encima de cualquier crisis. El Espíritu controlaba la situación.

Además, Dios tomó a Saulo de Tarso, que perseguía a los creyentes, y lo convirtió en Pablo el misionero exitoso.

Sin duda, los mayores resultados de Pablo en la fundación de iglesias se produjeron en Asia Menor. Teniendo a Éfeso como base para la capacitación y el evangelismo, Pablo fue motivo de que todo Asia Menor recibiera un poderoso testimonio de Jesucristo en poco más de dos años. Fue a las iglesias de Asia Menor que el apóstol escribió la Epístola a los Efesios.[3] Pablo estaba tan conmovido por la obra de la gracia y la soberanía de Dios en las iglesias y en su propia vida que, a pesar de los encarcelamientos, las dificultades y los problemas en las iglesias, se concentró en la adoración.

Después de su saludo inicial a los efesios, Pablo prorrumpe en un himno de adoración a Dios. Este incluye tres partes:

- En 1:3-6, alaba al Padre por habelnos escogido y bendecido con toda bendición espiritual.

- En 1:7-12, alaba a Jesucristo por las bendiciones especiales de la salvación y la redención, sobre todo para los judíos.

- En 1:13,14 lleva el himno a un clímax al hablar de la obra del Espíritu Santo en traer a los gentiles no sólo a la salvación, sino también a la misión de servir a Dios hasta el cumplimiento del plan de redención.

Pablo está tan concentrado en la alabanza que 1:3-10 constituye una sola oración gramatical. Luego, en 1:15-23, prorrumpe en otro himno. Vuelve a dirigirse a los Efesios en 2:1. Aun entonces, alaba a Dios por sus bendiciones.

El poderoso avivamiento en Éfeso probablemente comenzó con unos pocos conversos de la sinagoga bajo el persuasivo ministerio de Apolos. Aquila y Priscila estuvieron allí para consolidar los resultados. Cuando llegó Pablo, no les preguntó sobre la salvación, sino que hizo la pregunta de si habían recibido el Espíritu Santo. "¿Recibisteis el Espíritu Santo cuando creísteis?" (Hechos 19:2).[4] Para Pablo, la salvación debe conducir al servicio lleno del Espíritu de Dios. No es suficiente hacer la oración del penitente y calificar para entrar al cielo. Dios nos llama a la misión de reconciliar al mundo con Él mismo. Era importante que esta iglesia desde el principio aprendiera sobre el poder del Espíritu y los dones espirituales.

Casi diez años después, en 62 d.C., Pablo reflexiona sobre ese patrón que estableció desde el principio.

En él también vosotros, habiendo oído la palabra de verdad, el evangelio de vuestra salvación, y habiendo creído en él, fuisteis sellados con el Espíritu Santo de la promesa, que es las arras de nuestra herencia hasta la redención de la posesión adquirida, para alabanza de su gloria (Efesios 1:13,14).

Markus Barth dice de estos versículos:

El sello es la designación, el nombramiento y el equipamiento de los santos para un ministerio público; ministerio que incluye el poder de comprender, soportar, orar, cantar y vivir en esperanza.[5]

Pablo esperaba que todos los creyentes fueran llenos del Espíritu. ¿Cuál era el propósito? Los que enseñan acerca de una "segunda bendición" no están de acuerdo en cuanto a su propósito. El movimiento de santidad ve la segunda bendición como una experiencia de santificación, que limpia la escoria dentro de nosotros. El Movimiento Keswick insiste en que la segunda experiencia fue una investidura para el servicio; se dio equipamiento divino. Luego, los creyentes carismáticos de hoy se han centrado en el valor de las lenguas para la adoración, a veces en detrimento de las dos posiciones anteriores. Pero ¿son estos fines mutuamente excluyentes? ¿Puede uno realmente separar la santificación, el servicio y la adoración?

La santificación básicamente significa "apartar para fines sagrados". No es una conformidad a normas externas, sino un cambio interior que nos hace siervos útiles para Dios. La unción de poder es, obviamente, la obra del Espíritu. La Gran Comisión debe cumplirse; las almas deben ser salvadas; las misiones deben avanzar en el poder divino. Sin embargo, el objetivo final es la adoración. Queremos que todo lo que hagamos sea una sinfonía de alabanza a Dios.

Cuando el plan de redención se cumpla, toda rodilla se doblará ante Jesús y toda lengua confesará que Él es Señor (Filipenses 2:10,11). Es en la adoración que vemos a Dios en su gloria y poder. Allí renovamos nuestro impulso para evangelizar a un mundo perdido y hacemos frente a los retos de nuestras iglesias. Estas tres palabras, bien entendidas, se relacionan entre sí y conducen a nuestra misión.

Veamos las consecuencias de no interrelacionar los tres elementos de nuestra misión.

Uno puede estar lleno de poder (P), ver que haya milagros, conocer todas las técnicas para dirigir cierto estilo de adoración y sinceramente desear adorar (A) a Dios; pero sin santificación (S) no hay avivamiento continuo. El nombre de Cristo es rebajado. Las personas sienten que pueden hacer lo que quieren y aun así servir al Señor. Se olvidan de que Dios es un Dios santo. Toda nuestra vida debe ser santificada delante de Él como un sacrificio vivo. Usando una fórmula matemática, se vería como lo siguiente:

P + A - S = cristianismo comprometido

Si una iglesia adora libremente, hay ministerio de los dones, enseña enfáticamente sobre la santificación, pero deja de aplicar el aspecto del poder del Espíritu Santo, llegará a ser introvertida y orgullosa de su espiritualidad y sus normas elevadas. La iglesia debe aprovechar su energía, ministrar dones, rendir alabanza para ganar al mundo, o ésta llegará a ser un club de "bendición personal". De hecho, el peligro de que pase esto es grande. Más de la mitad del mundo todavía no ha escuchado el evangelio. Si no aprendemos lo que el Espíritu dice a las iglesias, podemos contentarnos con llegar sólo a aquellos que ya han oído el mensaje. Peor aún, podemos estar hablando principalmente a los que ya están en la iglesia.

A + S - P = cristianismo introvertido

La combinación de santificación y poder del Espíritu es eficaz, pero no alcanza la liberación que viene de buscar la fuerza del Señor. Sin embargo, es una combinación aceptable para muchos. Algunas iglesias se han contentado con no ejercer los dones en la adoración colectiva. La santificación y el poder del Espíritu se convierten en fines en sí mismos, símbolos de la realización espiritual. Porque la visión es tan grande, nos sentimos abrumados y emocionalmente agotados. Sin embargo, Pablo vio la necesidad de continua edificación personal, de orar y de cantar en el Espíritu. Vio la necesidad de permitir que otros lo edificaran a través de los ministerios de dones. Esto se lleva a cabo principalmente en la adoración.

S + P - A = cristianismo agotado

No debe haber dos de estos elementos sin el tercero. Algo muy trágico es que algunas iglesias tratan de subsistir con uno de los elementos sin los otros dos. Cuando comprendemos que la llenura del Espíritu Santo, debidamente entendida y controlada, significa adoración, santificación y llenura de poder, entonces vemos por qué Pablo le dio alta prioridad para los creyentes de Éfeso.

Las iglesias en Asia Menor continuaron con el énfasis de la iglesia madre de Éfeso. Incluso los que no habían visto a Pablo personalmente estaban familiarizados con este patrón. El avivamiento había tocado a todo Asia Menor.

¿Por qué concentrarnos en la adoración? Efesios da cinco razones.

Todo para alabanza de su gloria:
Efesios 1

Efesios 1 nos dice que el propósito de todo lo que el Padre, el Hijo y el Espíritu Santo hacen en la iglesia y por medio de ella es para alabanza de su gloria. Tres veces la frase "para alabanza de su gloria" se repite en el primer himno. Lo importante no es cuánto hagamos por Jesús, lo hábiles que seamos, o cuántos dones ejercitemos. Más bien, Dios debe ser glorificado en todas las cosas. Esto es liberador. Nuestra responsabilidad es dedicar nuestro ser, nuestros talentos, nuestra vida, y nuestro intelecto para la expresión de adoración a Dios. Su responsabilidad es darnos el poder, ministrar por medio de nosotros, y moldearnos a la imagen de Cristo.

La potente iglesia primitiva cruza barreras:
Efesios 2 y 3

Efesios 2 describe a los creyentes en Cristo como quienes reciben la gracia de Dios, convirtiéndose en coherederos con el pueblo de Dios, miembros de la familia de Dios, vivos en Cristo, unidos en comunión con Dios y unos con otros, herederos juntamente con Israel, y beneficiarios y ejecutores de los misterios de Dios. Los primeros creyentes comprendían lo que eran en Cristo.

Esto era tan precioso que la iglesia rompió las barreras de prejuicio y ceguera cultural. El mayor obstáculo para la evangelización del mundo era llevar el evangelio más allá de las perspectivas y el lenguaje judío para que los gentiles pudieran entrar en el reino de Dios. Eso podría venir solamente a través de una visión completa de quién es Dios, lo que somos en Cristo, y lo que Dios desea para el mundo. De alguna manera, cuando somos tocados por la gracia, las diferencias humanas bien se minimizan o bien son más profundamente apreciadas. Dios llena a todos con el mismo Espíritu.

No hay ninguna referencia específica a la Gran Comisión en el libro de los Hechos ni en los escritos de Pablo. Sin embargo, en lo que la iglesia primitiva decía y hacía se hace ver que aceptaban la Comisión. Esta iglesia avanzaba en el poder del Espíritu Santo; los creyentes recibieron sabiduría, señales y maravillas, unidad divina y dirección del Señor. Tuvieron su Pentecostés personal, que los lanzó más allá de lo que podían hacer por sí mismos.

El apóstol Pablo siempre reconocía el llamado personal de Dios en su vida y su misión a los gentiles. Habló de la revelación especial que Dios le dio; sin embargo, buscó confirmación de la misma en los líderes de la iglesia de Jerusalén. Fue en la fuerza de esta comisión personal y el poder de los dones espirituales que Pablo eficazmente fundó iglesias en todo el mundo mediterráneo. La verdad es que la iglesia nunca podrá cumplir la Gran Comisión tratando de obedecerla en fuerza humana. Aunque el espíritu está dispuesto, la carne es débil. Necesitamos poder espiritual y la obra personal de Dios en nuestra vida.

La iglesia es una escuela para prepararnos: Efesios 4

En Efesios 4, y en los paralelos de 1 Corintios 14 y Romanos 12, vemos a la iglesia como una escuela del Mesías. Las siguientes frases indican el contexto de una escuela.

Efesios 4 usa: "constituyó... maestros, a fin de perfeccionar a los santos para la obra del ministerio... la unidad de la fe y del conocimiento del Hijo de Dios... ya no seamos niños fluctuantes, llevados por doquier por todo viento de doctrina... no habéis aprendido [*mathetes*: ser discipulado] así a Cristo... hablad verdad cada uno". **1 Corintios 14** tiene frases tales como: "para que la iglesia reciba instrucción [*mathetes*] prefiero hablar... con mi entendimiento, para enseñar también a otros... la profecía... a los creyentes... para que todos aprendan y sean exhortados". **Romanos 12** habla de la transformación del entendimiento, de comprobar cuál sea la voluntad de Dios, de pensar con cordura, de ejercer los dones con esmero, y del día del juicio.

Nos reunimos para adorar porque en la asamblea aprendemos a usar nuestra vida entera para expresar la adoración a Dios. Es decir, la iglesia no es el lugar principal donde se realiza la obra de Dios; la iglesia es el lugar principal donde se aprende la obra de Dios. Aprendemos sobre el ejercicio de los dones espirituales. Jesús es el administrador, maestro, plan de estudios, y el propósito de esta escuela.

El Espíritu Santo nos discipula en el ministerio el uno al otro. Crecemos al reunirnos para la adoración y la comunión. La adoración nos lleva a la comunión más profunda. Aprendemos a amar y aceptar a los demás tal como son. Buscamos edificarlos. Nos damos cuenta de que cada miembro necesita a los demás miembros. La comunión más profunda, a su vez, nos lleva a amar más a Dios. Desarrollamos una forma de vida que refleja la gloria de Dios.

Las vidas cambiadas tocan al mundo: Efesios 5 y 6

Las implicaciones misioneras de la adoración son claras. Cuando Dios verdaderamente nos toca, nuestra vida será diferente. Efesios 5:22 al 6:9 menciona una serie de relaciones humanas que han de ser edificadas sobre principios eternos. Estas relaciones son parte de nuestra adoración a Dios. La relación de Cristo con la iglesia constituye la base de las relaciones personales en la iglesia. Lo que tiene que ver con comportamiento en familia y la relación entre empleador y empleado son oportunidades para que glorifiquemos a nuestro Padre celestial. Vivimos, no por lo que podemos obtener de la vida, sino por el amor de Cristo que podemos compartir con los demás. Para Pablo, la teología es gracia y la ética es gratitud. Los tres primeros capítulos nos conmovieron con la gracia de Dios. Ahora Pablo responde con gratitud.

El esposo y la esposa son un don de Dios para beneficio mutuo. Aunque hay problemas matrimoniales que todas las parejas deben considerar, el aspecto principal es cuál será su respuesta a la gracia de Dios. Mayor que los asuntos de sumisión e igualdad en el liderazgo, el papel del hombre y de la mujer, es la pregunta: ¿obramos a partir de la gracia?

Las relaciones entre padres e hijos están basadas en principios mayores que la autoridad y la libertad, la disciplina y la permisividad, el medio ambiente y la herencia. La gran pregunta es: ¿de qué manera mi vida refleja la gracia de Dios en mi situación?

Los amos deben comprender que son empleados de su Maestro en el cielo y deben tratar a sus empleados terrenales de la misma forma en que Cristo los trata. Los empleados pueden aligerar su carga si trabajan como si el Señor fuera su amo. Recibirán la recompensa debida de Él, aunque la vida aquí puede parecer injusta. Esta revolucionaria nueva forma de vida representaba incursiones del Reino en el mundo del primer siglo.

La adoración conduce a guerra efectiva: Efesios 6

Efesios 6:10-19 nos dice cómo luchar contra Satanás. No podemos enfrentar al diablo con títulos, herencia familiar, ingenio humano o estrato social. Satanás sólo se reiría de nosotros. Debemos enfrentarlo con el equipo que solo Dios puede proporcionar. Isaías 11:4,5 y 59:17 imagina al Mesías vestido con esta armadura. Ahora tenemos el privilegio de usar este mismo armamento en la batalla contra el enemigo.

Algunos eruditos ven cumplida la armadura de Dios al vestirnos de Jesucristo. ¿De qué otra forma identificamos el cinturón de la verdad, el yelmo de la salvación, la coraza de justicia, los pies calzados con el evangelio de la paz, el escudo de la fe, y la espada del Espíritu? Estos términos se cumplen en Cristo. Debemos estar revestidos de la nueva creación, Jesucristo mismo (2 Corintios 5:17). Esto puede ocurrir sólo si dejamos que Jesús gobierne nuestra vida. Se lleva a cabo cuando pasamos tiempo en su presencia, contemplando su naturaleza y comprendiendo sus caminos. Cuando Satanás ataca, no venimos a él con espada o lanza, sino en el poderoso nombre de Jesucristo. Dejamos que Cristo luche por nosotros. En Él tenemos la victoria. En realidad, como Pablo declara, somos más que vencedores.

9

Ceremonia de graduación

Los Evangelios no concluyen formalmente: Mateo registra la Gran Comisión, que la iglesia aún debe cumplir bajo la autoridad dada a Jesús. Marcos concluye abruptamente (en NVI), dejando al lector en silencioso asombro y expectativa del poderoso, todo suficiente Señor que podría interrumpir cualquier situación, no importa cuán desesperada.

Lucas y Hechos son realmente un solo volumen; Lucas 24 no es la conclusión. La iglesia primitiva lleva a cabo la misión y la obra que Cristo realizó en la tierra. Hechos no concluye. Juan, al incluir la comisión personal dada a Pedro después de la resurrección, en el capítulo 21, implica claramente que la iglesia va a continuar la obra.

Todas las epístolas de Pablo fueron escritas para proclamar la muerte del Señor hasta que Él venga. Los dones del Espíritu se dieron como un depósito, en anticipación de la herencia completa que la iglesia recibirá. Hebreos nos alienta a que "corramos con paciencia la carrera que tenemos por delante" (Hebreos 12:1). Apocalipsis concluye con "Amén. Ven, Señor Jesús" (Apocalipsis 22:20).

Aunque no habrá nuevas revelaciones para reemplazar o eludir la Biblia, Dios sigue hablando a su iglesia y por medio de ella, una iglesia ungida por el poder del Espíritu.

Así también, este libro no tiene un capítulo final. Mi esperanza es que este libro sirva como el comienzo para muchas iglesias en el ministerio de los dones. El inicio para los estudiantes es la graduación, la finalización de su curso de estudio. El cristiano no debería exaltarse en su conocimiento, sino en su crecimiento saludable, en su madurez. Darnos cuenta de que todavía somos estudiantes puede ser la marca del verdadero aprendizaje. La erudición bíblica debe conducir a la práctica de nuestra fe y al equipamiento de los creyentes para el ministerio.

La iglesia es una escuela. Cuando los creyentes se reúnen aprenden a operar en los dones y a ser discípulos de Cristo; aprenden a edificarse unos a otros. Conforme avanzan, aplican el poder de Dios a las situaciones de la vida. Los dones se ejercen mejor por medio de una vida y mentalidad que espera la guía del Señor y la voz del Espíritu a través de cada creyente en cualquier momento. Lamentablemente,

> esto es exactamente lo que raramente se entiende. Mientras el mover del Espíritu se considere sólo en términos de que ocurra en una institución, o a personas, como una especie de tónico, nada significativo se va a producir. En realidad, incluso el símbolo del Pentecostés puede ser mal usado, en que sugiera solamente una adición externa a la fe. Pero el derramamiento del Espíritu es profundamente existencial y personal; algo en que no se puede insistir demasiado. No es mero complemento, sino el movimiento a través de todo el ser (comunidad o individual, o de ambos) de un gran poder que renueva toda la situación.[1]

Debido a la guerra espiritual, los creyentes deben usar el poder del Espíritu Santo. La lógica espiritual dicta que debemos hablar con claridad para que el ejército cristiano pueda avanzar unido. Parte de nuestra proclama al mundo es nuestra vida en común; nuestra comunión le dice al mundo quiénes somos. Ningún don debe ser apagado, sino que todos deben ser usados de manera adecuada y para los fines previstos. El mundo necesita ver, oír y conocer la vida radicalmente diferente que tenemos en Cristo.

Con los años, sin embargo, la iglesia a menudo ha hecho preguntas equivocadas. Las preguntas sobre el reino, el poder y la gloria de Dios se han reemplazado a veces por preguntas sobre poder personal, prestigio y posición. Pero ningún hombre puede recibir la gloria debida a Dios. Tenemos que aprender a hacer las preguntas debidas.

En cuanto a los dones espirituales, la pregunta no es qué dones tenemos, sino la función que tienen esos dones en el cuerpo de Cristo. En lugar de que tratemos de determinar quién es más espiritual entre nosotros, debemos aprender a valorar la contribución de cada uno. En lugar de debatir si las mujeres deben ejercer un ministerio público, debemos hacer hincapié en las metodologías del ministerio.

En lugar de preguntar si los dones son totalmente sobrenaturales (por lo tanto, infalibles), debemos comprender que los dones son de encarnación, que deben ser examinados, y que deben ser acogidos como estímulo para el crecimiento, a medida que aprendemos a ejercerlos. En lugar de hacer teología del don mayor, debemos ejercer en amor todos los dones que Dios nos ha dado. Entonces, en lugar de ser una estructura de "venir", seremos una estructura de "ir". Haremos las preguntas necesarias para glorificar a Dios, edificar nuestras iglesias, y causar impacto en el mundo.

Siendo humana como es, la iglesia a menudo adopta los extremos. Un extremo es un uso subjetivo e ingenuo de los dones, que descarta el resto de la iglesia como no espiritual. El otro extremo es tratar de evitar las experiencias negativas. Se teme al fuego por la posibilidad de que haya un incendio forestal, o, como dice el proverbio chino, recortamos la punta de los dedos para que calce el zapato. La primera posición es autodestructiva. Aunque el hambre por recibir más de Dios es digna de elogio, al evitar los principios locales abrimos la puerta a problemas que destruirán el avivamiento muy anhelado. La segunda posición es contraproducente: una iglesia que ignora todo el flujo de los dones se hace ineficaz en el mundo.

Dios busca a un pueblo que cumpla su misión. Con una población mundial de más de siete mil millones, el desafío de esta misión es mayor que nunca. En reacción a la ortodoxia viene un deseo de restauración del cristianismo del primer siglo. La búsqueda es de poder y santidad más allá de lo natural. Dios no defrauda esta hambre. El Espíritu Santo ha sido derramado sobre toda carne, haciendo que todos los creyentes sean sacerdotes para Dios y profetas al mundo, un mundo perdido sin el mensaje del evangelio. La iglesia debe estar en su máxima expresión, rendida al Espíritu de Dios y refinada por Él, para que pueda cumplir su misión.

Se estima que hay más de 350 millones que dicen ser carismáticos.[2] Estas cifras representan distintas perspectivas doctrinales y organizativas, todos los niveles económicos y educativos, diversos antecedentes culturales, y una multitud de expresiones creativas del Espíritu que obra por medio de seres humanos. Por primera vez, hay más conversos y misioneros cristianos en el mundo no occidental que en el de occidente. En estos países se asumen y aplican las dimensiones pentecostales del cristianismo. La debida enseñanza fomentará el ejercicio de dones, sin temor. Con enseñanza sólida, ministerio del cuerpo de creyentes y adoración, así como fe, esperanza y amor, la iglesia se moverá de victoria en victoria. La fe nos conducirá siempre más allá de donde estamos, pero no más allá de donde deberíamos estar.

Mi oración es que cada iglesia se mueva agresivamente hacia los dones espirituales. Cada creyente debe determinar a cuál iglesia va a comprometerse y debe seguir su liderazgo en el uso de los dones. Los líderes son la clave. Aunque Dios da a las personas el don de liderazgo, también deben ser afirmadas en su liderazgo por la congregación. Los miembros del equipo sensibles y dispuestos ayudan al líder crecer más allá de sus capacidades y perspectivas. Todos juntos, como cuerpo, la iglesia aprende y crece. No hay un patrón ni personalidad establecidos para todas las iglesias. La personalidad y el estilo de adoración de una iglesia dirigida por el Espíritu puede ser diferente de la de otras. Lo importante es comenzar con una base sólida de enseñanza.

Luego, se debe dedicar tiempo al ejercicio de los dones. Conforme nos volvemos sensibles al Espíritu y unos a los otros, Jesús se convierte en nuestro maestro y nos lleva a cumplir sus planes.

Todo lo que los creyentes hacen es su adoración a Dios. Él es la audiencia, y nuestras vidas son el estrado de redención en el que se expresa nuestra adoración. El predicador no estudia la Palabra para impresionar a su congregación, sino para presentarla como una ofrenda al Señor. No actuamos cristianamente unos con otros ni hacemos nuestra obra en la iglesia para impresionar a los demás con nuestra espiritualidad y capacidad eclesiástica. Lo hacemos todo como un sacrificio vivo a Dios. Esto libera nuestros ministerios.

No estamos atados por temor a las opiniones de los demás, sino buscamos solamente ser fieles a nuestro llamado en Cristo. De la abundante adoración fluye el poder sobrenatural de Dios. El agotamiento será reemplazado por el descanso en el Señor y el aliento de otros creyentes. Los hermanos serán vivificados y se llenarán de emoción. Los dones fluirán como parte de una vida normal de la iglesia para edificar y evangelizar. H. W. Robinson señala:

> Los miembros no tanto se "unen" a una iglesia, que existe por completo sin ellos; ayudan a constituirla, en su propio grado intrínseco, despertando a su propia participación en beneficio del cuerpo. La verdadera aspiración del creyente está bien expresada en la frase conocida de la *Theologica Germanica*: "Yo buscaría ser para la Bondad Eterna lo que es su propia mano para un hombre." En este sentido podemos hablar con razón de la iglesia como la encarnación continua de Cristo.[3]

R. B. Chapman añade:

> Los individuos de tal *ekklesia* serán cada uno un poderoso testimonio (Hechos 1:8), poseídos de un profundo afecto filial por el Señor, temiendo causarle daño o tristeza. La demostración del poder de Dios será la función normal de su comunidad (Hechos 4:33), que será respetada y estimada por todos, y a cuya compañía serán añadidas a diario las almas que han de ser salvas (Hechos 2:47).[4]

¡Amén! Que así sea. Que la iglesia cumpla su potencial y toque al mundo.

Apéndice

¿Hay sanidad en la expiación?

¿Hay sanidad
en la expiación?

Muchas denominaciones han visto un avivamiento en cuanto a los dones de sanidad. Los expertos en crecimiento de la iglesia declaran que los prodigios y las señales son la principal razón del rápido crecimiento de la iglesia en todo el mundo. Marcos dramatiza el énfasis de la iglesia primitiva sobre esto. Alrededor de dieciocho por ciento de su Evangelio está compuesto de relatos de sanidades (121 de 677 versículos); y de sus primeros diez capítulos (el ministerio de Jesús hasta la entrada triunfal en Jerusalén), más de la mitad (220 de 425 versículos) tienen que ver con lo milagroso. Claramente, la sanidad y la liberación son esenciales para proclamar el reino de Dios. Alan Richardson señala que una de las claves de la conquista del paganismo por el cristianismo en el mundo antiguo fue el poder de liberar a las personas del temor a los demonios.[1]

Algunos cristianos creen que los dones de sanidad se limitaban al primer siglo, al período anterior a la finalización de la Escritura; otros creen que la sanidad se basa únicamente en la soberanía de Dios; aún otros creen que las sanidades son señales de la llegada del reino de Dios, un anticipo de la gloria futura. Los pentecostales insisten en que la sanidad está en la expiación, como parte de la provisión del Calvario.

La base bíblica

El tema que tratamos aquí es si la sanidad está o no en la expiación de Cristo. Está claro que Jesucristo vino a traer el poder del reino de Dios. Aunque aún no experimentamos el cumplimiento total de las bendiciones de este reino, podemos ahora empezar a gozar de esas bendiciones. El pasaje crucial para la interpretación es Isaías 53:4,5:

> **Ciertamente llevó él nuestras enfermedades, y sufrió nuestros dolores; y nosotros le tuvimos por azotado, por herido de Dios y abatido. Mas él herido fue por nuestras rebeliones, molido por**

nuestros pecados; el castigo de nuestra paz fue sobre él, y por su llaga fuimos nosotros curados.

Aunque la referencia principal de estos versículos es la salvación de Israel, ¿pueden éstos referirse a la sanidad física y espiritual?[2] Creemos que si el pasaje se refiere a la redención sustitutiva, entonces incluye sanidad física. Fee reconoce que "el pasaje de Isaías es ambiguo". Sin embargo, "es claramente una metáfora de la salvación", y, además, "en la tradición profética tal salvación también incluye la sanidad de las heridas de las personas".[3]

En realidad, es muy difícil evitar las consecuencias sustitutivas en este pasaje. El verbo *nasa* (llevar) se usa generalmente en Levítico 16 al hablar de la expiación de sacrificios. El contraste de pronombres, "él/nosotros", "él/nuestro" (53:4-6,8,11,12) pone de manifiesto la calidad sustitutiva de este pasaje; habla de la obra que sólo el siervo sufriente pudo hacer por nuestros pecados.[4]

La palabra "enfermedades" (*choli*) se usa en el Antiguo Testamento principalmente para enfermedades físicas y ocasionalmente para heridas (por ejemplo, Deuteronomio 7:15, "enfermedad"; 28:59, "enfermedades malignas"; 28:61, "enfermedad"). La palabra *makob* (en Isaías 53:4) se usa para el dolor, por lo general espiritual o psicológico, aunque en ocasiones físico. El siervo sufriente es "varón de dolores" (*makob*, Isaías 53:3). Él "sufrió nuestros dolores" (Isaías 53:4). La palabra "curados" (Isaías 53:5) es probablemente perfecto pasivo y fácilmente se traduce "fuimos curados," anticipando proféticamente la obra completa de redención. La frase "azotado... herido de Dios y abatido" es profética de la Cruz. Así, Isaías 53:5 describe la sanidad como completada por medio de las heridas del siervo sufriente.

> El significado no es simplemente que el Siervo de Dios participó de nuestros sufrimientos, sino que Él tomó sobre sí los sufrimientos que nosotros debíamos soportar y merecíamos llevar; por tanto, no sólo los llevó (como puede aparecer en Mateo 8:17), sino que los llevó en su propia persona, para que nos liberara de ellos.[5]

"Por tanto", según Claus Westermann, "la sanidad obtenida para otros (v. 5) por su llaga incluye el perdón de los pecados como también la eliminación del castigo, es decir, el sufrimiento."[6]

El Espíritu Santo inspiró a los escritores del Nuevo Testamento para que se refieran a este pasaje como cumplido en el Mesías. Tanto Mateo 8:17 como 1 Pedro 2:24 se refieren a Isaías 53 en relación con la salvación y distintos sufrimientos. Robert Gundry dice con respecto a las referencias de Mateo: "Las citas de Isaías están todas en los resúmenes de la obra salvífica de Jesús. (Véase también Mateo 27:57; compárese Isaías 53:9.)"[7] David Hill dice: "Ya en la época de Mateo, Isaías 53 fue sin duda interpretado como mesiánico y se aplicaba a Jesús."[8] Fee, al observar la comprensión del Nuevo Testamento de

Isaías 53, señala que Jesús, Pablo y la iglesia primitiva regularmente esperaban que Dios sanara físicamente, tanto que aceptaban este pasaje "como una metáfora para la salvación (1 Pedro 2:24) y como una promesa de sanidad física (Mateo 8:17)".[9]

La referencia de Felipe a Isaías 53:7,8 en Hechos (8:32-35) y la referencia de Pablo a Isaías 52:15 en Romanos (15:21) se hacen ambas en el contexto de Cristo como el siervo sufriente. En efecto, la propia comprensión de Jesús de su ministerio se relacionaba en gran medida a los pasajes del siervo sufriente. (Véase la estrecha relación entre Isaías 53 y Marcos 8:31; 9:12,31; 10:45. También, véase 1 Pedro 2:22,24; compárese Isaías 53:5,9.)

Algunos no aceptan Isaías 53 como profecía acerca del Mesías o como una enseñanza sobre la expiación vicaria. Creen que Jesús adecuadamente aplicó el pasaje a sí mismo, no como cumplimiento de la profecía ni como resultado de interpretación exegética. Este argumento plantea importantes preguntas acerca de la libertad con que los escritores del Nuevo Testamento y Jesús mismo utilizaron los pasajes del Antiguo Testamento. Claramente, Isaías 52:13 hasta 53:12 trata la expiación vicaria del siervo sufriente. Se afirma por todas las referencias del Nuevo Testamento a este pasaje.

¿Qué de la referencia de Mateo 8:16,17 a Isaías 53:4? ¿Es esta realmente una referencia a la expiación, que Jesús llevó el pecado y la enfermedad, o es únicamente una señal que confirma que Jesús es el Mesías? Algunos piensan que el pasaje de Mateo no se refiere a la expiación o al sufrimiento sustitutivo porque los verbos griegos no implican expiación, sino simplemente sanidades milagrosas para eliminar el sufrimiento (*elaben*, "llevó"; *ebastasen*, "eliminó"). Sin embargo, W. F. Albright y C. S. Mann dicen: "En el contexto de Isaías 53, la identificación de Jesús con el Siervo parecería exigir mucho más que una simple eliminación del sufrimiento."[10]

La cita en Mateo 8:17 de Isaías 53:4 tiene que referirse a la obra redentora de Cristo, y aquí se aplica a la sanidad física. Es cierto que Cristo es un hombre único de la historia, el Mesías, el Dios-hombre; no podemos comparar su ministerio con el nuestro en todos los aspectos. Pero tampoco podemos aislar Mateo 8:16,17 del contexto de la iglesia primitiva. La perspectiva de Mateo al escribir fue después del Calvario. Trató de demostrar a su público judío que el Cristo crucificado y resucitado en verdad era el Mesías y que había cumplido todo lo que se decía de Él en el Antiguo Testamento. La sanidad que el Mesías proporcionó en última instancia incluiría liberación espiritual, emocional, física, económica y política. La iglesia primitiva lo creía. Ellos vieron milagros en abundancia que hicieron crecer a la iglesia. Como concluye MacDonald:

> La objeción de que estos versículos no pueden referirse a la expiación, porque Cristo aún no había sido crucificado, es infundada. Él fue el "Cordero inmolado

desde la fundación del mundo", y sobre esta base podría perdonar pecados antes de la Cruz, lo cual también hizo.[11]

Nótese el paralelo de la Gran Comisión con el ministerio de Jesús:

"Recorrió Jesús... enseñando... predicando... sanando" (Mateo 4:23).
"Recorría Jesús... enseñando... predicando... sanando" (Mateo 9:35).
"Y yendo, predicad... sanad" (Mateo 10:7,8).
"Toda potestad, me es dada... Por tanto, id, y haced discípulos... bautizándolos... enseñándoles" (Mateo 28:19,20).

Tanto en paralelo gramatical como en contenido teológico, el modelo para el ministerio de Jesús y de su comisión a los discípulos son los mismos. En dos oportunidades, cuando Jesús envió a sus discípulos a hacer "prácticas", les dio autoridad para que sanaran a los enfermos. Aunque Mateo 28 no menciona la sanidad, puede muy bien ser supuesta bajo la "toda potestad" que Cristo recibió. Jesús, a su vez, consideró que su ministerio y su autoridad fue dado a sus seguidores.

Además, así como los milagros de sanidad siguen la formación de los discípulos en Mateo (caps. 8,9 y 5-7, respectivamente), algunos de los mismos milagros los registra Lucas en el contexto de entrenamiento de los discípulos (Lucas 5:27–6:49). En otras palabras, estos milagros no eran simplemente la confirmación pública de lo que Jesús reclamaba ser, sino una formación deliberada de sus discípulos en sus ministerios.

Lucas entendía que lo que comenzó en su Evangelio con la inauguración del ministerio terrenal de Jesús continuó después de su ascensión (en el libro de Hechos). Los escritores de los Evangelios vieron a la iglesia como el ministerio de Cristo que continuaba en la tierra. Los milagros no eran periféricos, sino parte integral del ministerio. Porque, como dice Gundry (acerca de Mateo 8:17): "Juntamente con el perdón de pecados... se pensaba que el bienestar físico caracterizaba la era mesiánica (Isaías 29:18; 32:3-9; 35:5,6). Por tanto, hacemos bien en seguir el literalismo de Mateo."[12]

El tema de la sanidad en la expiación de Jesús por nosotros debe comenzar con la caída de la humanidad en Génesis 3. La maldición incluyó lo siguiente: la imagen de Dios en nosotros fue desfigurada; la naturaleza y la creación no serían tan fructíferas para la humanidad como lo fueron antes; y todos tendrían sufrimiento y muerte física. En medio de esta maldición, Dios pronunció la esperanza que surgiría de la mujer. Vendría un Mesías que destruiría todo lo que representaba la serpiente. La indicación de que vendría un redentor comienza en el huerto del Edén.

¿Qué se comprende por esa redención? En definitiva, todos los efectos de la maldición se invierten.

La imagen desfigurada de Dios en los seres humanos puede comenzar a ver todo su potencial a través del crecimiento en la imagen de Jesucristo: los creyentes son una nueva creación en Cristo (1 Corintios 5:17); el universo por fin será redimido, así como el cuerpo (Romanos 8:21,23); Cristo tiene poder sobre la muerte (1 Corintios 15:54-57). Tenemos la esperanza de un cuerpo glorificado, de cielo nuevo y tierra nueva, y de eterna comunión con Dios porque Jesús revirtió los efectos de la maldición al derrotar a Satanás en el Calvario. Él ha redimido a la humanidad de la maldición de la ley (Gálatas 3:13).

Esa maldición incluía la esclavitud física y espiritual en el Antiguo Testamento. Los israelitas moribundos tenían que mirar a una serpiente de bronce para apropiarse de la sanidad espiritual y física. Esto era un tipo o figura de la muerte de Jesús en el Calvario. Si hubo perdón y sanidad al mirar a la figura, ¿cuánto más en el cumplimiento de esa figura? En realidad, todas las bendiciones que recibimos son directamente o indirectamente el resultado de la obra expiatoria de Cristo. Turner resume esto mejor cuando señala que la presentación apostólica del evangelio se aplicaba a toda la persona, no a una platónica o aristotélica alma sin cuerpo. Hablando de los pentecostales, dice:

> Pusieron de nuevo la sanidad en la agenda espiritual, y la situaron firmemente en la expiación (compárese Mateo 8:17; Isaías 53:4), donde con razón pertenece; de hecho, ¿qué beneficio de la salvación no se deriva de la expiación?[13]

¿Sobre qué otra base ministra la iglesia el don de sanidad? ¿Por qué Santiago dice que llamemos a los ancianos de la iglesia para que unjan con aceite al enfermo y oren por su sanidad? ¿No es la iglesia misma y todos los dones del Espíritu el resultado de la expiación de Jesucristo? ¿Cómo podemos predicar de un cuerpo de resurrección glorificado si el cuerpo no está incluido en nuestra redención? Dios, por su propia naturaleza es *Jehová-Ropheke*, el Dios que sana. Él dio su nombre para revelar su naturaleza al sanar las aguas en el desierto. La palabra griega *sozo* significa salvación y también sanidad.[14]

Jesús vino a redimir a la persona total. Su ministerio y el de sus discípulos lo demuestran. Jesús no sanó simplemente por el bien de sanar. Dios fue glorificado, su ministerio fue reivindicado, el sufrimiento fue aliviado, y la gente fue atraída por un entendimiento más profundo de su obra mesiánica y las responsabilidades de cada uno en el discipulado. Todo lo que hizo Cristo tuvo su base en la obra que vino a hacer en el Calvario,

La Biblia trata los tiempos pasados y los últimos tiempos. Los últimos tiempos serían en la llegada del Mesías. El Espíritu sería derramado sobre toda carne y habría milagros en abundancia. Las señales no se limitarían a la primera parte de los últimos tiempos, ni a un período intermedio entre los tiempos pasados y los últimos. El reino mesiánico de Dios sería un reino liberador, redentor, transformador y sanador. Al mismo tiempo, estas bendiciones sólo serían un pago inicial de la bendición más completa de la futura plenitud en Cristo.

La sanidad: un enfoque de encarnación

Creer en los milagros simplemente como el acto soberano de Dios es hacer caso omiso de las muchas referencias de las Escrituras sobre cómo Dios honra la fe de los que le buscan, sobre la base de la gran obra hecha en el Calvario. Este enfoque no pone ninguna responsabilidad en la persona y muchas veces conduce a una actitud pasiva de fe. "Si es la voluntad de Dios" se convierte en una expresión fatalista para justificar la falta de fe agresiva.

Por otro lado, algunos creen que la sanidad es totalmente cosa de decisión humana, puesto que Cristo ya ha expiado nuestros pecados y nuestras enfermedades. El pacto de Dios se ha convertido en la responsabilidad humana, porque Dios ya ha hecho su parte. Creen que la enfermedad es consecuencia directa del pecado en la vida del enfermo. Aunque este enfoque requiere de fe agresiva, sus practicantes a menudo son culpables de presunción y orgullo. Se hace sentir culpable al que no es sanado; supuestamente está enfermo debido a algún pecado, por falta de fe, o por poca oración.

Ahora bien, si Dios se ofende por cada falta en nuestra vida, ¿qué dice esto acerca de la naturaleza de Dios? ¿Es Él voluble, temperamental y crítico, o es fiel y lleno de gracia y amor? Ni uno de los dos, el enfoque de soberanía y el de libre albedrío, responden adecuadamente a las preguntas sobre la parte de Dios y la nuestra en materia de sanidad.[15]

Algunos hacen hincapié en la sanidad instantánea y milagrosa. Insisten en que los enfermos no deben buscar la ayuda de médicos o consejeros, porque esto bien indica falta de fe o un menor grado de fe. Desde su perspectiva, los que son sanados progresivamente no lo son por el don de sanidad, sino por otros medios, tales como la imposición de manos de los ancianos, el ser ungidos con aceite, la oración de fe, o porque dos o tres se han puesto de acuerdo en oración.

Aunque todos estos son diferentes métodos de sanidad, uno no es mayor o más espiritual que otro. Toda sanidad viene por medio de la provisión de la gracia de Dios.

En la sanidad, Dios tiene su parte, y nosotros tenemos la nuestra. La sanidad no es sólo responsabilidad del individuo, sino de toda la comunidad de creyentes. Algunas sanidades pueden ser milagrosas, mientras que otras son progresivas. El objetivo final es crecer a la imagen de Cristo.

Figura 7. Elementos para sanidad de la persona total

Aunque Dios sana, podemos tener responsabilidad en la sanidad. Cada parte de nuestra persona está interrelacionada y afecta a todas las otras partes (véase la figura 7). Muchas enfermedades tienen que ver con procesos maladaptados, sean emocionales, espirituales o mentales.[16]

El pecado en el espíritu puede afectar al cuerpo. Al alimentar la mente con pensamientos negativos de ira, depresión y odio podemos afectar a nuestro cuerpo, así como nuestras relaciones, palabras y emociones. Podemos convencernos de derrota y enfermedad. La mala alimentación, problemas en las relaciones, el estancamiento en el desarrollo espiritual... todo esto afecta a todo nuestro ser.

Cristo busca destruir al enemigo y todo lo que representa. Él quiere sólo lo mejor para nosotros. Los siguientes pasos parecen ser la responsabilidad humana en recibir la sanidad.

1. Arrepiéntase de pecado. La enfermedad puede o no ser debido a pecado en nuestra vida. En el caso del paralítico que bajaron por el techo, Jesús relacionó la enfermedad con al pecado (Marcos 2:5); pero en cuanto al ciego de nacimiento, Jesús dijo que ni él pecó ni sus padres (Juan 9:3). Algunos (como los amigos de Job) insisten que Job se enfermó debido a sus pecados; pero Dios lo había declarado justo (Job 1:8; 2:3).[17] Nuestra primera responsabilidad es examinar nuestra vida y arrepentirnos de cualquier pecado.

El arrepentimiento significa despedirse del pasado y fijar la mirada en Jesús para el presente y el futuro. Nos hacemos responsables de nuestras acciones y las entregamos todas a la gracia de Dios. Un gran obstáculo para la sanidad es el temor persistente de que hemos hecho algo malo en algún momento, o de que somos indignos. Haga esto lo más pronto: reconcíliese con Dios y establezca en su corazón que es un hijo de Dios que ha sido perdonado. Esto trae gozo, liberación, y, muy posiblemente, la sanidad.

2. Examine todas las esferas interrelacionadas de su vida. (Véase la figura 7.) En lugar de concentrarnos en la necesidad inmediata de un milagro de sanidad, debemos crecer en todos los demás aspectos de nuestra vida.

- ¿Concuerda nuestra forma de hablar con los principios de la Palabra de Dios?
- ¿Alabamos al Señor o nos quejamos?
- ¿Reconocemos nuestros sentimientos o los ocultamos?
- ¿Concuerda nuestra forma de vida con nuestro espíritu?
- ¿Alimentamos nuestra mente con información edificante?
- ¿Dedicamos tiempo suficiente a dirigir nuestros sentimientos hacia la adoración y la intercesión en lugar de frustrarnos con cargas y remordimiento?
- ¿Hemos perdonado a personas que nos han herido?
- ¿Cuidamos de nuestro cuerpo mediante la debida alimentación, descanso y ejercicio?
- ¿Dedicamos tiempo para estar en comunión con Dios mediante la oración y el estudio de su Palabra?

Todo esto es importante para crecer a la imagen de Cristo y cumplir la voluntad de Dios. Nuestra responsabilidad es mantenernos saludables en todos los aspectos posibles. Entonces podremos concentrar de manera inteligente nuestras oraciones en los aspectos de necesidad, como es lo físico. Podremos usar los recursos que Dios nos ha dado en otros aspectos para estimular una completa sanidad.

3. Sumerja su mente en la Palabra de Dios y sus enseñanzas. Recuerde que solamente la Palabra de Dios es eterna y verdadera. Todo lo demás pasará.

Vivimos entre la época actual y el mundo venidero. El siglo venidero no ha amanecido plenamente sobre nosotros, así que la gloria de Dios no ha llegado a su máxima manifestación. Pero esperamos lo que no vemos (Romanos 8:24,25). Edificamos sobre cimientos eternos. Esto fortalece nuestra fe para que no nos conformemos al pensamiento de este mundo. No debemos dar cabida a perspectivas fatalistas.

4. Comprenda que estamos en guerra espiritual. Debemos pelear la batalla de la fe. Nos engañamos al negar el dolor o la enfermedad en el cuerpo cuando está allí. Pero si nos dejamos derrotar por la enfermedad es como renunciar. Francis MacNutt lo ilustra de esta manera:

> Creo que es algo así como ser bombardeado en una trinchera en la guerra. Puedo estar seguro de que Dios no quiere que haya guerra; puedo creer firmemente que Él quiere la paz. Pero, como vivo en este mundo confuso, trato de sobrevivir, de soportar lo mejor que pueda con el espíritu intacto, hasta que termine el lanzamiento de cohetes y proyectiles. No me involucro en decir que Dios quiere que haya guerra; más bien, digo que el enemigo ha hecho esto. Preferiría estar en casa, fuera de peligro, fuera del agua sucia. Sin embargo, aquí estoy, así que hago mi mejor esfuerzo para aguantar en medio de este mal, hasta el momento en que desaparezca. No tengo que decir que el mal es la voluntad de Dios. De una forma acepto la guerra, porque así es el mundo. Pero también digo que la guerra es horrible, ¡y oro por la paz! Así pasa con la enfermedad.[18]

El hecho mismo de que necesitamos los dones de sanidades implica que no estamos exentos de sufrimientos emocionales y físicos. Grandes líderes cristianos, poderosamente usados por Dios en ministerios de sanidades, tuvieron padecimientos físicos. A. B. Simpson, fundador de la Alianza Cristiana y Misionera; George y Stephen Jeffreys, fundadores de la Alianza Pentecostal Elim; y el pastor Hsi, de la Misión Interior de China, tuvieron debilidades físicas. En Hebreos 11 hay un registro de poderosos siervos de Dios que sufrieron por servir a Dios. C. S. Lewis señala que el dolor y el sufrimiento tienen efectos beneficiosos. A través del dolor Dios puede llamar nuestra atención y enseñarnos lo que de otro modo no oiríamos:

> "Dios nos susurra en nuestros placeres, nos habla en nuestra conciencia, pero grita en nuestros dolores; es su megáfono para despertar a un mundo sordo."[19]

Porque el sufrimiento es muy real, el cuerpo de Cristo tiene la enorme responsabilidad de compartirlo, y no condenar a los que lo experimentan. Debemos llevar las cargas unos de otros, y llorar con los que lloran. La verdadera empatía puede liberar a un hermano o a una hermana para que por la fe alcance sanidad. En ocasiones, escuchar puede ser más poderoso que predicar. Cuando uno que está débil comprende que a alguien le importa su condición, se fortalece para recibir victoria.

Satanás acusó a Dios de poner un cerco de protección alrededor de Job (Job 1:10). Dios protegió a los hijos de Israel en la tierra de Gosén de ciertas plagas (Éxodo 8:22,23, moscas; 9:6,7, plaga en el ganado; 9:11, úlceras; y 9:26, granizo). Dios ofreció a Israel salud y liberación de ciertas enfermedades, si obedecían sus decretos (Éxodo 15:26). Efesios 6 habla de una armadura de protección en esta guerra espiritual.

En esta guerra no podemos saber si debemos orar que el Señor sane a una persona o que la lleve a su hogar celestial. Podemos orar que Dios ponga un muro de protección en torno a la persona, de los dardos de fuego de Satanás, y que el enemigo no pueda avanzar más. (Los pentecostales de antaño lo llamaron "clamar a la sangre", refiriéndose a la sangre que se aplicaba en los cuernos del altar del incienso en el tabernáculo del Antiguo Testamento [Levítico 16:18,19].) Entonces, cuando oramos "venga tu reino, hágase tu voluntad", no es una oración pasiva fatalista, sino un afán agresivo de que se haga la voluntad de Dios.

En la guerra espiritual es importante que escuche la palabra de Dios para usted. Los principios universales se aplican en todas las situaciones en todo momento; sin embargo, hay situaciones particulares que pudieran requerir de una palabra de ciencia (conocimiento) específica. Consideremos el caso de la marcha alrededor de Jericó. En todas las conquistas de Canaán por Israel, una sola ciudad fue conquistada por una marcha.

Erramos al generalizar los detalles, diciendo que lo que sucede en un caso debe suceder en todos. Dios no está obligado a repetir el mismo método cada vez. Aunque tengamos un gran obstáculo, es poco probable que Dios nos llame a marchar alrededor del mismo siete veces (suponiendo que pudiéramos hacerlo). Cuando oramos sinceramente por un tema, se nos revelará lo que debemos creer y creceremos en la fe para reclamarlo.

5. Declare la sanidad total, pero también declare el progreso. Jesús ganó en el Calvario sanidad para la persona total y, en última instancia, el alivio del sufrimiento. Confiamos firmes en la obra consumada de Jesús. Pero hasta que estemos totalmente curados debemos alabar a Dios por las pequeñas misericordias.[20] A veces Dios alivia el dolor; quizá detenga el progreso de la enfermedad. Otras veces se da una curación parcial y luego la sanidad total. Por cada situación debemos dar gracias a Dios. MacNutt habla de "más y menos" sanidad, en vez del "sí" o "no" de la sanidad.[21] Su atención se centra en el proceso de sanidad, el elemento de tiempo. Cualquier mejoría puede ser una señal de la gracia de Dios obrando en nuestro cuerpo.

En los casos del ciego que fue tocado dos veces (Marcos 8:22-25), los leprosos que fueron sanados en el camino (Lucas 17:12-14), y el ciego a quien Jesús aplicó barro en los ojos y le ordenó que se lavara en el estanque de Siloé (Juan 9:6,7), hubo un lapso en la sanidad. Esta perspectiva nos permite crecer positivamente a través de cada experiencia. Creemos en milagros instantáneos pero entendemos que Dios también puede curar progresivamente.

Mientras que el enfoque humano está naturalmente en la sanidad física, el deseo primordial de Dios es nuestra salvación y la conformidad a la imagen de Cristo (Romanos 8:28-30). Dios quiere que otros sean conducidos a su reino por medio de nuestra vida. Aunque la sanidad física es importante, no es la máxima prioridad. Lamentablemente, para algunos que están enfermos, se convierte en la única prioridad. Nuestra oración debiera ser: "Señor, por todos los medios y por todas las situaciones, que tu nombre sea glorificado."

6. Alabe a Dios y descanse en Él. Algunos aspectos son un misterio. Cumplimos con nuestras responsabilidades y dejamos el resto a Dios. Cuando todavía no somos curados, tendemos a aferrarnos a nuestra enfermedad, emocionalmente y en lo intelectual. Esto se convierte en desaliento para nuestra fe.

Debemos hacer lo posible por nuestra salud, por plenitud de vida, y por crecimiento en la imagen de Cristo; podemos crecer en medio de las pruebas. En Hebreos 11 leemos de algunos héroes de la fe que fueron apedreados, aserrados, muertos a filo de espada. Aunque no tengamos respuestas a todas nuestras preguntas, debemos hacer nuestra parte y descansar en el Señor. La alabanza nos ayuda a ver el mundo desde la perspectiva de Dios. Entramos por sus puertas con acción de gracias, por sus atrios con alabanza (Salmo 100:4). La alabanza entrega el problema a Dios; es un paso de fe, que espera lo mejor que Dios ofrece. Es una actitud de vida que da testimonio a otros de la gracia del Señor en la práctica.

Aquí no podemos analizar en su totalidad el tema del sufrimiento y la enfermedad. Hay casos de personas que reúnen todos los criterios y aún no son curadas. Además, tenemos las víctimas inocentes de pecados de la sociedad o pecados de los padres y, en muchos casos, no hay pecado, más que el hecho de que vivimos en un mundo caído. ¿Qué de los discapacitados mentales y las víctimas de un accidente? La responsabilidad de la iglesia es hacer frente a la enfermedad y el sufrimiento, siempre que sea posible, con el poder redentor de Dios.

La enfermedad no es motivo de vergüenza si no perdemos la victoria y nos llenamos de amargura y nos dejamos derrotar. El momento de sanidad y la metodología pertenecen a Dios. Podemos estar seguros de que la completa sanidad nos espera en el cielo.

Resumamos esta perspectiva. Aunque la sanidad total se incluye en la expiación, es claro que el primordial y gran objetivo de Dios es la salvación de las personas y que sean conformadas a la imagen de su Hijo.

Cuando una persona recibe a Cristo por la fe, tiene vida eterna. Sin embargo, la plena recepción de las bendiciones de esa vida le esperan en el futuro. Incluso nuestra salvación tiene pasado, presente y futuro. Fuimos salvados, estamos siendo salvados, y seremos salvos.

Como vivimos en los tiempos de la venida del reino de Dios, pero no en el cumplimiento final de ese reino, la iglesia está en medio de guerra espiritual.

Aunque la victoria en última instancia es nuestra por medio de Cristo, la sanidad física puede no ser inmediata. Al mismo tiempo, el cristiano debe vivir de acuerdo con sus privilegios y su estado como hijo de Dios; no debe dejar que Satanás se aproveche de él. Por el contrario, su fe debe reclamar lo mejor que Dios ofrece. Debe agresivamente dar testimonio del Dios poderoso y fiel al que sirve. Es al hacer frente a Satanás y proclamar el evangelio que el poder de Dios se manifiesta en nombre de su pueblo.

La inmensidad de estas verdades debe mostrarnos cuán humildes somos. Después de todo, somos vasos imperfectos. Nadie debe pensar que tiene la verdad de Dios, que su comprensión trasciende la de cualquier otra persona. Si somos dogmáticos en algo que creemos, debemos serlo en humildad y amor. El sustituto de un extremo no es otro extremo, sino la predicación completa de la palabra de Dios.

Es la voluntad de Dios sanar, a menos que tenga una voluntad superior para la situación inmediata. Es decir, Dios siempre desea lo mejor para nosotros, para que podamos glorificarlo con mayor eficacia. Él no es simplemente el jefe del departamento de bienestar para darnos lo que necesitamos. Sus dones tienen propósito, para que edifiquemos a la iglesia y toquemos a la humanidad perdida para su gloria. Si Dios obra a través de la aparente tragedia, esa es su prerrogativa. Debemos seguir con la mirada en Él, no en las circunstancias. Evaluamos lo que es mejor desde una perspectiva temporal. Dios sabe lo que es mejor desde una perspectiva eterna.

La iglesia primitiva no trató de establecer una doctrina dogmática para responder a todas las preguntas acerca de la sanidad divina. El objetivo de ellos fue apropiarse del poder de Dios para llevar a cabo la misión. Avanzaron poderosamente en el poder pentecostal. Sin embargo, comprendieron que la aceptación de Dios y el uno del otro se basaba en la redención de Cristo de la humanidad pecadora. Los creyentes en Cristo son pecadores salvados por gracia. La madurez no se mide por las revelaciones, sino por un corazón de amor, una mente de sabiduría, un espíritu de humildad, y una meta de reconciliación.

El discurso de Pablo a los efesios refleja esto de mejor manera (Hechos 20:19-27). Tuvo la debida actitud: humildad y lágrimas. Tuvo el debido método: la predicación del evangelio completo y todo lo que sería de gran ayuda para ellos. Tuvo la debida meta: la salvación de toda la humanidad. El reino que Pablo predicaba no era el suyo; no volvería a verlos. Buscó en lo posible predicar todo el consejo de Dios. "Y todo esto proviene de Dios, quien nos reconcilió consigo mismo por Cristo, y nos dio el ministerio de la reconciliación" (2 Corintios 5:18). Amén, que nosotros sintamos también lo mismo.

Notas

Introducción

1. Véase Gordon D. Fee y Douglas Stuart, *La lectura eficaz de la Biblia*.

2. I. Howard Marshall, *Luke: Historian and Theologian* [Lucas: historiador y teólogo]. Nuevo Testamento Griego Internacional (Grand Rapids: William B. Eerdmans, 1970); y Roger Stronstad, *Charismatic Theology of Luke* [La teología carismática de Lucas], (Peabody, Mass.: Hendricksen Publishers, Inc., 1984).

3. Stronstad, *Charismatic Theology of Luke* [La teología carismática de Lucas].

4. El erudito liberal Hengel y los eruditos conservadores Marshall, M. Barth, Tuner, Pinnock, Ervin y Stronstad ven Lucas y Hechos como historia interpretativa. Estoy en deuda con Stronstad por su investigación de la teología de Lucas y Hechos así como la continuidad de la experiencia en el Antiguo Testamento y el Nuevo Testamento.

5. Marshall, *Luke* [Lucas].

6. Charles H. Talbert, *Literary Patterns, Theological Themes, and Genre of Luke-Acts*, Serie *Society of Biblical Literature Monograph* 20 (Missoula, Montana: Scholars Press, 1974).

7. Durante los últimos años se ha comentado mucho sobre el propósito de la llenura del Espíritu en Hechos, particularmente desde la publicación de la obra de James Dunn sobre el bautismo en el Espíritu Santo. La tesis de Dunn es que ninguno fue totalmente salvo hasta que fue lleno del Espíritu y que la llenura del Espíritu fue para la incorporación en el cuerpo de Cristo (por ejemplo, la salvación). Aunque F. F. Bruce muestra cuánto han influido en él tales argumentos en sus comentarios sobre Colosenses, Filipenses y Efesios, muchos otros eruditos han escrito persuasivamente para contrarrestar a Dunn.

8. Dunn, *Baptism in the Holy Spirit* [Bautismo en el Espíritu Santo].

9. Ibíd.

10. Véase F. F. Bruce, *The Book of Acts* [Hechos de los Apóstoles]. Muchos otros eruditos no pentecostales coinciden en que la experiencia en Samaria incluyó hablar en lenguas.

11. El problema está en la gramática griega en Hechos 19:2. Dunn arguye que debería traducirse: "¿Recibieron el Espíritu Santo cuando creyeron?" Horton, Ervin, Stronstad y Barth arguyen más convincentemente que debiera leer: "Después de haber creído, ¿lo recibieron?" En otras palabras, en este caso, la acción del participio aoristo en griego debe tomarse como que está antes del verbo principal. Ellos ya habían creído. ¿Ahora lo han recibido? El contexto indica que este es un uso posible del participio aoristo. Turner tiende a coincidir con Dunn sobre la gramática, pero discrepa en cuan- to a la teología: "El participio aoristo, *pisteuantes*, probablemente debería tomarse

como coincidente con *elabete*; sin embargo, en contra de Dunn, debe decirse que uno no hace la pregunta de Pablo a menos que sea concebible una separación entre creer para salvación y recibir la llenura del Espíritu."

12. Harry R. Boer, en una obra sobre el pentecostés y las misiones, documenta que la iglesia primitiva no avanzó primeramente con la motivación de cumplir la Gran Comisión sino bajo el ímpetu de la experiencia pentecostal. Esto es significativo porque viene de alguien cuya base teológica reformada enfatiza la obra del Espíritu Santo como incorporación en el cuerpo de Cristo y no como llenura de poder para servicio.

13. El propósito primordial de Marcos fue mostrar que Jesús fue lleno del poder del Espíritu para cumplir su misión. Este énfasis es primordial a cualquier otra designación de Cristo en el Evangelio según Marcos, incluso las referencias a Él como Hijo del Hombre.

14. Nótese la siguiente comparación del sermón de Pedro con el bosquejo de Marcos.

Hechos		Marcos
10:36	Introducción	1:1
10:37-38	Jesús ungido por el Espíritu	1:10
10:38	Inicio del ministerio	1:14
	Describe un poderoso ministerio	1:16–10:52
10:39	Enfoque en Jerusalén	11 al 14
10:39b	Crucifixión	15
10:40-41	Resurrección	16
10:44	El Espíritu interrumpe / Final abrupto	16:8

Marcos 16 concluye con la promesa de un encuentro personal con Pedro en Galilea. No se registra en Marcos ningún cumplimiento. En Hechos 10 Jesús se manifiesta a Pedro, esta vez en una visión y a través del derramamiento del Espíritu sobre la casa de Cornelio. Los muchos paralelos parecen deliberados.

15. Papías comenta esta influencia, citado por Eusebio, Hist. Eccl. III., xxxix.

16. Muchos identifican una fuerte relación entre el Evangelio según Marcos y Hechos. Pedro fue el mentor de Marcos. B. T. Holmes, "Lucas describe a Juan Marcos", *Journal of Biblical Literature 54* (junio 1935), dice que las alusiones de Lucas a Juan Marcos en Hechos "implicaban para sus primeros lectores que Marcos manejó un memorándum escrito sobre Jesús en el curso de la primera misión a los gentiles en Chipre".

Se sugiere que Marcos intentó escribir una continuación de su Evangelio y que Lucas hizo uso de esta secuela en su segundo volumen. De hecho, la más larga terminación del Evangelio según Marcos puede ser un resumen de los elementos carismáticos que sirven como su prefacio de Hechos.

17. El tema de las diversas conclusiones del Evangelio según Marcos no se puede tratar completamente en este libro. La mayoría de los expertos coinciden en que el final más corto fue el original. He resumido las tres opciones básicas que conciernen al final de 16:8.

   1. Marcos por algún motivo no pudo terminar su Evangelio. Debería tener por lo menos un relato de una apariencia de resurrección como cumplimiento de las predicciones de la Pasión. Marcos 16:8 termina con una preposición débil "porque". Podría ser traducido: "Tenían miedo, debido...". Parece incompleto.

   2. La conclusión se perdió o fue destruida accidentalmente. Esta opción no es muy probable. Marcos pudiera haberla escrito de nuevo, o el final se pudiera haber copiado de los muchos manuscritos originales del Evangelio.

   3. Cada vez más eruditos modernos sugieren que la conclusión abrupta fue a propósito.

18. Los manuscritos Alef y B, y la mayoría de las traducciones modernas, terminan en Marcos 16:8, dejando a Marcos con un final muy abrupto, como si el autor repentinamente dejara de escribir.

19. Algunos manuscritos menores dan otros finales abruptos, y el Códice Washingtoniano amplía la terminación más larga de Marcos 16. Las discusiones sobre las dos principales opciones posibles sirven para confirmar la tesis.

20. Los problemas con el final más breve enfoca los siguientes tres argumentos: Primero, aunque la palabra *gar* (para) se usa para terminar oraciones, párrafos y temas, no se usa para finalizar un libro. Segundo, la frase "tener miedo" se encuentra cinco veces en Marcos, pero nunca aparece de manera absoluta, excepto en 16:8 (el supuesto final del Evangelio). Tercero, Marcos 14:28 y 16:7 se refieren a un encuentro en Galilea; pero no se confirma tal reunión.

21. Lane, *Mark* [Marcos].

22. Anderson, *Marcos*.

23. Robert H. Lightfoot, *The Gospel Message of St. Mark* [El mensaje del Evangelio de San Marcos] (Oxford: Clarendon Press, 1950).

24. Hurtado, *Mark* [Marcos].

25. Norman R. Petersen, "¿Cuándo el final no es el final? Reflexiones literarias sobre el final del relato de Marcos", interpretación 34 (abril 1980).

26. Nineham, *Saint Mark* [San Marcos].

27. La buena evidencia textual también respalda el final más largo. Los manuscritos A, C, D, y K, la Vulgata, y numéricamente la gran mayoría de los manuscritos registran la

terminación más larga. También hay buena representación familiar: Bizantino (A, E, H, K). Cesareo (W), Occidental (D y Diatesaron d.C. 170), Alejandrino (C), y manuscritos cópticos. Bruce M. Metzger piensa que el final más largo fue añadido tan temprano que, sin duda, la iglesia lo aceptó como canónico. W. Farmer defiende la terminación más larga como la más difícil, y por tanto, necesariamente la original. Véase Stanley M. Horton, "¿Is Mark 16:9-20 inspired?" [¿Es Marcos 16:9-20 inspirado?] *Paraclete* (invierno de 1970).

28. El final más largo parece combinar algunos elementos de Mateo y Lucas. Si no fue parte original de Marcos, fue añadido a principios del segundo siglo. Este pasaje no contiene nada extra-bíblico. No está escrito en el estilo apócrifo de la mayoría de los padres de la iglesia entre 100 d.C. y 150 d.C.

29. Palmer Robertson, "Lenguas: señal de la maldición y bendición del pacto", *Westminster Theological Journal 38* (otoño de 1975), y Stanley Horton, *Lo que la Biblia dice sobre el Espíritu Santo* (Springfield, Mo.: Gospel Publishing House, 1976).

30. La mayoría de los eruditos abordan 1 Corintios 11:27-31 desde la perspectiva tradicional del autoexamen antes de participar en la Santa Cena: si he pecado, Dios puede castigarme por tomar la Cena indignamente. Gordon Fee es un erudito que no lo hace. El contexto del pasaje implica la consideración de los demás en el cuerpo de Cristo como el tema principal, no la santidad personal.

31. El concepto de que todo el pueblo de Dios se convierta en un pueblo profético ha sido expuesto por Stronstad. Él señala la profecía de Joel como el versículo único del Antiguo Testamento que se refiere al ministerio profético de todos los creyentes; por tanto, fue usado por Pedro en su sermón el día de Pentecostés. Si esta es una conclusión válida, sus implicaciones son poderosas. El ministerio de Jesús como nuestro Sumo Sacerdote realiza los ministerios prefigurados por Elías, Jeremías e Isaías. Jesús es a la vez Profeta y Sacerdote. Los creyentes no somos solo sacerdotes para ministrar los unos a los otros, reconciliando e intercediendo; también tenemos el papel profético de proclamar las buenas nuevas hasta el día del juicio final. Nuestra vida, con hechos y palabras, debe comunicar el mensaje de forma precisa y profética a un mundo de pecado.

32. "Comenzó" y "perfeccionará", en Filipenses 1:6, son dos palabras griegas que señalan el comienzo y el final de un sacrificio.

33. Diciembre Unidad 6, citado en "The Cyprianic Doctrine of the Ministry", un capítulo por John Henry Bernard en Henry B. Swete, ed. *Ensayos sobre la historia temprana de la iglesia y el ministerio* (Londres: MacMillan and Co., 1918), 239.

34. Donald Gee, *Spiritual Gifts in the Work of the Ministry Today* [Dones espirituales en la obra del ministerio de hoy] (Springfield, Mo.: Gospel Publishing House, 1963).

35. I. Rodman Williams, *The Era of the Spirit* [La Era del Espíritu] (Plainfield: Logos International, 1971).

36. "Los escritores apostólicos ni siquiera mencionan estos poderes milagrosos como una clase aparte... pero están clasificados junto con los otros dones, a los que solemos

atribuir como dotes naturales o 'talentos'. ... Es deseable que hagamos una división entre las dos clases de dones: lo extraordinario y lo ordinario; aunque esta división no fue hecha por los apóstoles en el momento en que era común el ejercicio de ambas clases de dones." W. Conybeare y S. Howson, *The Life and Epistles of St. Paul* [Vida y Epístolas de San Pablo] (Grand Rapids: William B. Eerdmans, 1949).

37. Ralph M. Riggs, *The Spirit Himself* [El Espíritu mismo] (Springfield, Mo.: Gospel Publishing House, 1962).

38. Hodges, *Spiritual Gifts* [Dones espirituales].

39. Gordon F. Atter, *Rivers of Blessing* [Ríos de bendición] (Toronto: Full Gospel Publishing House, 1960).

40. Williams, *Era of the Spirit* [Era del Espíritu].

41. Sanders, *Holy Spirit and His Gifts* [El Espíritu Santo y sus dones].

42. Howard P. Courtney, *The Vocal Gifts of the Spirit* [Los dones vocales del Espíritu] (Los Ángeles: B. N. Robertson Co., 1956).

43. "Melvin L. Hodges, *"Operations, Ministries and Gifts"* [Operaciones, ministerios y dones], *Paraclete 7* (primavera de 1973): "También hay una área de responsabilidad humana. Nuestra consagración a Dios, la forma en que usamos lo que Él nos da, nuestra fe, y la dedicación a su causa, tienen mucho que ver en abrir el camino para que los dones se manifiesten."

44. Maynard James, *I Believe in the Holy Spirit* [Creo en el Espíritu Santo] (Minneapolis: Bethany Fellowship, 1965).

45. W. I. Evans, *This River Must Flow* [Este río debe correr] (Springfield, Mo.: Gospel Publishing House, 1954).

Capítulo 1

1. Fee, Martin y Carson infieren que hay escatología sobre realizada en Corinto. Gordon Fee cree que había más división en contra de Pablo entre los corintios que entre ellos mismos. Carson considera que este punto de vista (1) apartaría los capítulos 7 al 16 de los capítulos 1 al 4, (2) haría que las preguntas hechas fueran más temáticas que las reales (si no había división, ¿por qué hacer todas estas preguntas?), y (3) 1 Corintios 13 enfatiza tan claramente el amor unos a otros que Pablo debe estar tratando de unificar las facciones. Donald A. Carson, *Showing the Spirit: A Theological Exposition of 1 Corinthians 12-14* [Mostrando al Espíritu: una descripción teológica de 1 Corintios 12-14], una descripción ecológica de 1 Corintios 12–14 (Grand Rapids: Baker Book House, 1987). Cualquiera que sea el caso, uno puede imaginar que las facciones entre ellos también produjeron fricción con Pablo.

2. Frederic L. Godet, *Commentary on First Corinthians* [Comentario de Primera a los Corintios], vol. 2 (Edinburgh: T. and T. Clark, 1886). Translitero a lo largo de este libro por el bien del lector que no está familiarizado con el alfabeto griego. Godet y otros, por supuesto, usan los caracteres del alfabeto griego en sus obras.

3. Ronald Y. K. Fung, "Ministry, Community, and Spiritual Gifts" [Ministerio, comunidad y dones espirituales], *Evangelical Quarterly 56* (20 de enero de 1984). Más adelante dice: "Para Pablo, la eclesiología depende estrechamente de la cristología; refleja también la neumatología. Por tanto, la eclesiología, la 'carismatología' y la 'diaconología' están estrechamente integradas en el pensamiento de Pablo, unificadas por el enfoque gemelo de Cristo y el Espíritu". En otras palabras, la iglesia refleja quién es Cristo a través de la obra del Espíritu.

4. Para Pablo, *charismata* se refiere a la regeneración (Romanos 5:15,16), a la vida eterna (Romanos 6:23), al llamado de Israel (Romanos 11:29), a los dones (Romanos 12:6-7; 1 Corintios 12:4, 8-10), al matrimonio y el celibato (1 Corintios 7:7), y al don de Timoteo (1 Timoteo 4:4 y 2 Timoteo 1:6). En 1 Pedro 4:10 la palabra se refiere a dones espirituales. En cualquier caso, es claro que *charisma* está basado en *charis* (gracia). La gracia nos coloca en el cuerpo de Cristo. *Charisma* permite al creyente cumplir su función de servicio.

5. Véase, por ejemplo, Ralph Martin, *The Spirit and the Congregation: Studies in a Corinthians 12-15* [El Espíritu y la congregación: estudios en 1 Corintios 12-15] (Grand Rapids: William B. Eerdmans, 1984).

6. Los académicos han "especificado en exceso lo que se puede descifrar a partir de algunas palabras en particular". Carson, *Mostrando al Espíritu*.

7. Martin, *El Espíritu y la congregación*.

8. Godet, *First Corinthians* [Primera a los Corintios].

9. Números 24:4,16; Oseas 9:7. También Filón, judío de Alejandría, de principios del segundo siglo.

10. George G. Findlay, "St. Paul's First Epistle to the Corinthians" [Primera Epístola de Pablo a los Corintios], en *The Expositor's Greek Testament* [Testamento griego del expositor], ed. W. Robertson Nicoll (Londres: Hodder and Stoughton. Ltd.). Carson, por otro lado, piensa que los primeros dos versículos simplemente se refieren a su ignorancia como paganos y que el versículo tres se refiere a lo que Pablo desea darles a conocer. Carson, *Mostrando al Espíritu*.

11. H. Wayne House, "Tongues and the Mystery Religions of Corinth" [Las lenguas y las religiones misteriosas de Corinto], *Bibliotheca Sacra 140* (abril a junio 1983), sugiere que Pablo dice que deben estar seguros de que sus "lenguas" no sean las mismas que en su pasado pagano de adoración a Apolo y Dionisio; el misticismo y el éxtasis, experiencias individualistas que no necesariamente valoraban la armonía.

12. Suetonius, *Life of Claudius* [Vida de Claudio], xxv. "Chrestus" era un nombre común; también sonaba muy parecido a "Christos" (Cristo). Puede ser esta persecución la que resultó en que Aquila y Priscila salieran de Roma para ir a Corinto.

13. Un resumen de las ideas recientes sobre esta posición es presentado por J. Duncan M. Derret, "Cursing Jesus" [Maldiciendo a Jesús] (1 Corintios 12:3), en *Estudios del Nuevo Testamento* (julio de 1975).

14. Howard M. Ervin, *These are not Drunken as ye Suppose* [Estos no están borrachos como ustedes suponen] (Plainfield: Logos Books, 1968).

15. Aquí siguen otras explicaciones de quiénes llaman anatema a Jesús: creyentes que se resisten a una revelación del Espíritu mediante el uso de expresiones blasfemas; creyentes que temen que los que hablan en lenguas en realidad maldicen a Jesús sin saberlo; un problema textual para anatema que puede leer *ana athe emar maran Jesous* ("'Vengo', dijo nuestro Señor Jesús"); y un simple contraste entre los paganos que se oponían a Jesús y la confesión cristiana. Las explicaciones que se tratan en el texto parecen ser las más importantes.

16. Siegfried Schatzmann, *A Pauline Theology of Charismata* [Una teología paulina de charismata] (Peabody, Mass.: Hendrickson Publishers, Inc., 1987). Dice que los ministerios son el propósito de que Dios da dones. "Solo en diferentes clases de servicios está la clasificación de *charismata.*"

17. Stanley M. Horton, *What the Bible Says About the Holy Spirit* [Lo que la Biblia dice acerca del Espíritu Santo] (Springfield, Mo.: Gospel Publishing, House, 1976).

18. Arnold Bittlinger, *Gifts and Graces: A Commentary on First Corinthians 12 to 14* [Dones y gracias: comentario de Primera a los Corintios 12 al 14] (Grand Rapids: William B. Eerdmans, 1967).

19. "Para Pablo, la relación entre el *charisma* y el ministerio era siempre integral. El *charisma* sin ministerio niega el propósito del poder carismático e ignora su carácter de gracia. El ministerio sin *charisma* niega la dinámica que hace efectivo el ministerio e ignora su carácter de don." Schatzman, *Pauline Theology* [Una teología paulina].

20. En 12:4-6, la variedad con que Pablo usa las conjunciones (*de* en 12:4, *kai* en 12:5, y una combinación de *kai* y *de* en 12:6) muestra este énfasis en la diversidad y la unidad.

21. "Algunos han usado Romanos 11:29 para argumentar que, dado a que los dones y el llamado de Dios son irrevocables, una vez que hemos recibido un don, lo poseemos. Sin embargo, ese no es el contexto de Romanos 9 al 11. Archibald T. Robertson explica que *ametamelata* significa "no arrepentirse después". El énfasis no es *ametanoeton* (Romanos 2:5), que significa "cambiar de opinión".

El pasaje también habla del amor de Dios por Israel y su llamado y vocación por todas las naciones. Claramente, Pablo no se refiere a ministerios y dones individuales. No dice que una vez que alguien ha sido llamado para ser diácono, siempre será diácono, o que si una persona ha dado una palabra de sabiduría, siempre ejercerá ese don y solamente ese don. Los ministerios y las necesidades cambian a medida que el cuerpo de Cristo madura y se enfrenta a nuevos desafíos.

22. Versículo 7, *ekato*, cada uno

    versículo 8, *men*, uno

    versículo 8, *allo*, otro de la misma clase

    versículos 9, *hetero*, otro de tipo diferente

    versículo 9, *heni pneumati*, un Espíritu

23. Aunque muchos eruditos buscan usar pasajes dentro de 1 Corintios 12 al 14 para decir que no todos los corintios hablaban en lenguas (por ejemplo, 1 Corintios 12:30,31; 13:8; 14:5), esto no es nada convincente a la luz de las experiencias detalladas en Hechos de los Apóstoles (2:4; 10:44-46; 11:16; 19:6,7), del valor que Pablo da al don (Hechos 19:2; 1 Corintios 14:5, 13-18), y los diferentes propósitos del uso privado de las lenguas y el uso en la congregación. Es posible que había creyentes corintios que aún no habían hablado en lenguas; algunos que buscaban el don (14:16,23); o algunos a quienes se les había prohibido hablar en lenguas debido a los problemas en Corinto (14:39). Insistir en que no todos podían hablar en lenguas en su tiempo de oración en privado, o que lo harían, es el argumento más débil de todos, que viene del silencio.

24. En el contexto, tanto *heteros* como *allos* se refieren a diferentes personas. Por tanto, ¿se está refiriendo Pablo a diferentes personalidades, que están más abiertas a ejercer ciertos dones? Posiblemente. No obstante, su íntima conexión entre dones y miembros en 12:12-27, en que los miembros del cuerpo incluso hablan unos con otros y cumplen funciones clave en el cuerpo, como Dios designa (12:18, 28ss), y su comparación de las diferentes funciones de los dones en 1 Corintios 14, todos sugieren las diferentes funciones que tanto las personas como los dones tienen en la edificación de todo el cuerpo de creyentes. Pablo puede estar mostrando que cada persona debe estar al tanto de su función en edificar a la iglesia.

25. Pablo usa *heteros* un mínimo de treinta y dos veces. Cada vez, la interpretación más natural sería "otro, de tipo diferente". Siguen ejemplos de esto:

"Tú que juzgas… a otro" (Romanos 2:1).

"Tú, pues, que enseñas a otros" (Romanos 2:21).

"Si se uniere a otro marido" (Romanos 7:3).

"Otra ley en mis miembros" (Romanos 7:23).

"Ninguna otra cosa creada" (Romanos 8:39).

"Y el otro: Yo soy de Apolos" (1 Corintios 3:4).

"Unos contra otros" (1 Corintios 4:6).

"Tiene algo contra otro" (1 Corintios 6:1).

"Recibís otro espíritu" (2 Corintios 11:4).

"Un evangelio diferente" (Gálatas 1:6).

"En otras generaciones" (Efesios 3:5).

"También por lo de los otros" (Filipenses 2:4).

Aunque uno no haga una distinción absoluta entre *allos* y *heteros* en cada uso de Pablo, se puede ver que *heteros* da una distinción que enriquece el significado en la mayoría de los usos.

26. Tanto Fee como Carson proponen que si la agrupación es legítima, se basa en el uso de *heteros*. Fee dice que las palabras de sabiduría y de ciencia están en la primera categoría, porque en Corinto los tenían en alta estima; los siguientes cinco dones están en una segunda categoría, porque son sobrenaturales; los últimos dos están en la tercera categoría, porque las lenguas y la interpretación son el "problema", juntamente con su don compañero. La primera y la última categoría tienen que ver con problemas en Corinto. (Fee, *Primera a los Corintios.*) Pero veo los cinco dones intermedios también como un problema para los corintios, que tienen una escatología sobre realizada. La fe, las sanidades, los milagros y el discernimiento de espíritus pueden estar relacionados con ese énfasis teológico. Solo se excluye la profecía. Concluyo que Pablo no solo resuelve un problema, sino que también enseña una perspectiva general sobre los propósitos de los dones.

Carson piensa que la primera categoría puede estar vinculada con el intelecto, la segunda categoría puede asociarse con una fe especial, y que las lengua y la inter-pretación pueden estar en una categoría separada. Pero continúa diciendo que queda demasiada superposición. ¿No puede la profecía producir resultados intelectuales? ¿No puede ser usada la fe para dar una palabra de sabiduría? Entonces, decide que no hay categorías. (Carson, *Mostrando al Espíritu.*) Algunos autores proponen que ciertas personas más fácilmente pueden ser usadas en expresar ciertos dones, algo a lo que pocos objetarían. Sin embargo, tal observación no responde a la pregunta de la singularidad de cada categoría de dones.

27. Ralph M. Riggs, *El Espíritu mismo* (Springfield, Mo.: Gospel Publishing House, 1962).

28. En las epístolas de Pablo, él no describe claramente la función de los dones dirigidos al mundo. El énfasis principal parece ser el de los dones en la iglesia. Sin embargo, solamente necesitamos ver el uso de Jesús de lo milagroso y lo registrado acerca de los milagros en Hechos de los Apóstoles para saber que la iglesia primiti-va esperaba ver milagros y ejercitaba los dones del Espíritu en su afán de ganar al mundo. Schatzmann (*Teología paulina*) dice: "La relación entre el Espíritu Santo y los dones que Él otorga parecen exigir la concesión de que ambos se relacionan con la comunidad de creyentes y con el mundo."

29. Véanse 1 Corintios 14:2,4,14-16; y Hechos 2:11 y 10:4.

30. En el índice de la obra de Martin, *El Espíritu y la congregación,* él identifica tres de las mismas categorías que yo sugiero. Considera que el propósito principal de la profecía es la enseñanza (14:1-12). La alabanza y la oración son adoración. La última categoría es la misma que tengo yo sobre ministerio a los santos y al mundo. La profecía se puede usar poderosamente en una función de enseñanza, aunque también puede tener otros usos, en adoración y en ministerio al cuerpo. El uso de la profecía que hace Pablo en 1 Corintios 14 es representativo de todas las expresiones ungidas en el lenguaje conocido. El enfoque de 1 Corintios 14 está en la comunicación clara,

cualquiera que sea la categoría. Pablo habla de que toda la iglesia puede profetizar. No puede implicar que todos ellos sean maestros, aunque es cierto que 14:6-12 se centra en el aspecto de enseñanza del don profético, y Pablo muestra que la profecía se usa en otras formas también.

31. En la Introducción he tratado la profecía personal como una función preparatoria o confirmatoria en el Nuevo Testamento, pero no como iniciativa. La orientación debe estar basada en la sabiduría de Dios.

32. La mayoría de los comentaristas –entre ellos Calvin, Godet y Alford– describen la palabra de sabiduría como el uso del conocimiento de manera práctica. Lange, Hodge y Osiander van más allá, proponiendo que tal sabiduría debe ser igual que el evangelio, el sistema completo de la verdad revelada, incluyendo los propósitos principales de Dios, los planes y las operaciones de salvación, y todo el proyecto de redención. Es decir, el objetivo de la sabiduría es atraer a los hombres hacia Cristo y enseñarles a ser más como Jesús.

33. Carson, *Mostrando al Espíritu*. Así también Fee, Barrett y Bruce.

34. Donald Gee, *Spiritual Gifts in the Work of the Minitry Today* [Los dones espirituales en la obra del ministerio hoy] (Springfield, Mo.: Gospel Publishing House, 1963).

35. Casi todos los comentarios, excepto los wesleyanos, concuerdan con esta posición. Charles W. Carter considera que la ciencia médica es el don de sanidad. Calvin supone de este don: "¡Todos saben lo que esto significa!" (John Calvin, *Primera a los Corintios*). Lenski enfatiza que estas sanidades no vienen por la voluntad individual de la persona afectada. Más bien, el Espíritu primero le da una palabra (Lenski, *The Interpretation of St. Paul's First Epistle to the Corinthians* [Interpretación de la Primera Epístola de San Pablo a los Corintios]. Muchos eruditos contemporáneos ven el don de sanidades como obras mesiánicas dadas a la iglesia como parte de la era mesiánica.

36. C. S. Lewis da una excelente explicación de los milagros. *Miracles, a Preliminary Study* [Los milagros, un estudio preliminar] (Nueva York: The MacMillan Company, 1952).

37. La regla de interpretación para los eruditos en griego es que el indicativo apocalíptico es seguido por el imperativo profético. En pocas palabras, la descripción del futuro nos dice cómo debemos vivir hoy.

38. Peter Hocken, "Jesus Christ and the Gifts of the Spirit" [Jesucristo y los dones del Espíritu], *Pneuma 5* (primavera de 1983).

39. Holderoft, *Holy Spirit* [Espíritu Santo].

40. Merrill F. Unger es uno de los principales defensores de este punto de vista. En su libro sobre demonios en el mundo de hoy, habla de cristianos en China que manifiestan los mismos síntomas de posesión. También considera las lenguas como demoníacas; sin embargo, considera que los pentecostales son cristianos.

41. Rodney L. Henry, *Filipino Spirit World* [Mundo espiritual filipino] (Manila: OMF Literature, Inc., 1986), muestra la necesidad de reconocer al mundo de los espíritus, ya que la mayoría de las iglesias han ignorado esta dimensión, entendida así por

los filipinos. Sin embargo, dice él, que, con adecuado equilibrio, debemos reconocer otras causas de la enfermedad. Los problemas causados médicamente deben tratarse como problemas físicos y "la iglesia debe enfrentarse con el mundo de los espíritus solo cuando el mundo de los espíritus es la causa". Pero advierte a la iglesia filipina: "Si la iglesia va a ayudar a su gente a dejar de ir a los practicantes del mundo espiritual fuera de la iglesia, entonces debe tomar en serio el ministerio de sanidades."

42. Marcos 1:23-28; 3:20-35; 5:1-20; 7:14-30; 9:17-29; y sus pasajes paralelos en los Evangelios Sinópticos, son las cinco narrativas detalladas de la posesión de demonios. Marcos 3:20-35 contiene la ocasión en que se acusó a Jesús de ser poseído.

43. Keith y Linnet Hinton, "Conversion Patterns in Asia" [Patrones de conversión en Asia], Revista trimestral de misiones (enero de 1989), sugieren la necesidad de un arrepentimiento genuino de los que han practicado religiones asiáticas. Necesitan arrepentirse completamente de las prácticas y lealtades prohibidas, confesando los objetos y el poder paganos, a la vez que renuncian a estos uno por uno. Aun en el ministerio a los que buscan la salvación en una zona resistente hindú, las normas prósperas incluyen atar los hábitos de hechicería, las deidades, los espíritus y los poderes de encantos en los hogares de las personas interesadas; orar que sus ojos sean abiertos; y orar por victoria sobre parientes o vecinos hostiles que obstaculizan la conversión. Después oran por los enfermos y ven el poder de Dios en acción. Este enfoque ha funcionado muy bien en el sofisticado Singapur.

44. Estoy agradecido con Rick Howard, pastor de Redwood City, California, por esta información, que compartió en 1986 en reuniones de las Asambleas de Dios en las Filipinas.

45 Hocken, *Gifts of the Spirit* [Dones del Espíritu].

Capítulo 2

1. Dependiendo del contexto, "cuerpo" (*soma*) puede referirse a la iglesia de Cristo o al creyente como individuo. Por ejemplo, en 1 Corintios 6:19 "cuerpo" es al cuerpo físico de una persona; en 1 Corintios 11:27,29, "cuerpo" es a la vez Cristo y la iglesia. "Templo" (*naos*) puede referirse al lugar de morada del Espíritu Santo en el individuo y en la iglesia. Por ejemplo, en 1 Corintios 3:16,17 "templo" se refiere a la iglesia; en 2 Corintios 6:16 "templo" es toda la iglesia y el principio se aplica a la práctica de los creyentes individuales.

2. Ralph Martin, *The Spirit and the Congregation: Studies in 1 Corinthians 12–15* [El Espíritu y la congregación: estudios de 1 Corintios 12–15] (Grand Rapids: William B. Eerdmans, 1984).

3. Bauer (Léxico griego e inglés), también incluye las siguientes referencias bajo la cuarta definición de *ekklesia*, la iglesia universal: Hechos 9:31; 1 Corintios 6:4; 12:28;

Filipenses 3:6; y 1 Timoteo 5:16. Sin embargo, todas estas referencias pueden referirse a una iglesia local o a un conjunto de iglesias en una región. En estos casos específicos uno no puede referirse a la iglesia universal. Por ejemplo, uno no puede inferir de 1 Corintios 12:28 que Pablo (o cualquier otro) es un apóstol de la iglesia universal, o incluso de todas las iglesias gentiles, o que todas las iglesias deben tener sobre sí un apóstol. Por tanto, las únicas referencias a la iglesia universal provienen de Mateo 16:18, la promesa de Jesús de edificar la iglesia, y de Efesios, la exaltada visión de Pablo de la iglesia, y de su epístola paralela, Colosenses.

4. Conceptos gnósticamente orientados. Continúa el debate sobre si el gnosticismo había penetrado la iglesia del Nuevo Testamento. Pero aun si esto no hubiera ocurrido, había entonces enseñanzas que, inadvertidamente, formaron la base de los comienzos del gnosticismo, que más tarde infiltraron mucho de la iglesia occidental.

5. Véase el comentario de Martin sobre 1 Corintios 15 en *El Espíritu y la congregación*.

6. Ibíd. Aunque los eruditos pentecostales en general no interpretarían 12:13 como relacionado con el bautismo en el Espíritu Santo, muchos considerarían este versículo en sus dos partes como relacionado con la salvación.

7. Stanley Horton, *Lo que la Biblia dice acerca del Espíritu Santo*. Véase también la perspectiva de Stronstad en la siguiente nota.

8. Stronstad cree que en los escritos de Pablo el bautismo en/por el Espíritu Santo se refiere a la salvación y que Lucas (Lucas y Hechos) habla de poder. Sea lo que sea que se entienda como significado de 1 Corintios 12:13, los pentecostales y muchos comentaristas de Lucas y Hechos piensan que el término "bautismo en el Espíritu Santo" se refiere a más que la salvación en los pasajes de Lucas y Hechos.

9. A. Robinson, *St. Paul's Epistle to the Ephasians* [Epístola de San Pablo a los Efesios] (Londres: Clark, 1922), al discutir el asunto de instrumentalidad ("por") o esfera ("en"), dice que Efesios 5:18 se aplica a ambos. El Espíritu Santo es "a la vez el Inspirador y la Inspiración". Él señala a la nueva comunidad de creyentes que son la morada de Dios por su Espíritu (Efesios 2:22); la revelación del misterio de la nueva comunidad a los apóstoles y los profetas por el Espíritu Santo, y la vida de oración del creyente (Efesios 6:18); ser lleno con/por el Espíritu Santo (Efesios 5:22); y ser santificado por el Espíritu (Romanos 15:16). Así también, él ve la esfera y la instrumentalidad en 1 Corintios 12:13.

10. Ervin, *Baptism of the Holy Spirit* [Bautismo del Espíritu].

11. Gordon Fee, *The Epistle to the First Corinthians* [Epístola a los primeros corintios], *The New International Commentary on the New Testament* (Grand Rapids: William B. Eerdmans, 1987).

12. La NVI incluye 12:14 en la siguiente sección; sin embargo, el texto griego incluye todo 12:12-26 en un párrafo.

13. Martin, *El Espíritu y la congregación*; y Carson, *Mostrando al Espíritu*.

14. Fee, *Primera a los Corintios*.

15. George G. Findlay, "Primera Epístola de San Pablo a los Corintios" en *The Expositor's Greek Testament* [Testamento griego del expositor], ed. W. Robertson Nicoll (Londres: Hodder and Stoughton, Ltd.).

16. Arnold Bittlinger, *Gifts and Graces* [Dones y gracias].

17. Otros dones se mencionan en 13:1-3; 14:6,26; Romanos 12:6-8; Efesios 4:11; y 1 Pedro 4:10,11. La idea de más de nueve dones se ve frecuentemente en círculos pentecostales. Ralph M. Riggs, en *El Espíritu mismo* (Springfield, Mo.: Gospel Publishing House, 1962), enumera todos los pasajes anteriores y 1 Corintios 1:5,7; 2 Corintios 8:7; y 1 Tesalonicenses 5:19-21 como "otras referencias a los dones del Espíritu".

18. Fee, *Primera a los Corintios*.

19. Otros que fueron llamados apóstoles son Bernabé (Hechos 14:14), Junias y Andrónico (Romanos 16:7), posiblemente Jacobo, el hermano del Señor (Gálatas 1:19), Tito, y Epafrodito (2 Corintios 8:23; Filipenses 2:25). Esto no quiere decir que todos ministraron como apóstoles en el mismo sentido que los Doce o Pablo. Pero obviamente tuvieron ministerios muy importantes en el crecimiento de la joven iglesia. Ellos también fueron "enviados" con una misión.

20. Ronald Y. K. Fung, "Ministry, Community, and Spiritual Gifts" [Ministerio, comunidad y dones espirituales], *Evangelical Quarterly* (enero de 1984). "Si bien las listas paulinas de *charismata* se refieren a funciones y no oficios, *charisma* puede asociarse con oficio y el oficio no debe separarse de *charisma*."

21. Wayne Grudem, *The Gift of Prophesy in 1 Corinthians 12–14* [El don de profecía en Primera a los Corintios 12–14] (Lanham, Md.: University Press of America, 1982).

22. Jerome, en Bittlinger, *Dones y gracias*.

23. Fee, *Primera a los Corintios*.

24. Martin, *El Espíritu y la congregación*.

25. Gerhard Iber, "Zurn Yerstaadnis..." Otros eruditos que sostienen este punto de vista incluyen Martin, *El Espíritu y la congregación*, y Bittlinger, *Dones y gracias*.

Capítulo 3

1. Ralph P. Martin, *El Espíritu y la congregación*, sostiene que aquí hay todas las cualidades hímnicas y marcas de una composición litúrgica, especialmente en los versículos 1 al 3 (1 Corintios 13:13, 8-13). La estrofa media refleja el estilo de la escuela de sabiduría del judaísmo. Véanse 1 Corintios 15:55-57; Filipenses 2:6-11; y

2 Timoteo 2:11-13 como ejemplos de himnos que Pablo escribió o que se aplican a sus argumentos.

2. Nótese que Pablo apela a los procesos de razonamiento santificado de los creyentes de Corinto a través de declaraciones paralelas en estos capítulos. Es típico que los escritores judíos usen paralelismo. Más de la cuarta parte del Antiguo Testamento usa paralelos.

3. El artículo definido antes de *ciencia* y *fe* enfatiza los dones en su contenido. Véase la palabra "angélicas" como hipérbole, llevando las lenguas a su mayor extensión posible.

4. En la literatura interbíblica, se oye a las hijas de Job haciendo una oración angelical de alabanza a Dios, *El Testamento de Job.*

5. Fee y Martin basan sus enseñanzas sobre estos pasajes en la percepción corintia de que ellos ya habían llegado al *eschaton.* El "todavía no" era "ahora".

6. Nygren, *Agape and Eros* [Ágape y Eros]. El enfoque de este libro no es si puede haber una relación entre *agape* y *eros.* Barth, *Efesios,* cree que *eros* puede ser redimido por *agape.* En otro contexto bíblico, *agape* se usa con otros significados: por ejemplo, Demas "amando a este mundo" (2 Timoteo 4:10) y "No améis al mundo" (1 Juan 2:15).

7. 2 Samuel 6:5; 1 Crónicas 13:8; Salmo 150:5.

8. Barrett, *Primera a los Corintios,* dice que el ruido "puede haber sido con el propósito de llamar la atención de dioses o para distraer o alejar a los demonios, pero su efecto probable era para enardecer a los adoradores".

9. En 1 Corintios, la palabra *musterion* (más a menudo traducida como "misterio") se usa en varios contextos. Aquí es algo que debe ser entendido.

En 1 Corintios 2:6,7 es un mensaje especial más allá de la sabiduría de este siglo.
En 1 Corintios 14:2 es el contenido de un mensaje en lenguas a Dios.
En 1 Corintios 15:51 es la verdad de la venida del Señor.

10. Charles Hodge, *An Exposition of the First Epistle to the Corinthians* [Exposición de la Primera Epístola a los Corintios] (Nueva York: Robert Cartey Brothers, 1857).

11. H. L. Strack y Billerbeck, *Kommentar Zum Neuen Testament aus Talmud und Midrasch,* (Munich: C. H. Beck, 1965), vol. 3, 451; vol. 4.

12. Véase Mateo 19:21.

13. Papiro 46, los códices Sinaítico (Alef), Alejandrino (A) y Vaticano (B), y Nestle-Aland *Novum Testamentum Graece,* ed., apoyan la lectura de "gloriarme". El códice Efraem (C) y el Beza (D) apoyan la lectura de "quemado". Las traducciones de Westcott y Hort, Robertson (Word Pictures); Fee, *Primera a los Corintios;* y Fisher, *1 y 2 Corintios,* están de acuerdo en que la lectura debe ser "gloriarme". La evidencia textual externa coincide. Barrett, *Primera a los Corintios;* F. W. Grosheide, *Comentario sobre la Primera Epístola a los Corintios;* Harold Mare, *Primera a los Corintios;* y Martin, *El Espíritu y la congregación,* aceptan "quemado" como original y más apropiado para el argumento interno.

14. El primer registro de martirio por fuego fue en 4 d.C. por Nerón. Fee, *Primera a los Corintios,* dice: "Uno no entrega su cuerpo al martirio; más bien, el tal nos es quitado." Aunque el martirio se define como "la decisión de morir debido a la religión" (Orígenes), la terminología de "entregar su cuerpo" normalmente no se usa.

15. Estos versículos se pueden tratar de dos maneras. La versión RSV (inglés) ve siete pares que incorporan el paralelismo poético hebreo. Los pares primero, sexto y séptimo son afirmativos; los pares dos a cinco (comenzando con "no tiene envidia") son negativos.

La NVI agrupa "no es envidioso ni jactancioso ni orgulloso" como un trío y "no se comporta con rudeza, no es egoísta, no se enoja fácilmente" como otro trío, y registra "no guarda rencor" como una declaración resumida del último grupo de tres. No hay problema con cualquiera de las agrupaciones. La NVI agrupa las ideas que de forma natural van juntas.

16. Smedes, *Love Within Limits* [Amor con límites].

17. Pablo parece agrupar la benignidad (bondad) y la paciencia: en Gálatas 5:22, como fruto del Espíritu; en 2 Corintios 6:6, en el servicio; y en Colosenses 3:12, como vestido espiritual. Dios es así; lento para la ira y grande en misericordia.

18. No sólo *chresteuetai* y *christos* suenan de manera similar, induciendo una relación inmediata, sino que el verbo raíz *chresteuomai* ("ser amable" o "mostrar bondad") se encuentra solo en los escritos cristianos. La forma singular de la tercera persona se encuentra en 1 Corintios 13:4, y es la única vez que aparece en el Nuevo Testamento. El sustantivo y las formas adjetivas se usan en la Septuaginta y el Nuevo Testamento principalmente para describir la naturaleza de Dios, aunque algunas veces se refiere a la bondad humana.

19. 1 Corintios 4:6,18,19; 5:2; 8:1.

20. C. S. Lewis, *Mero cristianismo.*

21. Jean-Paul Sartre, *No Exit and Three Other Plays* [Ninguna salida y tres otras obras] (Nueva York, Vintage Books, 1946).

22. 1 Corintios 10:24,33.

23. Las otras referencias a "palabra fiel", que no se tratan aquí, se encuentran en 1 Timoteo 3:1; 4:9,10; 2 Timoteo 2:11-13; Tito 3:5-8.

24. Robertson, *Word Pictures,* hace notar el tiempo presente en 1 Timoteo 1:15. En 1 Corintios 15:9 Pablo se refiere a sí mismo como el menor de los apóstoles porque había perseguido a la iglesia. Él es "menos que el más pequeño de todos los santos (Efesios 3:8). No era una modestia falsa, sino una verdad liberadora de que la gracia de Dios era todo en su vida. J. H. Bernard, *The Pastoral Epistles* [Las Epístolas Pastorales] (Grand Rapids: Baker Book House, 1980), menciona también otros siervos de Dios –por ejemplo, Ignacio de Antíoco, Agustín y Bunyan– que cada vez más veían su pecaminosidad al acercarse a la santidad de Dios.

25. Barrett, *First Corinthians* [Primera a los Corintios].

26. *Bauer, Greek-English Lexicon* [Léxico griego e inglés], prefiere la idea de cubrir, permitiendo "soportar" como un posible significado. Joseph H. Thayer, James Hope Moulton y George Millgan sostienen "soportar", citando los otros usos que hace Pablo, en 1 Tesalonicenses 3:1,5 y 1 Corintios 9:12.

27. Findlay, *Primera a los Corintios.*

28. Smedes, *Amor con límites.*

29. El argumento de que el verbo griego medio *pausontai* significa que las lenguas cesarán por sí mismas y que el verbo *katargethesontai* significa que las profecías y la ciencia pasarán; es decir, que Pablo está degradando las lenguas en comparación con la profecía y la ciencia, no es aquí el punto de vista. Tampoco Pablo está respondiendo a una pregunta sobre cuál de los tres dones cesará primero. Está haciendo una comparación entre lo parcial y lo completo. Fee, *Primera a los Corintios,* y Carson, *Mostrando al Espíritu*, responden bien a este argumento.

30. Obviamente, aquí se refiere solo a la palabra de ciencia (conocimiento), y no al conocimiento en general. Si cesara toda ciencia (el conocimiento), también cesaría nuestra existencia. Sin embargo, hay un futuro conocimiento de Dios (1 Corintios 13:12).

31. Ronald A. N. Kydd, *Charismatic Gifts in the Early Church* [Dones carismáticos en la iglesia primitiva] (Peabody, Mass.: Hendrickson Publishers, Inc. 1984), documenta cuidadosamente que los dones se manifestaban ampliamente en la iglesia, no solo en el primer siglo sino hasta el año 200 d.C. Fue sólo cuando empezaron a cuestionar los dones, en el tercer siglo, que comenzaron a disminuir.

32. A menudo se ha usado 1 Corintios 3:1 para apoyar la idea de que los creyentes carnales se comportan de cierta manera. En realidad, los contrastes en los primeros capítulos son entre:

- los que se pierden y los que se salvan (1:18).
- la sabiduría de este siglo y la sabiduría de Dios (1:20-31).
- la elocuencia humana y el poder del Espíritu (2:1-5).
- la revelación de este siglo y la revelación del Espíritu (2:6-16).
- lo mundano y lo espiritual (3:1-23).

Los creyentes de Corinto no se estaban volviendo carnales como una etapa intermedia entre los inconversos y los cristianos espirituales. Realmente volvían a la metodología y las actitudes de los inconversos. Pablo exhorta a los creyentes a saber que pertenecen totalmente a Cristo y deben actuar como cristianos.

Los intérpretes modernos pueden confundir Hebreos 5:11-14 con 1 Corintios 3:1, pero Hebreos se dirige a los creyentes de origen judío que volvían a las prácticas judías, y no a las prácticas paganas. Tampoco puede la analogía (positiva) de 1 Pedro 2:2, en que los sinceros creyentes recién nacidos toman leche, compararse con esta reprimenda de los corintios mundanos. Los recién nacidos creyentes espirituales habrán desechado la malicia, el engaño, la hipocresía, la envidia y la calumnia (1 Pedro 2:1), ¡los pecados de los que eran culpables los corintios!

Observe cuán negativamente Pablo usa la palabra *nepios* (traducida como "niño" en 1 Corintios 13:11). En Romanos 2:20, el instructor de los indoctos es un maestro de niños (*nepion*); en Gálatas 4:3, cuando éramos niños (*nepioi*) estábamos en esclavitud bajo los rudimentos del mundo; en Efesios 4:14, que ya no seamos niños fluctuantes (*nepioi*).

33. Para decirlo de otra forma, el cristiano debe vivir en la tensión del ahora y del futuro en vez de la tensión de sus días antes de hacerse cristiano y de cuando se convierte en cristiano (el antes y el ahora).

34. "Era totalmente conocido" (griego aoristo pasivo).

35. Frederic L. Godet, *Commentary on First Corinthians* [Comentario de Primera a los Corintios], vol. 2 (Edinburgh: T. and T. Clark, 1886).

36. Ibíd.

37. Lewis, *Mero cristianismo*.

38. Barrett, *Primera a los Corintios*.

39. Martin, *El Espíritu y la congregación*. "Primera a los Corintios 13 es una exquisita combinación de cristología, soteriología y ética."

40. Ibíd.

41. Karl Barth, *Church Dogmatics* [Dogmáticas de la iglesia], vol. 4 (Edinburgh: Clark, 1958).

Capítulo 4

1. 1 Corintios 14:6,20,26,39.

2. Las siguientes expresiones enfatizan el contexto de la adoración en la iglesia:

"en la iglesia/congrenación", *en ekklesia,* 14:19,28,35

"toda la iglesia se reúne", *synelthe,* 14:23

"cuando os reunís", *synerchesthe,* 14:26

"como en todas las iglesias de los santos", *en pasais tais ekklesias,* 14:33

3. En las epístolas de Pablo la frase "en el espíritu" no siempre se refiere a hablar en lenguas. Además, no es necesario concluir que en los escritos de Pablo toda oración en el Espíritu tenía que ser en lenguas y que la oración con el entendimiento no podía ser "en el Espíritu". Véase, por ejemplo, Romanos 8:26, donde dice que el Espíritu

intercede "con gemidos indecibles". En Efesios 6:18 habla de "toda oración y súplica" que debe ser "en el Espíritu", lo que incluso implica momentos de silencio u oración en el lenguaje entendido.

4. Los siguientes cuatro argumentos sugieren que la presencia de las lenguas en Corinto eran galimatías no lingüísticas, que se derivaban de sus experiencias de éxtasis en sus orígenes judíos o paganos.

A. La palabra *glossai* (lengua) se usa en el paganismo y el éxtasis corintio, y podría referirse a tal. Sin embargo, Pablo valora las lenguas. ¿Afirma él la experiencia pagana? No; él dice que los ídolos paganos eran tontos y reprochaba su adoración, que a veces exhibía la pérdida de autocontrol. Stanley Horton, *Lo que la Biblia dice sobre el Espíritu Santo* (Springfield, Mo.: Gospel Publishing House, 1976), dice que la presencia del profeta extático en el Antiguo Testamento es débil. Aun suponiendo la posibilidad de que haya habido profetas extáticos, esto no es un argumento para que las lenguas sean no lingüísticas. En los capítulos 48 al 50 de *El Testamento de Job*, habla de que se oyó a las hijas de Job hablar en lenguas, identificadas como una lengua angélica; los rabinos judíos pensaban que era una lengua real. Algunos rabinos, probablemente por patriotismo, pensaban que la lengua de ángeles era el hebreo. Orígenes consideraba que las lenguas angélicas eran superiores al lenguaje humano.

B. Las lenguas angélicas de 1 Corintios 13:1 pueden incluir éxtasis. Pero Pablo no se opone a las lenguas angélicas, ni sugiere una mera tolerancia de éstas. Él enumera aquí cada don en su cenit, en su más perfecta manifestación. Las "lenguas humanas" implica lenguaje. El corolario es que las lenguas de ángeles implica la mejor expresión posible del don.

C. 1 Corintios 14:7-11 no habla de distinción en sonidos, lo que implicaría galimatías. Pero, en el contexto, Pablo habla acerca de un griego que le habla a un extranjero, es decir, a alguien que no es griego; el lenguaje de esta persona parecería tener sonidos incomprensibles. En 14:10 Pablo dice que todos los idiomas tienen significado, y en 14:11 él describe la falta de comprensión del oyente más que el éxtasis del que habla.

D. La necesidad de un intérprete indica que nadie entiende las lenguas. Por tanto, dicen los críticos, el don es diferente del de Hechos 2. Pero al contrario, la necesidad de interpretación presupone que los galimatías de lenguaje no se pueden interpretar.

O. Palmer Robertson, "Tongues: Sign of Covenant Curse y Blessing" [Las lenguas: señal de maldición y bendición del pacto], *Westminster Theological Journal* (otoño de 1975), cree que hay firme evidencia de que las lenguas en Corinto eran idiomas, tal como en el Pentecostés.

5. Frederick Dale Bruner, *A Theology of the Holy Spirit* [Una Teología del Espíritu Santo] (Grand Rapids: William B. Eerdmans, 1970).

6. Walter Bauer, *Un léxico griego e inglés del Nuevo Testamento*, da como primera definición de *paraklesis* tanto "animar" (NVI) como "exhortar" (RVR). Este uso se remonta hasta Tucídides (quinto siglo a.C.), continúa a través de la Septuaginta y hasta el uso en el Nuevo Testamento. Asimismo, la definición de *paramythia*, se traduce

en la NVI y la RVR como "consolación". Esto data en el uso griego hasta el cuarto siglo a.C. (Platón) y continúa hasta la Septuaginta y los contemporáneos de Pablo. Pablo usa *paramythia* en su forma de sustantivo y de verbo cuatro veces en el Nuevo Testamento.

7. G. Stahlin, "Consuelo", *Diccionario Teológico del Nuevo Testamento*, refiriéndose a *paraklesis* y *paramythia*, dice: "Dado que ambos términos combinan amonestación y consuelo, es difícil hacer una distinción entre ambos... La única diferencia posible es que *paramytheomai* no se usa directamente para hablar del consuelo de Dios o de consuelo escatológico, sino siempre de consuelo aquí en la tierra.

8. Grudem hace un gran esfuerzo por vincular la profecía y la revelación como un don especialmente milagroso, que no se usa principalmente en la enseñanza. Para él, la enseñanza como don es la habilidad natural de exponer la Palabra de Dios. Wayne Grudem, *The Gift of Prophesy in First Corinthians* [El don de profecía en Primera a los Corintios] (Lanham, Md.: University Press of America, 1982). Martin y Dunn definen la esencia del ministerio profético no como inspiración sino como inteligibilidad; no es problema para ellos relacionar la profecía y la enseñanza.

9. Probablemente, la iglesia primitiva no usó instrumentos musicales, aunque su uso no representaba ningún problema. Tanto en el templo como en el tabernáculo se usaba instrumentos. La mención de instrumentos abunda en los Salmos. En Apocalipsis se habla de arpas y trompetas. Tal vez la iglesia se reunía en lugares temporales. Quizá no se había desarrollado ningún programa musical. Algunos piensan que la iglesia puede haber evitado el uso de instrumentos musicales porque se usaban en ritos orgiásticos de misticismo griego o en una nueva secta judía hostil. Cualquiera sea el motivo, la iglesia era flexible, no legalista, y se adaptada a las mejores formas de alcanzar a su mundo.

10. 1 Corintios 15:24-32, 51-56 da la imagen de los cristianos en la lucha contra la muerte y el diablo, con la trompeta como señal de la victoria final. En los pasajes de adoración y de guerra espiritual de Efesios, la palabra para los esposos es que se "sometan", otro término militar. Los problemas de la vida se deben comparar con los valores y los planes eternos.

11. Gordon D. Fee, *Primera Epístola a los Corintios* (Grand Rapids: William B. Eerdmans, 1987).

12. Kenneth Barker, *Biblia de Estudio NVI* (Grand Rapids: Zondervan Bible Publishers).

13. Grosheide, *Primera a los Corintios*.

14. Bruner, *El Espíritu Santo*. Bruner no simpatiza con el punto de vista pentecostal; pero lo que dice aquí es válido.

15. Para Lucas y Pablo, los *idiotes* tienen un lugar de honor. En Hechos 4:13, a Pedro y Juan se los describe como hombres "sin letra" (*agrammatoi*) y "del vulgo" (*idiotai*); sin embargo, habían sido motivo de la sanidad de un cojo. Pablo no se avergüenza de hablar de sí mismo como "tosco en palabra" (*idiotes*) en cuanto a la elocuencia en

retórica griega (2 Corintios 11:6). Tiene que haber lugar para estas personas cuando se reúne la iglesia (1 Corintios 14:16,23). Aunque *idiotes* se usa diferente en Hechos, 1 Corintios y 2 Corintios, ¡los *idiotes* nunca deben ser despreciados!

16. Fee, *Primera a los Corintios.*

17. Howard M. Ervin, *These Are Not Drunken As Ye Suppose* [Estos no están borrachos como se supone] (Piainfield, N.J.: Logos Books, 1968). ¿Cuán temprano infectaron las incipientes formas del gnosticismo a la iglesia? ¿Fue tan temprano como el primer siglo? Nada en lo que se sabe de los padres de la iglesia apoya esto. Es posible que Pablo haya tenido un problema con el gnosticismo en 55 d.C., pero no es probable.

18. Ibíd. Ervin plantea la posibilidad de que se trate de personas con orientación gnóstica presentes en los cultos de Santa Cena. Posiblemente algunos tipos de gnosticismo temprano no rechazaron la Cena del Señor, como lo hicieron los gnósticos posteriores. Podrían decir su amén si todo se les explicara claramente. Para Pablo, el objetivo es alcanzarlos, no rechazarlos.

19. H. Schlier en Bauer, *Léxico griego e inglés.* El punto de vista de Schlier es que ambos 14:16 y 14:23 se refieren a los incrédulos que han indicado interés en el cristianismo. Fred Fisher, *Primera y Segunda a los Corintios* (Waco: Word Books, 1975), y Harold Mare, *Primera a los Corintios* (Grand Rapids: Zondervan, 1976), están de acuerdo, aunque Mare posiblemente ve a creyentes en 14:16, así como a incrédulos.

20. William Richardson, escribiendo sobre orden litúrgico y glossalalia en 1 Corintios 14:26c-33a, *New Testament Studies* [Estudios del Nuevo Testamento] (enero de 1986), señala que "la preocupación principal de Pablo en el capítulo 14 es el testimonio misionero".

21. Robertson, *"Tongues"* [Lenguas], considera que el origen de esta maldición comienza con Deuteronomio 28:49, se repite en el siglo VIII a.C. en Isaías 28:11, y otra vez en el siglo VI a.C., en Jeremías 5:15. El máximo cumplimiento de la maldición sobre Israel se encuentra en el Nuevo Testamento, especialmente aquí en 1 Corintios. Aunque uno no esté de acuerdo con todas las conclusiones, él indica que las lenguas son una señal para los incrédulos.

Sin embargo, si las lenguas en la era de la iglesia se ven como cumplimiento de la profecía en Isaías 28, entonces uno podría esperar que las lenguas en el Nuevo Testamento sean consideradas como una señal de juicio sobre los judíos incrédulos, porque la enseñanza de Isaías se basa en la advertencia de Deuteronomio 28:49,50. Pero ni siquiera Hechos 2 contiene alguna indicación de que las lenguas sean una señal de juicio sobre los judíos. Tampoco el juicio es el contexto de 1 Corintios o de Hechos. Los judíos no lo vieron de esa manera; entonces, tampoco los judíos o los gentiles de hoy ven las lenguas como juicio sobre ellos.

22. Grudem, *Gift of Prophesy* [Don de profecía]. Fee, Carson, Barrett y Grosheide sostienen esta opinión. Bruce tiene otra opinión, un poco diferente, sugiriendo que "la profecía es una señal para los creyentes en el sentido de que produce creyentes" (F. F. Bruce, *Primera y Segunda a los Corintios*). Es interesante notar que Barret

(*Primera a los Corintios*) ve la profecía como una señal de juicio para los creyentes corintios, del modo que las lenguas sirven como señal de juicio para los incrédulos. Los corintios se cerraban para no escuchar las palabras que revelaban sus faltas y sus deberes no cumplidos, prefiriendo hablar en lenguas.

23. Entre los que ven algún tipo de gnosticismo en Corinto están Schmidtals, Ervin y Martin, especialmente Ervin.

24. Robertson, *Lenguas.*

25. Mare, *Primera a los Corintios.*

26. George G. Findlay, "Primera Epístola de Pablo a los Corintios", en *The Expositor's Greek Testament*, ed. W. Robertson Nicoll (Londres: Hodder and Stoughton, Ltd.).

27. Richardson, "Glossalalia en 1 Corintios", dice: "En una época en la que se ponía mucho énfasis en un enfoque más cerebral de la religión, es concebible que el consejo de Pablo fácilmente acentuara la necesidad de más oración 'en el Espíritu' y no menos."

28. Véase también 1 Corintios 4:17; 7:17, "en todas las iglesias"; 11:16, "ni las iglesias de Dios"; 16:1, "haced vosotros también de la manera que ordené a las iglesias de Galacia". Pablo, conscientemente, enseña en cada iglesia el mismo modo de vida.

29. Markus Barth, *Ephesians: Translation and Commentary on Chapters 4-6* [Efesios: traducción y comentario de los capítulos 4-6], vol. 34A, Serie *The Anchor Bible* (Garden City, Nueva York: Doubleday and Company, Inc., 1974), describe los movimientos de liberación de las mujeres del primer siglo, en Grecia, Roma, Egipto y Esparta.

30. Arnold Bittlinger, Gordon Fee, Hans Conzelmann, James W. Leitch, W. Ward Gasque y Laurel Gasque, *"F. F. Bruce: A mind for what matters"* [Dedicado a lo que importa] *Christianity Today* (7 de abril, 1989), dicen de estos versículos: "Incluso si son parte del texto original de la carta de Pablo, son pertinentes solo para las profecías en la iglesia, donde se aconseja a las mujeres que no pregunten públicamente acerca de la interpretación de las profecías."

31. Estos mismos eruditos ven que 1 Timoteo 2:11,15 tenía que ver con una situación muy específica de mujeres que eran falsas maestras. Esta situación era muy diferente de lo que pasaba en Corinto. Por ejemplo, véase Gordon D. Fee y Douglas Stuart, *How to Read the Bible for All Its Worth?* [¿Cómo leer la Biblia en todo su significado?] (Grand Rapids: Zondervan Publishing House, 1982).

32. La mayoría de los principales manuscritos incluyen estos versículos en el lugar actual (P46, Alef, A, B, K). Otros manuscritos ponen 14:34,35 después de 14:40 (D, F, G).

33. Paul K. Jewett, *Man as Male and Female* [El ser humano como hombre y mujer] (Grand Rapids: William B. Eerdmans, 1975), llama a 1 Corintios 11, la "primera expresión de una conciencia incómoda por parte de un teólogo cristiano que aboga por la subordinación de la mujer al hombre en virtud de su derivación del hombre". También Paul K. Jewett, *The Ordination of Woman* [La ordenación de la mujer] (Grand Rapids: William B. Eerdmans, 1980), cree que 14:33-35 es genuinamente paulino, pero que Pablo está atrapado en la tensión entre donde está culturalmente el reino venidero.

34. Gasque, "F. F. Bruce".

35. La maldad de Corinto es bien conocida. Cada comentario describe detalladamente la vanidad de Corinto y la idea de llevar "la mala vida de Corinto".

Quizá menos conocido es el movimiento liberal de las mujeres en Grecia y en otros países del mundo antiguo. Barth, *Efesios 4-6*, describe esto. Platón promovió exámenes de servicio civil para hombres y mujeres y habló de hombres y mujeres de oro y plata, de bronce y hierro, para describir sus habilidades. Aunque en general pensaba que los hombres eran superiores a las mujeres, sentó las bases para un estado democrático (véase Eugene Freeman y David Appel, "Equal Rights for Men and Women" [Derechos equitativos para hombres y mujeres] *The Wisdom and Ideas of Plato* [La sabiduría y las ideas de Platón] [Nueva York: Fawcett World Library, 1952]).

Añádase a esto los pecados urbanos de este gran puerto marítimo (por ejemplo, prostitución), las filosofías griegas, las religiones de misterios romanas, las interacciones con conceptos abiertos de todo el mundo, y se puede ver cómo podría florecer allí el movimiento de liberación de la mujer. Súmese el gran efecto igualador de la cruz (donde no hay "judío ni griego; no hay esclavo ni libre; no hay varón ni mujer; porque todos vosotros sois uno en Cristo Jesús", Gálatas 3:28) y el estilo libre de adoración de la iglesia en Corinto, y se puede ver cómo podrían surgir algunos de los problemas.

36. James G. Sigountos y Myron Shank, "Public Roles for Women in the Pauline Church: A Reappraisal of the Evidence" [Roles públicos para las mujeres en la iglesia paulina: una reevaluación de la evidencia], en una revista de la Sociedad Teológica Evangélica (septiembre de 1983). Ellos creen que la forma en que una cultura veía el papel de la mujer determinaba cómo sus obras ministeriales y respuestas se consideraban subordinadas. Esta fue la adaptación de Pablo para llegar a diferentes culturas. "Su posición es coherente cuando se entiende como un intento de proporcionar el mayor rango posible de ministerios para las mujeres, sin obstaculizar la difusión del evangelio."

37. La idea de que la iglesia primitiva se reunía, tal como en la sinagoga, sentados por separado y con un orden especial de culto, en esta etapa es especulativo, sin documentación por los primeros padres de la iglesia. Véase Fee, *Primera a los Corintios*.

38. Para este argumento, véase Barrett, *Primera a los Corintios*.

39. Si la "ley" se refiere a Génesis 3:16 parece extraño porque tanto el texto Masorético como la Septuaginta indican que el versículo habla del deseo o la inclinación instintiva de la mujer hacia su marido. Por tanto, el esposo aplica esto en su beneficio para dominarla en el culto de adoración. Se supone que la referencia es a las narrativas de la creación de Génesis 1 y 2 porque otras apelaciones a la ley en relación con el papel de la mujer (1 Corintios 11:8,9 y 1 Timoteo 2:13) se refieren a esto. El hombre fue creado primero y la mujer fue tomada de su costado. Las mujeres emancipadas en Corinto estaban causando problemas en la vida y el testimonio de la iglesia. Necesitaban aprender a hablar gentilmente y a ministrar con eficacia. De lo contrario, Pablo da su propio mandamiento, como del Señor.

40. H. Wayne House, "El ministerio de la mujer en los períodos apostólicos y pos-apostólicos", *Bibliotheca Sacra 145* (octubre a diciembre de 1988), señala que las mujeres no tenían el puesto de maestras en el cristianismo, aun en el segundo y tercer siglo. En esta obra no he considerado la posición que niega a las mujeres el derecho de predicar o enseñar. Para este punto de vista, véase Susan T. Fob, "Women Preachers: Why Not?" [Mujeres predicadoras, ¿por qué no?]. *Fundamentalist Journal 4* (enero de 1985).

41. Clark H. Pinnock, "Biblical Authority and the Issues in Question" [Autoridad bíblica y el asunto en cuestión], ed. A. Barkeley y Alvera Mickelsen, *Women, Authority, and the Bible* [La mujer, la autoridad, y la Biblia] (Downers Grove, Ill.: Inter-Varsity Press, 1986).

42. Archibald T. Robertson, *Word Pictures in the New Testament* [Figuras en el Nuevo Testamento], vol. 4 (Nashville, Broadman Press, 1931). Piensa que las condiciones de este pasaje y 1 Timoteo 2:12 no se aplican completamente hoy.

43. James B. Hurley, *Man and Woman in Biblical Perspective* [El hombre y la mujer en perspectiva bíblica] (Grand Rapids: Zondervan, 1981).

44. Grosheide, *Primera a los Corintios.*

45. Grudem, *Gift of Prophecy* [El don de profecía]; Carson, *Mostrando al Espíritu*; y Douglas J. Moo, "1 Timoteo 2:11-15: Significado e importancia", *Trinity Journal 1* (1980).

46. Hurley, *El hombre y la mujer en perspectiva bíblica.*

47. Un punto de vista con el cual Hurley está de acuerdo.

48. Grudem, *El don de profecía.*

49. A. Barkeley y Alvera Mickelsen, *La mujer, la autoridad, y la Biblia*. También, Philip Barton Payne, en el mismo libro, aporta una respuesta al anterior artículo que corrobora la base griega de "fuente". Se trata del uso de la palabra "cabeza" como "fuente" en el griego clásico. Sin embargo, Kittel, en el *Diccionario teológico*, y Bauer, en el *Léxico griego e inglés*, no hacen mención de este uso en el primer siglo.

50. S. Aalen, "A Rabbinic Formula in 1 Corintios 14:34" [Una fórmula rabínica en 1 Corintios 14:34], *Studia Evangelica 2* (Texte und Untersuchungen 87: Berlín, 1964). Véase también Adam Clarke, *Clarke's Commentary, vol. 4* (Nashville: Abingdon Press), quien cree que es un decreto judío que cambió después del Pentecostés. Las únicas limitaciones eran que las mujeres no podían participar en discusiones sobre asuntos doctrinales. Las palabras fueron dadas para corregir a las que hacían desorden y a las desobedientes, no al resto.

51. Véase 1 Corintios 7:1; 8:1; 12:1. Hay otras posibilidades, tales como 12:31.

52. Bruce, *Primera y Segunda a los Corintios*, piensa que son mujeres que interrumpen la reunión haciendo preguntas que podrían hacer en casa. Barrett, *Primera a los Corintios*, ve el problema como una conversación trivial que causa desorden en los servicios. Martin, *El Espíritu y la congregación*, ve el problema como maestras liberadas que apoyaban los puntos de vista gnósticos que traían revelaciones contrarias a las enseñanzas bíblicas.

53. También, el masculino *monous*, "solamente", lo elimina como una referencia a las mujeres. Podría ser para hombres, o más probable, Pablo escribe estas palabras a toda la iglesia.

54. Pablo usa *pneumatikon* (12:1), *pneumatika* (14:1), y *pneumaton* (14:12) para referirse a los dones como un todo. Grosheide, *Primera a los Corintios*, piensa que el término "espiritualmente dotado" (*pneumatikos*) probablemente se refiere a alguien que habla en lenguas en el contexto de 1 Corintios 14.

55. Con el presente imperativo: "Dejen de prohibir".

56. Nótense las palabras: 12:1 *agnoein*, ignorante; compárese 14:38 *agnoei, agnoeitai*; 12:3 *gnoridzo*, compárese 14:37 *epignosketo*.

Capítulo 5

1. Ernst Käsemann, *Commentary on Romans* [Comentario sobre Romanos] (Grand Rapids: Eerdmans, 1980).

2. Makus Barth. *Ephesians* [Efesios] (Traducción y comentario de 4-6, vol. 34A). Serie *The Anchor Bible* (Garden City, Nueva York: Doubleday and Company. Inc., 1974).

3. Ibíd.

4. Max M. B. Turner, "Spiritual Gifts Then and Now" [Dones espirituales entonces y ahora], *Vox Evangelica 15* (1985).

5. Gramáticamente, para Pablo el indicativo va seguido del imperativo profético.

6. Colin Brown, ed., *Nuevo Diccionario Internacional de la Teología del Nuevo Testamento,* vol. 2 (Grand Rapids: Zondervan, 1976), "New" [Nuevo], por H. Haarbeck, H. G. Link y C. Brown. Esta distinción no es absoluta. Por ejemplo, la forma del verbo *ananeoomai* (Efesios 4:23) habla de la renovación de la naturaleza interior, pero Colosenses 3:10 usa *anakainoomai* para decir lo mismo. Richardson dice: "La palabra 'nuevo' adquiere su significado bíblico distintivo cuando toma un significado escatológico e implica que pasa el orden antiguo –esta edad presente– y que llega lo nuevo, 'el mundo por venir'. Alan Richardson, ed., *A Theological Word Book of the Bible* [Un libro de palabras teológicas de la Biblia] (Nueva York: Macmillan Company, 1950), "New, Old, Renew, Refresh" [Nuevo, Antiguo, Renovar, Refrescar].

7. Véanse Romanos 1:11; 5:15; 6:23; 11:29; 12:6.

8. Everett F. Harrison, *Romans* [Romanos], vol. 10, de la serie Comentarios bíblicos del expositor (Grand Rapids: Zondervan, 1976).

9. No se ha comprobado el uso de *charisma* antes de la era de Cristo. Técnicamente,

Pablo fue el primero en usarlo. Dieciséis de las diecisiete veces que la palabra aparece en el Nuevo Testamento se encuentra en las epístolas de Pablo.

10. Alford, en John Peter Lange y F. R. Fay, *Epístola de Pablo a los Romanos*, trad. J. F. Hurst. vol. 10, *Lange's Commentary on the Holy Scriptures* [Comentario de Lange sobre las Sagradas Escrituras] (Grand Rapids: Zondervan Publishing House, 1960).

11. Barth, *Efesios 4-6.*

12. Edith L. Blumhofer, *Pentecost in My Soul* [Pentecostés en mi alma] (Exploraciones del significado de la experiencia pentecostal en la temprana historia de las Asambleas de Dios) (Springfield, Mo.: Gospel Publishing House, 1989), observa dos énfasis al principio del movimiento pentecostal al inicio del siglo veinte: uno sobre "ser" y otro sobre evangelismo, o "hacer". El énfasis en ser "ha sido oscurecido al correr de los años por el creciente compromiso con la evangelización mundial" y un enfoque en señales y maravillas. John Wright Follette (cuya influencia en mí no es poca) pone gran énfasis en el "ser" cuando dice: "Me preocupa más lo que somos que lo que hacemos (citado en Blumhofer). Aunque no debemos dejar de hacer la obra, debemos comprender que la fuente de fortaleza y carácter está en lo que somos.

13. Gaugler en Barth, *Efesios 4-6.*

14. Un paralelo de esta lista se encuentra en Efesios 1:3-14. El orden está invertido: Padre (1:3), Hijo (1:5) y Espíritu (1:13), pero se dan descripciones similares. El Padre supervisa el plan de la salvación desde el pasado eterno hasta sus resultados actuales. El papel del Hijo es dar salvación y sus bendiciones acompañantes de predestinación, redención, perdón y adopción. En Él, judíos y gentiles son una nueva creación, que esperan el cumplimiento final de su plan. El Espíritu Santo nos sella, garantizando nuestra herencia hasta el día de la redención.

La mayoría de los eruditos han entendido este sello, o arras, como una señal de que pertenecemos a Dios en la salvación. Ven aquí un genitivo de yuxtaposición: "el Espíritu de la promesa, que es las arras de nuestra herencia". Todos tienen que tener el Espíritu para ser creyentes. Recientemente, los eruditos han propuesto que "las arras" tiene un significado que se relaciona con el testimonio y la llenura de poder, un significado mayor que el de una señal de que pertenecemos a Dios.

Pablo usa la palabra "sello/arras" para referirse a muchas cosas. El fruto de su labor fue el sello de su apostolado (1 Corintios 9:2). La circuncisión era una señal externa, un sello de la justicia que tenía por fe; no lo convertía en judío (Romanos 4:11). La tarea misionera estaba en curso de ser realizada, no en su comienzo (Romanos 15:28; lit., "sellándoles con este fruto"). El sello es una señal de propiedad y las arras de bendiciones por venir a través del Espíritu (2 Corintios 1:22). Somos sellados para el día de la redención (Efesios 4:30).

Markus Barth, *Efesios* (traducción y comentarios de los capítulos 1-3), vol. 34, Serie *The Anchor Bible* (Garden City, Nueva York: Doubleday and Company, Inc., 1974), ve el sello como un testimonio público por parte de un tercero, una expresión completa de la vida llena del Espíritu hasta la venida del Señor. David Martin Lloyd-Jones, *God's*

Ultimate Purpose [El máximo propósito de Dios]: Efesios 1:1-23 (Edinburg: Banner of Truth Trust. 1978), relaciona el sello con el pentecostés y los dones del Espíritu. Walter Bauer, *Léxico griego e inglés del Nuevo Testamento*, dice: "Más bien significa ser lleno con poder del cielo..."

Stanley M. Horton, *Lo que la Biblia dice acerca del Espíritu Santo* (Springfield, Mo.: Gospel Publishing House, 1976), aunque está de acuerdo en que el sello y las arras comprenden el Espíritu mismo, cree que el sello es un testimonio de la salvación que también incluye todos los dones y las bendiciones del Espíritu. Por tanto, Efesios 1:13,14 son paralelos de lo que se dice sobre el Espíritu en Efesios 4:4 y 1 Corintios 12:4, en que se refiere a los dones y la iglesia.

15. Hay referencia a siete bautismos en las Escrituras:

- bautismo en la nube y el mar (1 Corintios 10:2)
- bautismo de sufrimiento (Marcos 10:38; Lucas 12:50)
- bautismo de Juan antes del Calvario (Mateo 3:11)
- bautismo en agua del cristiano (Mateo 28:19)
- bautismo en el Espíritu Santo (Mateo 3:11)
- bautismo de incorporación en el cuerpo de Cristo (1 Corintios 12:13)
- bautismo de identificación con Cristo en su muerte (Romanos 6:4)

16. Archibald T. Robertson, *Word Pictures in the New Testament* [Figuras en el Nuevo Testamento], vol. 4 (Nashville, Broadman Press, 1931), identifica *baptisma* en Efesios 4:4 como el "resultado" de bautizar y *baptismos* como el acto mismo. E. K. Simpson, *Comentario sobre la Epístola a los Efesios*, vol. 10, *The New International Commentary on the New Testament* [El nuevo comentario internacional sobre el Nuevo Testamento] (Grand Rapids: William B. Eerdmans, 1957), entiende que *baptisma* es simbólico de todas las ordenanzas de culto, incluidas la Cena del Señor, la predicación y la alabanza. Uno apenas ve la última perspectiva como parte integral del argumento.

17. El hecho de que el Espíritu también da dones (1 Corintios 12:11) debería hacernos cautelosos en hacer distinciones claras de estos roles. Se produce superposición. Pablo está más interesado en la creatividad de la Deidad que en distinciones de la Trinidad.

18. El debate sobre la función y el origen de este salmo continúa. H. Bunkel, en *Die Psalmen*, 5ta ed. (Goettingen: Vandenhoeck, 1933), lo interpreta como político y escatológico, como lo hace también Claus Westecrman, *Praise and Lament in the Psalms* (Atlanta: John Knox Press, 1981), Sigmund Mowinckel, en *Psalmenstudien*, vol. 2 (Amsterdam: Schippers, 1961); Sigmund Mowinckel, *He That Cometh* [El que viene], trad. G. W. Anderson (Nueva York: Abingdon, 1956), interpreta su uso más como para las ceremonias de adoración en que se alaba al Rey celestial. Derek Kidner, Salmos 1-72. vol. 14A, *Tyndale Old Testament Commentaries* [Comentarios del Antiguo Testamento de Tyndale] (Downers Grove. Ill: InterVarsity Press, 1973), sugiere que el salmo "puede haber sido compuesto para la procesión de David con el arca desde la casa de Obed-Edom a la ciudad de David (2 Samuel 6:12)". Mitchell Dahood, *Psalms II, 51-100,*

vol. 17, Serie *The Anchor Bible* (Garden City, Nueva York: Doubleday and Company, Inc., 1968), está convencido de que la ocasión histórica es la liberación de Israel de Egipto y el encuentro de Dios con ellos en el Sinaí. No es seguro si el salmo se basa en una coronación de un rey histórico de Israel.

19. Calvino dedujo un cambio deliberado por parte de Pablo de "recibir" a "dar". Si es cierto, Pablo no cita el salmo para mostrar cumplimiento de la profecía, sino para mostrar que el Mesías excede la generosidad de los vencedores humanos. No obstante, el judaísmo ortodoxo en el primer siglo d.C. creía que el salmo decía: "Has dado dones entre los hombres." Un antiguo Targum encontrado en el Peshitta es traducido por Archer: "Tomaste dones entre los hombres." Archer Gleason, *Encyclopedia of Bible Difficulties* [Enciclopedia de dificultades en la Biblia] (Grand Rapids: Zondervan, 1982). Si esta opinión es correcta, la idea es que este siervo-vencedor recibe dones para otorgarlos a otros.

20. Kidner, *Psalms*. Este salmo se leía en la fiesta judía de las semanas, o Pentecostés.

21. En estas listas de dones, Pablo usa los siguientes términos de forma intercambiable: *charismata, dorean, charitos, charis, dotheises*. Al hacerlo, muestra que se refiere a lo mismo. Pedro usa la palabra *charisma* en el contexto de los dones.

22. Peter Wagner, *Your Spiritual Gifts Can Help Your Church Grow* [Tus dones espirituales pueden ayudar a tu iglesia a crecer] (Glendale, Calif.: Regal Books, 1979).

23. Mi comprensión de la división de los dones aparece en mi comentario sobre 1 Corintios 12:7-11, en el capítulo 1. Debido a la falta de una mejor expresión, los dones en Efesios 4 se denominan dones de capacitación; todos los demás se denominan dones de ministerio.

24. C. B. Cranfield, *The Epistle to the Romans* [La Epístola a los Romanos] (Edinburg: T & T Clark, Ltd., 1981).

25. Hay muchos puntos de vista sobre lo que es la fe para profetizar: nuestro dominio del don y la expresión del mismo, el poder espiritual dado a cada cristiano, las capacidades espirituales otorgadas a cada uno, los dones que recibimos como resultado de nuestra fe, la norma de gracia por la que debemos ejercitar nuestro don, o simplemente, fidelidad. Todas estas definiciones tienen fundamento bíblico. La mejor definición es la de encarnación, en que participan tanto Dios como el hombre.

"La fe es el *pneuma* que se le da al individuo y que es recibido por él. Es objetivo en la medida de que ninguno puede establecerlo o tomarlo por sí mismo y es subjetivo porque cada uno tiene que recibirlo por sí mismo sin ser representado." Käsemann, *Romanos*.

26. *Poikilois* se usa en 1 Pedro 1:6 y 4:10. Efesios 3:10 describe la multiforme sabiduría de Dios que será revelada por medio de la iglesia a principados y potestades en los lugares celestiales (se usa la forma más potente, *polypoikilos*). Barth, *Efesios 1-3*, dice que el adjetivo *multiforme* "probablemente denota originalmente el carácter de un diseño bellamente bordado; por ejemplo, de un lienzo con flores". ¡Qué hermosa

imagen del diseño soberano de Dios! Nosotros vemos la complicación de las pruebas. Dios ve la totalidad del diseño.

27. Los eruditos no concuerdan sobre cuánto se puede expandir la analogía del cuerpo. Hay tres opciones: (1) algunos dicen que tiene la idea semántica de la personalidad corporativa. Por tanto, lo que pasa en la caída de Adán le pasa a toda la raza humana. El pacto que Dios hace con Abraham es también una promesa para todo el pueblo de Dios. Esta opción no se centra en la interacción personal. (2) Otros sugieren que en realidad somos el cuerpo del Señor resucitado. No solamente lo representamos, sino que debemos ser Cristo para los demás. Esta opción no se debe expandir demasiado. (3) Pablo usa una analogía que se ajusta a la naturaleza y el propósito de la iglesia. Esto parece ser su único significado.

28. Los creyentes necesitan "considerar, observar en un sentido espiritual, fijar los ojos del espíritu sobre alguien" (*katanoomen* en Hebreos 10:24). Bauer, *Léxico griego e inglés*, "*katanoeo*".

29. Anders Nygren, *Commentary on Romans* [Comentario de Romanos] (Philadelphia: Fortress Press, 1949). También, Matthew Black, *Romans* [Romanos], Serie *The New Cenrury Bible* (Grand Rapids: William B. Eerdmans, 1973).

30. Käsermann, *Romanos*.

31. Véase el capítulo 3, nota 1. Hay muchas comparaciones gramaticales. Aunque tal vez ninguno de estos pasajes son estrictamente hímnicos, los tres contienen elementos hímnicos. Barth, *Efesios*, ve 4:4-6,8-10 y 5:2 como hímnicos, y 4:11,13 como que contienen material hímnico. Efesios 4:22ss. contienen una serie de grupos de tres que bien podrían haber sido un himno o credo. Los versos y pensamientos paralelos son característicos de la poesía hebrea. Romanos 12:9-21 usa seis agrupaciones de tres (12:9-12,18-20) y siete grupos de dos (12:13-17,21). El amor es el sujeto, pero solamente aparecen cuatro verbos principales: 12:9, se entiende "ser"; 12:14, "bendecir... bendecir... no maldecir"; 12:16b, "no ser presuntuoso"; 12:15, "gozarse" y "llorar". Aparte de estos, Pablo usa una larga lista de participios en 12:9-13 y 12:15-18, todos de naturaleza exhortativa: gozarse, unánimes, no pagar mal por mal, vivir en paz. La cadencia se establece por los participios. Los participios pueden reflejar una forma rabínica de expresar reglas y códigos, pero no mandatos directos. Romanos 12:12 contiene una serie de dativos en paralelismo retórico: gozosos en la esperanza; sufridos en la tribulación; constantes en la oración.

32. William Barclay, *The Letter to the Romans* [La carta a los Romanos], Serie *Daily Study Bible* (Philadelphia: The Westminster Press, 1975).

33. En Gálatas 3:18 (*kecharisrai*), 1 Corintios 2:12 (*charisthenta*), y Romanos 8:32 (*charisetai*), Pablo ha usado una forma de este verbo para hablar sobre el don gratuito de Dios. La gracia de Dios es obviamente el concepto raíz del verbo. El verdadero perdón es la obra de la gracia de Dios. Aunque *charizomai* no es la palabra normal para perdón, es una palabra excelente para expresar esto.

34. Una variante en manuscritos inferiores (D, F, G) cambia la frase "sirviendo al Señor" por "sirviendo la oportunidad" (*kairos* en lugar de *kurios*). Algunos copistas pueden haber

visto el significado devocional, de que cada momento puede ser una oportunidad para servir al Señor y el tiempo específico de Dios para alguien. Pablo dice: "aprovechando bien el tiempo". (Efesios 5:16 puede ser traducido: "¡Compra todas las oportunidades del mercado de la vida!") Debemos aprovechar cada momento dado por Dios.

35. Véanse Lucas 6:38; Gálatas 6:10; 1 Timoteo 3:2; Tito 1:8; Hebreos 13:2; 1 Pedro 4:9; 2 Juan; y 3 Juan para los énfasis principales en la hospitalidad. Sin embargo, muchos abusaron de esta gracia en la era de la iglesia primitiva. Había que establecer pautas para probar la vida, la doctrina, los motivos y cuánto iba a durar la estadía. Para más información sobre esto, véase el Didache en *Early Christian Fathers* [Tempranos padres de la iglesia], ed. Cyril Richardson, vol. 1, Biblioteca de clásicos cristianos (Philadelphia: Westminster Press, 1953). En el Didache 11:5,6, la advertencia era que si un apóstol se quedaba más de tres días, era un falso profeta.

36. La mayoría de los teólogos evangélicos creen que estos principios son válidos para toda la era de la iglesia, que vivimos en la tensión entre el "ahora" y el "todavía", y de allí el término "conducta escatológica". Véase Käsemann, *Romanos* ("Cuando una persona siente el fuego del Espíritu y a la vez se asocia con los humildes, esto se convierte en una conducta escatológica, y los demás requisitos [de Romanos 12] se ven también contra este trasfondo".) Barth, *Efesios 1-3* y *Efesios 4-6*, dan extensos comentarios sobre la escatología realizada de Pablo en Efesios y la implicación para la conducta presente. Él comenta las arras del Espíritu en su "carácter ministerial, misionero, evangelístico", y distingue la edad pasada de maldad y la edad presente de "paz, santificación, revelación, luz".

George Eldon Ladd, *A Theology of the New Testament* [Una teología del Nuevo Testamento] (Grand Rapids: William B. Eerdmans, 1974), Fee, *Cómo leer la Biblia*, y otros usan el término "vida del reino" como sinónimo de "conducta escatológica". La iglesia vive a la luz de la primera venida de Cristo y la llegada del reino de Dios ahora. Testifica fielmente, sea que Cristo venga en dos días o en cien años. Dios es juez, su justicia será vindicada, la iglesia saldrá victoriosa, y Satanás será vencido. Nuestras vidas, investidas de poder por el Espíritu, deben expresar esto.

A principios del siglo veinte, hombres como Alberto Schweitzer hablaron de la teología de Pablo como "ética interina". Dijeron que Jesús y Pablo se habían equivocado acerca del tiempo de la Segunda Venida. Por tanto, Pablo y otros escribieron sobre un estilo de vida radicalmente exigente, una ética interina, solo hasta el pronto regreso del Señor. Supuestamente, esto explicaba algunos de sus fuertes puntos de vista sobre la santidad, el matrimonio, el amor a los enemigos, y el hacer el bien a los que nos hieren. Pero Schweitzer basó su enseñanza en suposiciones erróneas sobre la naturaleza de la autoridad e inspiración de la Palabra.

37. Barth, *Efesios 4-6*. Markus Barth resume las oportunidades y obligaciones prácticas de la vida del reino de Dios en Efesios 4:17-32, "la relación de los santos como miembros de un solo cuerpo, la exclusión de una gran demanda legal del diablo sobre los santos, el derecho de los necesitados de recibir apoyo, la oportunidad de ayudar a nuestro prójimo con buenas obras, de hablarle con palabras verdaderas y constructivas, y expresarle bondad (vv. 25,27,28,29,32)".

Capítulo 6

1. F. F. Bruce, *The Apostle of the Heart set Free* [El apóstol del corazón en libertad] (Grand Rapids: William B. Eerdmans, 1977).

2. Elton Trueblood, *The Incendiary Fellowship* [La hermandad incendiaria] (Nueva York: Harper & Row Publishers, Inc. 1967).

Capítulo 7

1. Samuel M. Shoemaker, *With the Holy Spirit and with Fire* [Con el Espíritu Santo y con fuego] (Nueva York: Harper and Brothers Publishers, 1960).

2. W. I. Evans, *This River Must Flow* [Este río debe correr] (Springfield, Mo.: Gospel Publishing House, 1954)

Capítulo 8

1. Ralph Winter, clase sobre perspectivas en misiones mundiales, enero de 1985, Universidad William Carey, Pasadena, California.

2. La comunidad de Qumrán hablaba de las doctrinas del Maestro de Justicia. El salmo apócrifo de Salomón (17:32) aplica la palabra "justicia" al Mesías (véase también el Salmo de Salomón 17:21ss; 18:5ss). Fuertes expectativas de un mesías davídico, "una figura del gobernante escatológico ideal de la nación judía", se desarrolló a partir del pensamiento de los asmoneos y los macabeos. Los textos apocalípticos (Enoc Etíope y 2 Esdras) hablan de un mesías davídico. Algunos textos incluso sugieren un sumo sacerdote mesiánico.

3. Los mejores manuscritos omiten el destino de esta epístola en Efesios 1:1. El propósito de esta carta sin duda era que circulara entre varias iglesias en Asia Menor. Para personalizar la carta, cada congregación leía el nombre de su ciudad. Muy probablemente, debido a la obra de Pablo en Éfeso, así como la prominencia y ubicación de la ciudad, esta carta circular podría haber llegado primero a Éfeso. Luego pudo haberse identificado con la iglesia allí, o eventualmente volvió a la iglesia en esta ciudad.

4. Donald C. Stamps, ed., *Biblia de Estudio Pentecostal* (Grand Rapids. Mich.: Zondervan Publishing House, 1990). "La traducción literal de la pregunta de Pablo es: 'Al haber creído, ¿recibieron el Espíritu Santo?' 'Al haber creído' (griego: *pisteusantes*, de *pisteuo*) es un participio aoristo, que normalmente indica acción antes de la acción del verbo principal (en este caso, 'recibieron')." Stanley M. Horton, *El Libro de Hechos* señala una construcción y significado similar en Hebreos 7:27; Mateo 27:4; Hechos 10:33; 1 Corintios 15:18, y otros.

5. Markus Barth, *Efesios: traducción y comentario de los capítulos 1-3*, vol. 34, Serie *The Anchor Bible* (Garden City, Nueva York: Doubleday and Company, 1974).

Capítulo 9

1. J. Rodman Williams, *The Era of the Spirit* [La era del Espíritu] (Plainfield, N.J.: Logos International, 1971).

2. David B. Barrett y Frank Kaleb Johnson, "The World in Figures" [El mundo en cifras] en *Lausanne II Congress Notebook 13:16*, julio de 1989.

3. H. Wheeler Robinson, *The Christian Experience of the Holy Spirit* [La experiencia cristiana del Espíritu Santo] (Londres: Collins, 1962).

4. R. B. Chapman, "The Purpose and Value of Spiritual Gifts" [El propósito y valor de los dones espirituales], *Paraclete 2:4* (otoño de1968).

Apéndice

1. Alan Richardson, *The Miracle Stories of the Gospel* [Los relatos de milagros en los Evangelios] (Londres: SCM Press Ltd., 1941).

2. Algunos no ven Isaías 52:13–53:12 como referencia a la expiación vicaria. Pero la mayoría de eruditos evangélicos insisten en la expiación vicaria de Isaías 53. Westermann, Young, MacRac, Martin y Martin, Alexander y Allis, en sus comentarios sobre Isaías, afirman firmemente que este pasaje profetiza sobre la expiación vicaria del Mesías a favor de su pueblo. Aunque la referencia es principalmente sobre la sanidad espiritual, no niegan que se incluye la sanidad física.

3. Gordon D. Fee, *Primera Epístola a los Corintios,* Nuevo Comentario Internacional del Nuevo Testamento (Grand Rapids: William B. Eerdmans, 1987).

4. F. Duane Lindsey, *The Servant Songs* [Los cantos del Siervo] (Chicago: Moody Press, 1985). También, David J. A. Clines, *I, He, We, and They: a Literary Approach to Isaiah 53* [Yo, él, nosotros, y ellos: un enfoque literario de Isaías 53] (Sheffield: Journal for the Study of the Old Testament Press, 1983).

5. Keil y Delitzsch, *Isaías.*

6. Claus Westermann, *Isaías 40-66* (Philadelphia: The Westminster Press, 1969).

7. Robert H. Gundry, Matthew, *A Commentary on His Literary and Theological Art* [Mateo, Un comentario sobre su arte literario y teológico] (Grand Rapids: William B. Eerdmans, 1981).

8. David Hill, ed. *The Gospel of Matthew* [El Evangelio según Mateo], *The New Century Bible Commentary* (Londres: Butler & Tanner Ltd., 1972).

9. Fee, *Primera a los Corintios.*

10. W. F. Albright y C. S. Mann, *Matthew* [Mateo], vol. 26, Serie *The Anchor Bible* (Garden City, Nueva York: Doubleday and Company, 1968).

11. William MacDonald, notas de la conferencia sobre soteriología.

12. Gundry, *Matthew* [Mateo]. No es necesario concordar completamente con el enfoque hermenéutico de Gundry para reconocer la verdad de esta declaración.

13. Max M. B. Turner, "Dones espirituales, entonces y ahora", *Vox Evangelica 15* (1985).

14. Referencias a la salvación con *sozo* incluyen Mateo 1:21; 10:22; 18:11; 19:25; 24:13; Marcos 10:26; 13:13; Lucas 8:12; 9:24,56; 13:23; 18:26; Juan 3:17; 5:34; 10:9; 12:47; Hechos 2:21,47; Romanos 5:9,10; 8:24.

Referencias a la curación física con *sozo* incluyen Mateo 9:21,22; Marcos 3:4; 5:23,28,34; 6:56; Lucas 8:36,48,50; Hechos 4:9; 14:9; Santiago 5:15.

Véase también Walter Bauer, *Léxico griego e inglés del Nuevo Testamento* y otra literatura cristiana temprana (Chicago: University of Chicago Press, 1979). La primera definición de Bauer se relaciona con peligros naturales, aflicciones, y curación física. La segunda se refiere a la salvación de la muerte eterna.

15. Gordon Wright, *In Quest of Healing* [En busca de sanidad] (Springfield, Mo: Gospel Publishhing House, 1984), presenta un comentario bastante extenso, equilibrado y exhaustivo del problema de la sanidad. Aunque cree que hay sanidad en la expiación, ha tenido que soportar una enfermedad crónica gran parte de su vida.

16. Las terapias de asesoramiento se centran en una o más de estas áreas. La terapia emotiva racional enfatiza los debidos pensamientos. La terapia de realidad y modificación de la conducta se centran en acciones responsables. El consejo del alma se centra en el pecado, la culpa, y la necesidad de arrepentirse.

17. Algunos insisten en que el pecado de Job era el temor, y que debido a su temor vino calamidad a su hogar y enfermedad a su cuerpo (Job 3:25). Para ellos, la enfermedad es el resultado de temores y de malos planteamientos. Es cierto que podemos preocuparnos tanto que nos enfermemos; pero esta interpretación de Job ignora todos los pertinentes principios hermenéuticos.

Primero: se declara que Satanás es el instigador y la causa de la enfermedad de Job (1:6,11,12; 2:4,7). Job es declarado inocente (1:8,22; 2:10). El Nuevo Testamento no habla de los temores o pecados de Job, sino de su paciencia (Santiago 5:11). Ezequiel habla de su justicia (Ezequiel 14:14).

Segundo: Dios es un Dios misericordioso y compasivo (Santiago 5:11; Job 42:12-17). Decir que el temor de Job causó su calamidad es reflejar a un Dios irritable y voluble, que pesa cada emoción en su balanza divina de ira y justicia, que da a cada persona lo que merece, y que luego cambia de opinión y al final le da mayor bendición. Si Job sufrió debido a su temor, entonces deberíamos sufrir mucho más por nuestras faltas, nuestros temores, y nuestro orgullo.

Tercero: este punto de vista acepta que los primeros tres consoladores de Job tenían razón, de que Job sufrió por su pecado. Pierde la profundidad de la enseñanza del libro: ¿servirán las personas a Dios sin esperar nada a cambio, o lo servirán solo por lo que pueden obtener de Él?

La guerra espiritual significa que Satanás instiga mucho de lo que causa el sufrimiento humano, directamente o indirectamente. El sufrimiento no se puede entender completamente en la tierra y solamente puede ser comprendido desde la perspectiva eterna de Dios. Dios está en control.

18. Francis MacNutt, *The Power to Heal* [El poder para sanar] (Notre Dame: Ave Maria Press, 1977).

19. C. S. Lewis, *The Problem of Pain* [El problema del dolor] (Glasgow, Escocia: Collins, 1957).

20. L. Thomas Holdcroft, *The Holy Spirit: A Pentecostal Interpretation* [El Espíritu Santo: una interpretación pentecostal] (Springfield, Mo.: Gospel Publishing House, 1979), distingue entre la señal milagrosa de sanidad que tiene lugar inmediatamente y el don de sanidad que puede llevar tiempo.

21. MacNutt, *Healing* [Sanidad].

www.ingramcontent.com/pod-product-compliance
Lightning Source LLC
LaVergne TN
LVHW011219080426
835509LV00005B/222